Yıldızlar Engel Tanımaz
Bedensel Özürlü Sahabilerin Hayatı

*Sevdezime
Sevgilerle*

RAĞBET YAYINLARI

Yıldızlar Engel Tanımaz
Bedensel Özürlü Sahabilerin Hayatı

Prof. Dr. Ali SEYYAR

İstanbul, 2012

ISBN : 978-605-4074-69-3

Kültür ve Turizm Bakanlığı Sertifika No: 17032

Yayınevi Editörü
Hasan Lütfi Ramazanoğlu

Sayfa Düzeni
Osman Arpaçukuru

Kapak Tasarımı
Abdüsselam Ferşatoğlu

Baskı - Cilt
Step Ajans
Göztepe Mahallesi Bosna Caddesi
No.11 Bağcılar / İSTANBUL
Tel. 0212 446 88 46   Fax. 0212 446 88 24

RAĞBET YAYINLARI
Çatalçeşme Sok. No: 46 Yücer Han Kat: 3 Daire: 10
CAĞALOĞLU - İSTANBUL
Telefon: 0212 528 85 19 Faks: 0212 528 85 20
www.ragbetyayinlari.com

Prof. Dr. Ali SEYYAR

Yıldızlar Engel Tanımaz
Bedensel Özürlü Sahabilerin Hayatı

4. Genişletilmiş Baskı

RAĞBET

Prof. Dr. ALİ SEYYAR

1960'da Sakarya'da doğan Ali Seyyar, 1967'den 1993'e kadar Federal Almanya'da yaşadı. Almanca ve İngilizce olmak üzere iki yabancı dil bilen Ali Seyyar, Mannheim Üniversitesi, İktisat Fakültesi'nden mezundur. 1997'de İstanbul Üniversitesi, Sosyal Bilimler Enstitüsünde "Almanya'da Bakıma Muhtaçların Sosyal Güvenliği" konulu teziyle doktor oldu. 1998'den beri Sakarya Üniversitesi, İktisadî ve İdarî Bilimler Fakültesinde sosyal siyaset ana bilim dalında öğretim üyesidir. Başbakanlık-Özürlüler İdaresi Başkanlığı'nın (2003-2008) kurum danışmanı ve Özürlüler Yüksek Kurulu'nun bir üyesi olarak (2003-2009) 2005 tarihli "Özürlüler Kanunu"nun ve buna bağlı bakım yönetmeliklerinin hazırlanmasında aktif rol üstlenmiştir. Türkiye'de "Bakım Güvence Modelleri" ve "Sosyal Bakım Sigortası" alanında ilk bilimsel çalışmalarıyla tanınmaktadır. Tıbbî ve manevî sosyal hizmetler alanında geliştirdiği millî bakım modelleriyle Türkiye'ye "Sosyal Bakım" ve "Manevî Bakım" gibi yeni bilim dalları kazandırmıştır. Ali Seyyar'ın yayınlanmış 24 kitabı ve 70'ün üzerinde makalesi bulunmaktadır. Hayatı ve bilimsel çalışmaları, www.sosyalsiyaset.net ve www.manevibakim.com isimli web sitelerinde tanıtılmaktadır. Evli ve Zeynep Dilara isminde iki yaşında bir kızı vardır.

İÇİNDEKİLER

ÖNSÖZ (Ayhan Tekineş) 9
GİRİŞ (Ali Seyyar) 13

I. BÖLÜM
ORTOPEDİK ÖZÜRLÜ SAHÂBÎLER

ABDULLAH İBN-İ MES'UD (r.a.)
    Kısa Boyluluğuna Rağmen Küfre ve Cehalete
    Meydan Okuyan Dev Adam 19

ABDURRAHMAN BİN AVF (r.a.)
    Uhud Savaşı'nda Ayağından Sakatlanan Sahâbî 45

AMR BİN CEMUH (r.a.)
    Uhud Muharebesi'ne Sakat Olarak Katılan
    Şehit Sahâbî 59

AMR BİN TUFEYL (r.a.)
    Tek Koluyla Cepheden Cepheye Koşan Şehit
    Oğlu Şehit 65

BERA BİN MÂLİK (r.a.)
    Cılız ve Zayıf Bedenine Rağmen Savaşlarda
    Sakatlanan ve Şehit Olan Kahraman 68

HABBAB BİN ERET (r.a.)
    Derisi Yanıklarla Dolu Sahâbî 71

İMRAN BİN HÜSEYİN (r.a.)
    Kronik Hastalığından Dolayı Otuz Sene
    Yatağından Kalkamayan Sabır Abidesi 78

MUAYKİB BİN EBÛ FÂTIMA (r.a.)
   Cüzzamlı Olduğu Halde Hz. Ömer'le Birlikte
   Yemek Yiyen Peygamber Kâtibi 85

MUAZ BİN AMR (r.a.)
   Ebû Cehil'i Öldürürken Kolunu Kaybeden Yiğit.......88

MUAZ BİN CEBEL (r.a.)
   Peygamberimiz (sav) Tarafından Yemen'e Vali
   Olarak Tayin Edilen Topal Sahâbî..........................91

SA'D BİN MUAZ (r.a.)
   Hendek Savaşı'nda Aldığı Ağır Bir Yara
   Sonucunda Yatağa Düşen Yiğit.............................103

TALHA BİN UBEYDULLAH (r.a.)
   Uhud Savaşı'nda Kalıcı Yaralar Alan ve
   Parmaklarını Kaybeden Kahraman 112

ÜMMÜ ÜMÂRE NESİBE (r.anha)
   Yemame Savaşı'nda Kolunu Kaybeden Savaşçı
   Hanım Sahâbî 122

ZAHİR İBN-Ü HARAM (r.a.)
   Tek Başına Çölde Yaşayan Sakat Sahâbî...............128

II. BÖLÜM
GÖRME ÖZÜRLÜ SAHÂBÎLER

ABBAS BİN ABDULMUTTALİB (r.a.)
   Görme Özürlü Olduktan Sonra da Güzel
   Alışkanlıklarını Devam Ettiren Sahâbî....................137

ABDULLAH BİN ABBAS (r.a.)
   Hz. Hüseyin'in Şehit Edilmesinden Dolayı
   Gözlerini Kaybeden İslâm Bilgini 148

ABDULLAH BİN AMR BİN AS (r.a.)
Ağlamaktan Ötürü Gözlerini Kaybeden Züht ve
Takva Sahibi...159

ABDULLAH BİN CAHŞ (r.a.)
Görme Problemlerine Rağmen Yiğitliğin
Zirvesine Ulaşan Mücahit..164

ABDULLAH BİN EBÎ EVFA (r.a.)
Ebû Hanife'nin Gördüğü Son Görme Engelli
Sahâbî...171

ABDULLAH İBN-İ ÜMMÜ MEKTÛM (r.a.)
Körlerin Efendisi...173

EBÛ KUHAFE (r.a.)
İleri Yaşında Kalp Gözü Açılan Kör Sahâbî.......... 181

EBÛ SUFYAN (r.a.)
İslâm Düşmanlığından Sonra İslâm Davası için
Bir Gözünü Kaybeden Sahâbî...............................184

HARİSE BİN NUMAN (r.a.)
Görme Özürlülüğüne Rağmen Cömertliğinden
Vazgeçmeyen Sahâbî..192

ITBAN BİN MÂLİK (r.a.)
Evinde İmamlık Yapma İzni Alan Görme Engelli
Sahâbî... 197

KA'B BİN MÂLİK (r.a.)
Görme Özürlülüğüne Rağmen Namazlarını
Camide Kılan Doğru Sözlü Şair............................200

OSMAN BİN MAZUN (r.a.)
Müşriklerin Zulmünden Dolayı Bir Gözünü
Kaybeden Sahâbî...213

SA'D BİN EBÎ VAKKAS (r.a.)
　　Ömrünün Son Dönemlerinde Görme Nimetinden
　　Mahrum Olan Büyük Savaşçı 220

UMEYR BİN ADİYY (r.a.)
　　Fizîken Görme Özürlü, Mânen Tam Görüşlü
　　Sahâbî 228

BİBLİYOGRAFYA 2 0

ÖNSÖZ

En öndekiler, öncüler, her zaman takdir ve vefa ile anılmışlardır. "Hayra vesile olan, onu yapanların mükâfatlarından hissedar olur." kaidesince yeni bir yol ve çığır açanlar, ilk olmanın ve en önde bulunmanın ödülünü hak etmişlerdir. İslâm dininin ilk müntesipleri olan sahâbe nesli, her şeyden önce ilk ve öncü olmanın şerefiyle onurlandırılmıştır. Kur'ân-ı Kerim, onlar hakkında *"İslâm'da birinci dereceyi kazanan Muhacirler ve Ensar ile onlara güzelce tâbi olanlar yok mu? Allah onlardan razı, onlar da Allah'tan razı oldular."* (Tevbe Sûresi, 100) buyurarak, sahâbîlerin öncülüklerinin önemini vurgular. İman ve hayırda öncülük, âhiret hayatında da öncü olmayı kazandıran bir fazilettir: *"İmanda, fazilette öncüler ki, ne öncüler! Onlar herkesi geçerler. İşte onlardır Allah'a en yakın olanlar. Naim cennetlerindedir onlar."* (Vâkı'a Sûresi, 10–12) âyeti, her devirdeki iman ve fazilet öncülerinin, cennet nimetlerine ve ilahî rızaya kavuşmada öncelik hakkına sahip olduklarını ifade etmektedir.

Sahâbe nesli İslâm'a sahip çıkmada öncü olduğu gibi, Allah Rasûlü'nün (sav) ilk talebeleri olarak da öncüdürler. Peygamber Efendimiz (sav), ilk onları eğitmiş, onlarla arkadaşlık yapmış, içini onlara dökmüş, onlarla tebessüm edip onlarla ağlamıştır. Sahâbîlere duyulan sevgi, onların şahsında Allah Rasûlü'ne (sav) duyulan sevgiyi gösterdiği gibi; onlara duyulan nefret de, Allah'a ve O'nun kutlu elçisine duyulan gizli nefretin alameti kabul edilmiştir. Nitekim bir hadislerinde Allah Rasûlü (sav), Ensar'a duyulan sevginin imandan olduğunu açıkça ifade etmişlerdir. Peygamber Efendimiz'in (sav) bize iki emaneti vardır: Bunlardan birisi Kur'ân-ı Kerim, bir diğeri ise ashâb-ı kirâmdır. Bu sebeple Peygamberler Sultanı (sav): "Sizi ashâbıma saygısızlık etmekten sakındırırım." buyurarak, arkadaşlarına duyduğu vefa ve muhabbetinin ne derece kuvvetli olduğunu ümmetine hatırlatmıştır.

İlk nesil, iman ve fazileti ilk tanıyan nesil olduğu gibi, ilk hidâyet önderleri ve doğru yolun ilk rehberleridir. Bu hakikati Allah Rasûlü (sav): "Benim ashâbım gökyüzündeki yıldızlar gibidir. Hangisine uysanız yolunuzu bulur, kurtuluşa erersiniz." sözüyle dile getirmiştir. Allah Rasûlü'ne (sav) inanıp bir an olsun onun huzurunda bulunma şerefine eren ve imanla yaşayıp bütün zorluklara, sıkıntılara göğüs gererek mümin olarak vefat eden bahtiyar ve güzide bu ilk nesil; Rasûl-u Ekrem Efendimiz'den (sav) aldıkları nur ve feyizle, her biri hiç sönmeyen kandiller gibi, bulundukları mekânları aydınlatmış, İslâm'ın nurunu dünyanın dört bir yanına yaymışlardır. Bulundukları yerlerde sürekli doğru gösteren bir saat gibi; insanların kendilerine bakarak, gerçeği ve doğruluğu öğrendikleri yanıltmaz rehberler olmuşlardır. Yaşarken insanlara rehber oldukları gibi, yetiştirdikleri talebeler ve bıraktıkları ilmî miras ile vefatlarından sonraki yüzyıllarda da rehberliklerini sürdürmüşlerdir.

Kendilerini davalarına adamış bu ilk nesil, inandıklarıyla hayatlarını öylesine bütünleştirmişlerdir ki; "Sahabîler asla bildikleri bir âyet ya da hadise aykırı hareket etmez; bu sebeple onların davranışları ve sözleri ya bir âyetin yorumu ya da bir sünnetin dile getirilmesidir." denilerek, sahâbî söz ve davranışları, dinî bir delil olarak kabul edilmiştir. Hatta Hanefi mezhebi imamlarına göre bir sahâbî, rivâyet ettiği bir hadise muhalif davranıyorsa, o hadis kabul edilmez. Çünkü sahâbî, bildiği bir hadise muhalif davranmaz. Şâyet muhalif davranmışsa, ya hadisin başka bir hadisle hükmünün kaldırıldığını, yani nesh edildiğini biliyordur; ya da anılan hadisi gerçekte o rivâyet etmemiştir, görüşünü benimsemişlerdir. Onları sahâbe hakkında bu derece hüsn-ü zanna sevk eden, sahâbîlerin sünnete bağlılıklarındaki ciddiyet ve samimiyetin birçok örneğini bilmeleridir.

Sahâbe-i kirâmın, İslâm ümmeti için her dönemde rehber olması, onlar hakkındaki araştırmaları teşvik eden en önemli unsurdur. İslâm âlimlerinin, ilk hicrî yüzyıllardan itibaren sahâbîlerin sözlerini toplayıp yazmaları, onların hayatları ile ilgili bilgileri derlemeleri, hatıralarını koruyup emanetlerini muhafaza etmeleri; sıradan bir geçmiş özlemi ve tarihî bilgileri derleme isteği değil, din ve imanda rehberimiz olan İslâm ümmetinin ilk muallimleri hakkındaki bilgileri muhafaza etme ve onları gelecek nesillere de tanıtma arzusudur. İşte bu istek ve arzu, âlimleri sahâbî biyografilerini derlemeye sevk etmiş; hatta ilk biyografi eserleri, öncelikle sahâbîlerin hayatlarını yazma isteği ile ortaya çıkmıştır.

Sahâbîlerin yalnızca biyografileri yazılmamış, onları çeşitli yönleriyle anlatan eserler de kaleme alınmıştır. Her dönemde öne çıkan hususlar ve ihtiyaçlar çerçevesinde sahâbîler, farklı yönleriyle incelenmiştir. Günümüzde toplumsal yapıları inceleyen sosyal içerikli çalışmaların ortaya çıkması ile birlikte "şair sahâbîler", "kadın sahâbîler", "çocuk sahâbîler", "zengin-fakir sahâbîler" gibi sosyal grup ve tabakalar dikkate alınarak, sahâbîleri inceleyen eserlerin kaleme alındığı dikkatlerimizi çekmektedir.

Sosyal politika ekseninde toplumsal olayları ve grupları ciddî bir şekilde ele alan çalışmalarıyla tanıdığımız Prof. Dr. Ali Seyyar, psikolojik ve sosyal hayatımızın ayrılmaz bir parçası olan dini; sosyal olayların açıklanmasında temel unsurlardan birisi olarak kabul eden değerli bir sosyal bilimcidir. *"Bedensel Özürlü Sahâbîler: Engelleri İman Gücüyle Aşan Peygamber Dostları"* isimli bu kıymetli eseri de, bu çerçevede yapmış olduğu ilk çalışmadır.

Özürlülerle ilgili çalışmalarının yalnızca kitaplarla, akademik faaliyetlerle sınırlı kalmadığına; fiilen işin içinde olduğuna, onların her ihtiyacına büyük bir şevkle koşturduğuna, her alanda onlara yardımcı olmaya çalıştığına yakinen şahit olduğumuz Ali Seyyar'ın, bu eserini yalnızca akademik bir kaygıyla kaleme almadığı ortadadır. Özürlülerin moral desteğe ne kadar ihtiyaçları olduğunun bilinciyle, Müslümanların dünya ve âhiret efendileri olan sahâbe neslinden örnekler vererek, özürlülüğün; insanların değerini düşüren bir engel değil, tam aksine insanların ruh güçlerini, insanlıklarını parlatan bir husus olduğunu ortaya koymuştur.

Peygamber Efendimiz (sav), Cenab-ı Hakk'ın kutsî bir hadiste: "*Kulumu, sevdiği iki gözünü alarak imtihan ettiğimde, kulum sabrederse; o iki sevdiğinin karşılığını ona cennette veririm.*" buyurduğunu nakletmiştir. Hadis, bize açıkça, dünya hayatında bedensel özür ve engellere sabretmenin, kişiye cenneti kazandırabileceği müjdesini vermektedir.

Din yolunda her türlü sıkıntı ve meşakkate katlanmada öncülerimiz olan ashâb-ı kirâmın; hastalıklara ve bedensel özürlerine sabretme, Allah'a teslimiyet ve tevekkül hususlarında öncülerimiz olduğu, bu eserdeki örneklerle ortaya konulmuştur. Bize düşen; Cenab-ı Hakk'ın bize örnek olarak gösterdiği İslâm'ın ilk nesline, diğer hususlarda olduğu gibi bu konuda da en güzel bir şekilde uymak, onlar gibi engellere ve hastalıklara sabrederek, onları hayır dualarımızla yâd etmektir:

"Onlardan sonra gelenler (Ensar ve ilk Muhacirler'den sonra gelenler): '*Ey kerim Rabbimiz! Bizi ve bizden önceki mümin kardeşlerimizi affeyle! İçimizde müminlere karşı hiçbir kin bırakma! Duamızı kabul buyur ya Rabbena, çünkü Sen raûfsun, rahimsin!*' derler." (Haşir Sûresi, 10).

Doç. Dr. Ayhan Tekineş
Sakarya Üniversitesi İlahiyat Fakültesi
Öğretim Üyesi

GİRİŞ

Sahâbîler;[1] yani Allah Rasûlü'nü (sav) görmüş, O'nun mübarek atmosferine girerek sohbetlerinde bulunmuş, nurlu yolunda ilerlemiş ve O'na ahde vefa gösterip, bu imanla ölmüş olan müminler, Peygamberlerden sonra insanlığın en büyükleridir. Görme özürlülüğünden dolayı sevgili Peygamberimiz'i (sav) gözüyle görememiş, ancak O'nunla konuşmuş ve O'na iman etmiş kişiler de sahâbe kategorisine girmektedir. Âyet[2] ve hadisler,[3] sahâbîleri ve üstün konumlarını bu şekilde değerlendirmektedir.

Her ne kadar fazilet bakımından kendi aralarında farklı manevî mertebeler bulunsa da, sahabe;[4] netice itibariyle doğrudan

---

[1] Arapça bir isim olan "sahâbî" kelimesi, dost ve arkadaş anlamlarına gelmektedir. "Ashâb" veya "sahâbe" (sahâbe-i kirâm, sahâbe-i güzin) şeklinde çoğul olarak kullanılmaktadır.

[2] Sahâbeyi öven ve onların derecelerini anlatan âyetler için bkz.: Hadid, 10; Tövbe, 100; Bakara, 207, 218; Âl-i İmrân, 172, 195; En'âm, 51-53; Enfâl, 64, 74; Tevbe, 19-22, 88-89; 117; Nahl, 41-42; Hacc, 58-59; Ahzâb, 23; Fetih, 18; Haşr, 9.

[3] "İnsanların en hayırlıları, benim şu içinde bulunduğum asırda yaşayanlardır. Sonra onların peşinden gelenler (Tabiîn), daha sonra da onların peşinden gelenlerdir (Tebe-i Tâbiîn)." (Müslim, *Fezâilü's-Sahâbe*, 212; Buhârî, *Fezâilü'l-Eshâb*, 1). Sahâbenin fazileti ve kendileri hakkında uygunsuz sözler söylenmemesi ile ilgili diğer hadisler için bkz.: Buhârî, *Fezâilü'l-Eshâb*, 1; Müslim, *Fezâilü's-Sahâbe*, 207, 208, 209; Tirmizî, *Menâkıb*, 58; İbn Hıbbân, 9:189; Müsned, 5:57; Ebu Nuaym, Hilye, I:,135, 305, 375; Buhârî, *Fezâilü'l-Eshâb*, 5; Müslim, *Fezâilü's-Sahâbe*, 221; Mecmau'z-Zevâid, 10:21; Kenzu'l-Ummâl, 11:531.

[4] Bu farklılıklar, bu insanların Mekke veya Medine dönemine göre İslâm'ı

sevgili Peygamberimiz'in (sav) güneşinden istifade etmiş ve erken veya geç, az veya çok O'nun terbiyesinde bulunmuş tam inançlı insanlardır. Peygamberimiz'le (sav) az bir süre kalmış olsalar dahî, bu kısa sürede elde etmiş oldukları manevî feyzle, insanların içinde Allah'a mânen en yakın olma üstünlüğünü elde edebiliyorlardı. Rahmet Peygamberi (sav) ile oluşturdukları bu imrendirici münasebetten dolayı bu şanslı insanların hayatları, hayata bakışları, tutum ve davranışları, her zaman merak konusu olmuştur.

Şüphesiz, şimdiye kadar, sahâbîlerin biyografisini ele alan ve İslâm tarihindeki önemini vurgulayan birçok değerli eser kaleme alınmıştır. Konumuz gereği biz, değişik sebeplerden dolayı bedensel özürlü duruma gelmiş sahâbîlerin daha çok fizikî özellikleri ve bedenî yapılarından yola çıkarak, özürlülük öncesi ve sonrasına ait hayat mücadelelerini ve özürlülük olgusuna bakışlarını ele alma ihtiyacı duyduk.

Bedensel özürlü sahâbîlerin biyografileri, Peygamberimiz'in (sav) özel ihtiyaç sahibi insanlara gösterdiği şefkat ve ilginin boyutunu da ortaya çıkarmaktadır. Âlemlere rahmet olarak gönderilen sevgili Peygamberimiz'in (sav), gerek söz, gerekse tutum ve davranışları açısından aciz insanlara ve bedensel özürlü sahâbîlerine gösterdiği samimî ve dostane yaklaşımı, sosyal bilimler açısından incelenmesi ve değerlendirilmesi gereken bir konudur.

Allah'ın son elçisi Hz. Muhammed Mustafa (sav), haddizatında bütün insanlara ve sahâbîlerine hiç bir ayrım gözetmeksizin her zaman yakın ve sıcak ilgi göstermiştir. Ancak gönlünü herkese açık tutan Peygamberimiz'in (sav), özellikle engellilere

---

kabul etmelerinden, yani erken veya geç dönemde Müslüman olmalarından; savaşlara katılıp katılmamalarından; iman etmelerinden dolayı hakaret ve işkencelere maruz kalıp kalmamalarından ve hicret edip etmemelerinden kaynaklanmaktadır.

ve özürlü sahâbîlerine göstermiş olduğu özel ilgi, sosyal duyarlılık açısından yine de bir farklılık arz etmekteydi. Çünkü O, özürlülerin farklı ihtiyaçlarını hemen anlıyor ve manevî dünyalarını sarsmadan, onlara, toplum hayatına tam uyum sağlayabilmeleri yönünde kolay çözüm yolları gösteriyordu. Özürlü sahâbîler, Peygamberimiz'in (sav) sosyal koruyucu uygulamalarının sağladığı avantajlarla özürlülüklerini âdeta unutup, toplum içinde eşit fertler olarak herkesten hürmet görebilmişlerdir.

Peygamberimiz (sav), özürlülerin toplumla sürekli olarak sosyal diyalog hâlinde ve iç içe olabilmelerini sağlayabilmek maksadıyla onları, değişik alanlarda kendilerine uygun kademelerde istihdam etmiş ve böylece onların aktif ve etkin olabilmelerinin zeminini oluşturmuştur. Özürlülüğün, hem Allah'a kul olmaya, hem de toplum hayatına tam olarak katılmaya bir engel olmadığını, kalplerin sevgilisi, akılların muallimi, ruhların terbiyecisi ve sosyal nizamın hakkaniyet esaslarına göre yeniden kurucusu olan Allah'ın Rasûlü (sav) böylece göstermiştir.

Fizîken sağlam olan bazı sahâbîler, Peygamberimiz'in (sav) vefatından sonra bedenî rahatsızlanmaların veya savaşlarda aldıkları yaraların sonucunda görme veya ortopedik özürlü olmuşlardır. Peygamberimiz'in (sav) yolundan zerre miktarınca bile ayrılmayan bu sahâbîler de, şahsî zorlukları, engelleri ve musibet gibi görünen olumsuzlukları iman gücüyle aşabilmişlerdir. Sabır, tevekkül ve teslimiyet gibi, hem ahlâkî hem de sosyal içerikli mücadele biçimleriyle, özürlülüklerine rağmen hayata olumlu bakabilmişler ve bu yönleriyle de, bütün insanlık için örnek şahsiyetler olabilmişlerdir. Karşılarına hangi engel ve hangi müşkülat çıkarsa çıksın, bunlarla baş edebilme veya bunlarla birlikte yaşayabilme iradesini ve şuurunu sergileyebilmişlerdir. Allah'a ve Rasûlüne (sav), akıllara durgunluk verecek derecedeki bağlılıkları, en büyük manevî güç kaynakları olduğu için, en büyük hastalıklara ve en ağır sakatlıklara katlanabilmişlerdir.

İşte elinizdeki bu kitap, biri kadın olmak üzere toplam yirmi sekiz bedensel özürlü sahâbînin hayatını bu çerçevede anlatmaktadır. Bunlardan on dördü ortopedik özürlü (sakat, bir uzvu olmayan, topal veya bedenen rahatsız olan), diğer on dördü de görme özürlüdür. Peygamberimiz'in (sav) döneminde ve O'nun vefatından sonraki dönemlerde, bu sayıdan daha fazla özürlü sahâbînin yaşamış olduğunu söyleyebiliriz. Veda Haccı'nda Efendimiz'in (sav) etrafında yüz bini aşkın insan bulunuyordu. Bugün bile toplumların % 10'u özürlülerden oluştuğuna göre, Peygamberimiz'in (sav) vefatına doğru, en az on bin özürlü sahâbînin yaşamış olduğunu tahmin edebiliriz. Bunların önemli bir kısmı, sadece isim olarak bilindiği için, biyografik olarak hayatlarının incelenmesi mümkün olmamıştır. Onun için, hayatlarında özürlülük ve hastalık bağlamında ibret ve örnek dolu sahneler bulunan sadece 28 mümtaz sahâbînin hayatını araştırabildik.

Netice itibariyle, bu kitap; hayatları baştan sona ibadet, fazilet, sadakat, fedakârlık, sabır, kısacası güzel ahlâk ve üstün insanlık örnekleriyle dolu olan özürlü sahâbîlerden birkaçını tanımanız, örnek almanız ve gönülden sevmeniz düşüncesiyle hazırlanmıştır. Unutmayalım; Rasûl-ü Ekrem (sav), özürlü olsun veya olmasın bütün sahâbîlerinden takdirle bahsederken, *"Onları seven, bana olan sevgisinden dolayı sevmiş olur."* buyurmuşlardır.

Prof. Dr. Ali Seyyar

I. BÖLÜM
ORTOPEDİK ÖZÜRLÜ SAHÂBÎLER

ABDULLAH İBN-İ MES'UD (r.a.)
Kısa Boyluluğuna Rağmen Küfre ve Cehalete
Meydan Okuyan Dev Adam

Bedenî Yapısının Farklılığı

Kaynakların zikrettiğine göre, ashâbın ileri gelenlerinden Abdullah ibn-i Mes'ud, hem çelimsiz ve ince bacaklı, hem de kısa boylu birisiydi. O kadar kısa boylu idi ki; ayakta durduğu hâlde, oturanların boyunda ancak görünüyordu.[5]

Bir gün, bahçede, bir grup sahâbîyle otururken, Hz. Peygamber (sav), Abdullah ibn-i Mes'ud'dan meyve getirmesini iste-

---

5 2004–2005 döneminde hacca giden A.S. isminde bir Türk vatandaşının, Mekke'de Abdullah ibn-i Mes'ud ile ilgili gördüğü rüyasını, naklettiği gibi, buraya aynen aktarıyoruz: "Mekke'de hacı olmak için bulunuyordum. Bir akşam bir rüya gördüm. Rüyada bir grup Müslüman, içinde birçok evin bulunduğu, etrafı çitle çevrili bir sitenin girişinde bulunuyordu. O grubun içinde ben de vardım. Bizden, siteye girmemiz ve herhangi bir evin kapısını çalmamız istendi. Nasibimizde kim varsa, o evin sahibi ile tanışacağımız söylendi. Herkes birden sitenin içine girdi ve dağıldı. Ben de bir iki ev geçtikten sonra, dört direğin üstüne bina edilmiş ahşap bir ev gördüm; dikkatimi çekti: dört direğin arasında yukarıya doğru % 50 meyilli gerilmiş hâlde, renkli bir seccade serilmişti. Yanda, yukarıya doğru çıkan bir merdiven vardı. Ben o merdivenden çıktım ve söylendiği gibi kapıyı çaldım. Kapı aralandı ve içerden çok kısa boylu, hafif sakallı, uzun beyaz cübbeli yaşlı bir zat, arkasında da yine kısa boylu, başı örtülü, nur yüzlü (eşi olduğunu düşündüğüm) bir hanım çıktı. Ön tarafta olan o mübarek zat, bana gülümseyerek baktı; hem buyur etti, hem de kendisini takdim etti: 'Ben Abdullah ibn-i Mes'ud, buyur evladım!' dedi. Bu rüya, beni çok etkiledi. Gerçi, daha önceden Abdullah ibn-i Mes'ud (r.a.) hakkında bir şeyler okuyup bacaklarının ince olduğunu öğrenmiştim. Ancak, kısa boylu olduğunu bilmiyordum veya hatırlamıyordum. Medine'ye gittiğimde, Cennet'ül-Bakî'de ruhuna bol bol Fatiha okudum".

di. Diğerlerine göre küçük boylu olan Abdullah ibn-i Mes'ud, hemen koştu ve hurma ağacına tırmanmaya başladı. Herkes onun bu hızlı hareketlerine bakmaya başladı. Bir ara açılan zayıf, ince bacakları, dikkatleri çektiğinden dolayı hafif bir gülüşmeye yol açtı. Orada bulunanlar, onun ince bacaklarına bakarak, onu küçümser bir tavır takındılar. Bu duruma fevkalade üzülen yüce Peygamberimiz (sav), onlara şu ikazı yapma gereği duydu:

"Yarın mizanda (âhirette sevap ve günahların tartıldığı günde) onun ince bacağı, Uhud Dağı'ndan ağır gelir. Mahşerde sevabı Uhud Dağı'ndan daha ağır gelecek biri için, neden böyle gülüyorsunuz?"

Rasûlullah (sav), bu sözleriyle, insanları çirkinlik-güzellik, sakatlık-sağlamlık gibi dış görünüşlerine göre değerlendirmeyi bırakıp, içlerinde taşıdıkları güzelliklerine ve inançlarına göre değerlendirmek gerektiğine işaret etmiştir. Kalıptan ziyade, kalbin ve düşüncenin özürlü olmamasını isteyen Peygamberimiz (sav), sadece Abdullah ibn-i Mes'ud ile ilgili olarak değil, bütün insanların arkalarından, özellikle fizikî kusurlarının ve ayıplarının söylenmesinden ve alay edilmesinden son derece rahatsızlık duyarlardı ve bunu gıybet olarak telakki ederlerdi.

Aişe validemiz, bir keresinde -biraz da kıskançlığın bir tezahürü olarak- Peygamberimiz'in (sav) bir diğer eşi olan Safiyye'nin kısalığını kast ederek: "Sana şöyle şöyle olan Safiyye yeter." şeklinde, aşağılayıcı sözler sarf etmişti. Bu rencide edici sözden hiç de memnun kalmayan Peygamberimiz (sav), bunun üzerine, Aişe validemizi uyarmış ve şöyle demiştir: "Öyle bir söz söyledin ki; eğer o, denize karışmış olsaydı, onu ifsat eder, bozardı." Yine Aişe validemiz der ki: "Ben, tahkir maksadıyla, bir insanın fizikî durumu ile davranışlarının taklidini yapmıştım. Peygamberimiz (sav) bana hemen şunu söyledi: 'Ben bir başkasını, kusuru sebebiyle, hatta bana, karşılık olarak şu kadar dünyalık verilse bile, söz ve fiille taklit etmem.'"

Toplum hayatında, tutum ve davranışlarıyla güzel ahlâkı tamamlamak için gönderilmiş olan Allah Rasûlü (sav), bedenî arızalarından dolayı özürlü olarak algılanan hiçbir insanı, ne sözleriyle, ne de davranışlarıyla dışlamıştır. Peygamberimiz (sav), ister kadın, ister erkek olsun, sırf bedenî yapılarının farklı veya anormal olmasından dolayı hiç kimsenin incinmesini istememiştir. Söyleyen, çok sevdiği eşi Aişe validemiz bile olsa, ister kişinin gıyabında, isterse huzurunda olsun, bu gibi aşağılayıcı sözlerin söylenmesine asla müsaade etmemiştir. Efendimiz (sav), nasıl ki insanların ırk, renk, dil, din ve sosyal tabakaları sebebiyle ayıplanmasına izin vermemişse, özürlülerle de alay edilmesine karşı çıkmıştır.

Çünkü İslâm dini, insanı sosyo-ekonomik veya bedenî durumuyla değil; kalbî ve amelî durumuyla değerlendirmektedir. Bu gerçeği, Efendimiz (sav) şöyle ifade buyurmuştur: "Muhakkak ki Allah, sizin dış görünüşünüze ve malınıza bakmaz; kalplerinize ve amellerinize bakar." Peygamberimiz'in (sav) kutlu yolunda üstün medeniyetler inşa eden İslâm toplumlarında, bundan dolayı, yoksullar, hastalar ve özürlüler, hiçbir zaman ayrımcılığa tâbi tutulup, dışlanmamışlardır.

Dikkatleri Çekmemek için Uzun Etek Giymesi

Abdullah ibn-i Mes'ud, aslında, ince bacakları görülmesin diye daima uzun etek giyerdi. Belki bunu, kendisi hakkında ileri-geri sözler söylenmesini önlemek ve kişilerin gıybet etmelerinin önüne geçmek için yapıyordu. Ancak, buna gerek olmadığı hâlde, sadece gösteriş için uzun etek giyenleri de uyarırdı. Şöyle ki; bir gün uzun etekli bir adamı görerek, ona: "Eteğini biraz kısalt!" dedi. Adam: "Ya sen niçin kısaltmıyorsun?" diye cevap verince, Abdullah ibn-i Mes'ud: "Ben senin gibi değilim. Zira, bacaklarım incedir. Kaldı ki, ben imamlık yapıyorum. Bana uzun etek gerekir." dedi. Hz. Ömer, adamın uygun olmayan itirazlarını duyunca kızdı ve "Sen Abdullah ibn-i Mes'ud'a karşılık mı veriyorsun?" diyerek adamı, değneği ile azarlamıştır.

Bir gün Acem diyarından gayri Müslim birkaç yakışıklı kişi, İbn-i Mes'ud'un yanına geldi. İbn-i Mes'ud, boyunlarının kalınlığına, bedenlerinin zindelik ve sağlığına bakarak hayret etti ve şu ilginç tespiti yaptı: "Görüyorsunuz ki, kâfirler, insanlar arasında vücutça en sağlam ve kalben en çürük; Müslümanlar da kalben en sağlam ve vücutça en çürük kimselerdir. Allah'a yemin ederim ki; şâyet vücudunuz sağlam, fakat kalbiniz çürük olsaydı, Allah katındaki değeriniz pislik böceğinden daha aşağı olurdu." Böylece dışı cilalı, fakat manevî yönden içi çürümüş insan tipinin Allah katında bir değerinin olmadığını vurgulamak isteyen İbn-i Mes'ud, beden yapısına bakmaksızın, kişinin Allah'a kulluk görevlerini yerine getirmesinin önemine işaret buyurmuşlardır.

Çocuk Yaşlarında Müslüman Oluşu

592 yılında doğduğu tahmin edilen Abdullah'ın ailesi ileri gelenlerden olmadığı için, soyu hakkında fazla bilgi bulunmamaktadır. Babası Mes'ud b. Gâfil, Mekke'ye Abd b. Hâris'in yeminlisi olarak girmişti. Durumları gâyet fakir olan bu ailenin oğlu olarak İbn-i Mes'ud, gençliğinin ilk günlerinden itibaren Ukbe bin Ebî Muayt'ın yanında çobanlık yapmaktaydı. Koyun gütme işi, genç Abdullah için bir rahmet olmuştu.

Her zamanki gibi yine koyunlarının başındaydı. O gün, Hz. Muhammed (sav) ve Hz. Ebû Bekir'in kendisine doğru ağır ağır yaklaşmakta olduğunu gördü. Peygamberimiz (sav) genç çobana selam verdi. Genç Abdullah, büyük bir heyecanla aldı selâmını ve içinin manevî bir coşku ile dolduğunu hissetmişti. Peygamberimiz (sav) ona: "Delikanlı! Biraz sütün var mı?" dedi. Bu soru karşısında genç Abdullah, üzülerek, fakat kendinden emin bir şekilde cevap verdi: "Var, ama size veremem. Bunlar bana emanet. Ben mal sahibi değilim."

Bunun üzerine Peygamberimiz (sav) şunu sordu: "Henüz döllenmemiş bir kuzu veya oğlak var mı peki? Abdullah "Evet." dedikten sonra onlara hemen kısır bir koyun buldu. Peygamberimiz (sav), dudaklarını kıpırdatarak koyunun memelerine eğildi, zarif hareketlerle bir kaba bir miktar süt sağdı. Önce arkadaşı Hz. Ebû Bekir, sonra da kendisi bu sütten içti. Ardından teşekkür ederek, koyunun memelerini eliyle yeniden sıvazladı; memeler yine eski hâline gelmişti.

Peygamberimiz'in (sav) ağzından, kalbini yumuşatan sözleri duyan çoban Abdullah, "Ya Rasûlullah! Bana bu sözden (Kur'ân'dan) öğretir misin?" dedi. Peygamberimiz (sav), müşfik bir hareketle onun başını okşadı ve ardından, "Delikanlı! Sen zaten bunları biliyorsun. Allah seni bağışlasın. Sen, öğretilmiş, meraklı bir gençsin." dedi.

Genç Abdullah'ın içinde müthiş dalgalanmalar yaşandı. Nurlu insanlar dairesine dâhil olabilmek için, hemen o andan itibaren Müslüman olmayı kararlaştırdı ve kelime-i şehadet getirdi. O günden itibaren İbn-i Mes'ud, sahâbe-i kirâmın en önde gelenlerinden ve Efendimiz'den **(sav)** hiç ayrılmayanlardan biri olacaktır. Daha sonraları, o günleri anarken şöyle diyecektir o kutlu insan: "Ben, Müslüman olanların altıncısı idim."

Kâbe'de Alenî Olarak Kur'ân Okuma Cesareti Göstermesi

İslâm'ı kabul ettikten sonra hep Kur'ân-ı Kerim ezberlemiştir. Kendi ifadesiyle, hıfzettiği yetmiş Sûreyi Hz. Peygamber (s.a.v.)'in huzurunda okumuştur. Sahâbîler arasında hiç kimse bu konuda kendisiyle rekabete girişememiştir. O, Müslüman olduktan sonra Kur'ân'ın alenî olarak okunmasını çok istiyordu. Ancak, Müslümanların sayısı henüz çok az olduğundan, o sıralarda Hz. Peygamber (sav), yüksek sesle Kur'ân okunmasını uygun görmemişti. Müslümanların böyle bir hareketi, müşriklerin düşmanca duygularını daha da kabartır; onları Müslümanlara karşı şiddetli ve canice saldırılarda bulunmaya sürüklerdi.

İşte bu zor günlerde, Abdullah ibn-i Mes'ud, kendinden önce Müslüman olanlarla kısa bir istişare yaptı ve "Ben yarın gidip onların toplu olarak bulundukları Kâbe'de Kur'ân okumak istiyorum." dedi. Hz. Peygamber (sav) ve ashâbı, bunun tehlikeli bir hareket olduğunu, özellikle Mekke'de, kendisini himaye edecek büyük bir ailenin bulunmadığını, müşriklerin ona karşı pervasızca hareket ederek kendisini işkenceye uğratacaklarını söylediler. Fakat Abdullah, iman sırrını ifşa etmekten kendini alıkoyamıyordu. Bünyesinin tüm çelimsizliğine rağmen, küfre meydan okumak için yanıp tutuşuyordu. "Beni, onların şerrinden Allah korur!" diyerek doğruca Kâbe'ye koştu.

Bu sırada Kureyş müşriklerinin büyükleri toplanmış, Harem'de bir meseleyi görüşüyorlardı. Onlar konuşurlarken, yüksek ve güzel bir ses besmele çekmiş ve Kur'ân-ı Kerim'den Rahman Suresini okumaya başlamıştı. Herkes hayret etmiş ve bu cesur adamın kim olduğunu öğrenmek üzere ona yöneldiklerinde onun, İbn-i Mes'ud olduğunu görmüşlerdi. Kureyşliler kızmış, bu hareketi en şiddetli cezalarla karşılamak istemişlerdi. Bunun üzerine, İbn-i Mes'ud'u kızgın kumlara yatırıp İslâm'ı terk etmeye davet ettiler. Fakat İbn-i Mes'ud, bu işkencelere zerre kadar önem vermedi. Müşrikler de işkencelerinin bir fayda vermeyeceğini anlayarak onu bıraktılar.

Abdullah ibn-i Mes'ud, Kureyşlilerin bu haince hareketleri yüzünden hastalandı; ama içinde yanan iman ateşi zerre kadar sönmemiş, maneviyatı asla sarsılmamıştı. Hz. Peygamber'den (sav) sonra ilk kez Kâbe'de Kur'ân okuyan İbn Mes'ud, ilk fırsatta aynı hareketi tekrarlamış; yine Kureyşlilerin toplandıkları yerlerde Allah kelâmını en yüksek sesle okuyarak müşriklere İslâm mesajını tebliğ etmişti.

Hicreti ve Peygamberimiz'in (sav) Özel Hizmetinde Bulunması

Abdullah ibn-i Mes'ud'un bu imanı ve cesareti, müşriklerin ona düşman kesilmesine sebebiyet vermişti. Kureyş'in bu zalimane tutumu karşısında İbn Mes'ud ve birçok sahâbî Mekke'yi terk etmeye mecbur kaldılar ve Habeşistan'a gitmek üzere Peygamberimiz'den (sav) izin aldılar. İbn-i Mes'ud daha sonra Habeşistan'dan Medine'ye hicret ederek Muaz b. Cebel'e misafir oldu. Rasûlullah (sav) Medine'ye teşrif edince, İbn-i Mes'ud Ashâb-ı Suffa'ya katılarak, Peygamberimiz'in (sav) daima yanında olma şerefine nail oldu. Peygamberimiz (sav), ona özel bir vazife vererek, şöyle tembih etmişti: "Perdelerin açılıp kapanması ve dinleyemeyeceğin fısıltılı konuşmalar, sırlı konuşmalar hakkındaki izin bana aittir."

Bundan böyle Abdullah b. Mes'ud, O'nun (sav) misvak, takunya, abdest suyu, koku gibi şahsi eşyalarını taşırdı. Peygamberimiz (sav) yıkanacağı zaman perde tutar, önünde siper olurdu. Efendimiz'in (sav) ayakkabılarını giydirir, yolda yürürken ona yol açar, oturacakları yere varınca ayakkabısını çıkartırdı. Oradan kalkacağı zaman da yine ayakkabılarını giydirir, O'nun önüne düşer, O'ndan önce odasına girerdi. Efendimiz'i (sav) uykudan uyandırmak görevi de yine İbn Mes'ud'undu. O, Rasûlullah'a (sav) hizmetle övünürdü. Efendimiz'in (sav) evine, izinsiz olarak o kadar sık girip çıkıyordu ki; Medine'ye yeni gelenler onun da aileden biri olduğu zannına kapılabiliyordu. Hz. Peygamber (sav), onunla özel meselelerini görüşmüş, çok gizli sırlarını bile ona söylemekten çekinmemişti. Bunun için İbn Mes'ud, Rasûlullah'ın en özel, en mahrem dostlarından ve adamlarındandı.

Peygamberimiz'in (sav) Huzurunda Hutbe Vermesi

Bir gün Allah'ın Rasûlü sahâbîlerine kısa bir hutbe verdi ve hutbesini tamamlayınca Hz. Ebû Bekir ve Hz. Ömer'e de hutbe okumalarını söyledi. Kısa birer hutbe okumalarından sonra Peygamberimiz: "Ey Ümmi Abd oğlu! Sen kalk, bir hutbe ver!" dedi. Bunun üzerine Abdullah ibn-i Mes'ud, kalkıp Allah'a hamd ve senada bulunduktan sonra: "Ey nâs! Şüphe yoktur ki; Allah bizim rabbimiz, İslâm bizim dinimiz. Kur'ân bizim önderimiz, beyt bizim kıblemiz ve (Rasûlullah'ı işaret ederek) bu da bizim Peygamberimiz'dir (sav). Allah ile Peygamberi (sav) bizim için neyi uygun görmüşlerse, biz de onları uygun ve muvafık görmekteyiz. Allah ile Peygamberi (sav) bizim için neden hoşlanmıyorlarsa, biz de o şeyden hoşlanmamaktayız." dedi. Allah'ın Rasûlü (sav) de bunun üzerine: "Ümmü Abd oğlu doğru söyledi. Ümmü Abd oğlu doğru ve yerinde söyledi. Ben de Allah ile Ümmü Abd oğlunun, ben ve benim ümmetim için razı olduğu şeyden razıyım." buyurdu.

Peygamberimiz'in (sav) Mucizelerini Görmesi

Bir gün İbn-i Mes'ud, Peygamberimiz'in (sav) mucizeleri hakkında şunları nakleder: "Biz, mucizeleri bereket sayardık; siz ise tehdit sayıyorsunuz. Bir yolculukta Rasûlullah (sav) ile beraberdik. Bir yerde su kıtlığı oldu. Peygamber Efendimiz (sav): 'Bir bakın, kimde fazla su varsa getirin!' dedi. Bunun üzerine, içinde azıcık su bulunan bir kap getirdiler. Rasûlullah (sav) elini kaba koydu, sonra, 'Bereketli ve temiz olan suya ve Allah tarafından indirilen berekete geliniz!' dedi. Vallahi ben Rasûlullah'ın (sav) parmakları arasından çeşme gibi su akmakta olduğunu gördüm. Rasûlullah'ın (sav) beraberinde yemek yerken yemekten tespih sesi işitirdik."

Bedir Savaşı'na Katılması ve Ebû Cehil'in Kellesini Sırtında Taşıması

İbn-i Mes'ud, Peygamberimiz (sav) tarafından yapılan tüm gazâlara katılmış ve hepsinde de önemli fedakârlıklar göstermiştir. İslâm'ın ilk savaşı olma özelliğine haiz Bedir Savaşı ile ilgili olarak İbn-i Mes'ud'un kendi ağzından dinleyeceğimiz enteresan bir olaya kulak verelim: "Bedir Savaşı günü, düşman bize o kadar az görünüyordu ki, arkadaşıma: 'Onları yetmiş kişi kadar tahmin ediyorum. Ya sen?' diye sordum. Arkadaşım: 'Onları yüz kişi tahmin ediyorum.' dedi. Nihâyet, onlardan esir aldığımız birisine: 'Kaç kişiydiniz?' diye sorduğumuzda, 'Bin kişiydik.' diye cevap verdi."

Bu savaşta Ebû Cehil, Muaz bin Amr[6] ve Muaz bin Haris tarafından öldürülmüştü. Peygamber (sav), kendi lisanından "Bu ümmetin firavunu" sözüyle lânetlik bir vasıf kazanan Ebû Cehil'in bulunmasını emretti. Peygamberimiz (sav), "Acaba Ebû Cehil ne yaptı, ona ne oldu? Kim gidip bir bakar?" diyerek, ölüler arasında onun araştırılmasını emretti. Aradılar, bulamadılar. Peygamber (sav): "Arayınız, onun hakkında sözüm var. Eğer, siz, onun ölüsünü teşhis edemezseniz, dizindeki yara izine bakınız. Bir gün ben ve o, Abdullah bin Cudan'ın ziyafetinde bulunuyorduk, ikimiz de gençtik. Ben ondan biraz büyükçe idim. Sıkışınca onu ittim, iki dizi üzerine düştü; iki dizinden biri yaralandı ve bu yaralanmanın izi, uru, dizinden kaybolmadı." buyurdu.

Bunun üzerine İbn-i Mes'ud, Ebû Cehil'i aramaya gitti. Onu son nefesinde buldu ve tanıdı. Kendisine, "Ey Ebû Cehil, sen misin?" dedi. Boynuna ayağıyla bastı. Sakalını tutup çekti. "Ey Allah'ın düşmanı! Allah, nihâyet seni hor ve hakir etti mi?" dedi. Ebû Cehil: "Ne diye hor ve hakir edecek, sizin öldürdüğünüz

---

6 Muaz bin Amr'ın biyografisinden, kişi hakkında ve Bedir Savaşı'ndaki diğer gelişmeler ile ilgili bilgiler elde edilebilir.

adama üstün bir kimse daha var mı? Onların benim gibi bir adamı öldürmelerinden benim için arlanacak ne var?" diye böbürlendi ve bu, İbn-i Mes'ud'u tahkir eden sözlerle devam etti: "Ey koyun çobanı! Allah seni hor ve hakir etsin! Sen, çıkılması pek sarp bir yere çıkmışsın! Sen bana bu gün, zafer ve galibiyetin hangi tarafta olduğunu haber ver!" dedi. İbn-i Mes'ud: "Allah ve Rasûlünün tarafındadır!" dedi. İbn-i Mes'ud, Ebû Cehil'in miğferini kafasından çıkarırken, "Ey Ebû Cehil! Seni öldüreceğim." dedi. Ebû Cehil: "Sen kavminin ulusunu öldüren kölelerin, ilki değilsin! Fakat bugün senin beni öldürmen, doğrusu bana çok ağır ve çetin geldi. Ben, Hılfü'l-Fudül veya Mutayyibin'den bir adam tarafından öldürülmemi ne kadar arzu ederdim." dedi. Ebû Cehil'in kellesini kesmek, İbn-i Mes'ud'a nasip olmuştu. Cüssesinin nahifliği yüzünden, kelleyi ancak sırtına alarak Peygamberimiz'e (sav) getirebilmişti. Ebû Cehil'in başı kesilip huzura getirilince, Rasûlullah (sav), Allah'a hamd-ü senâ etti: "Hamd olsun O Allah'a ki, kuluna yardım etti; dinini üstün kıldı. Allah'ım! Bana olan vaadini yerine getirdin. Hakkımdaki nimetini de tamamla!" dedi. Zehebî'nin tespitine göre, Peygamberimiz (sav), Ebû Cehil'in ölüsünün yanına kadar gitti. Onun üzerine dikildi ve şöyle dedi: "Hamd olsun O Allah'a ki, seni zelil ve hakir kıldı, ey Allah'ın düşmanı!"

Diğer Savaşlara Katılması

İbn-i Mes'ud, Uhud, Hendek, Hudeybiye, Hayber gazveleriyle Mekke'nin fethinde Rasûlullah (sav) ile birlikte bulundu. Huneyn gazvesindeki bozgun esnasında Rasûlullah'ın (sav) yanından hiç ayrılmadı. Rasûlullah (sav) onun bu fedakârlığını takdir buyurmuştu. Abdullah ibn-i Mes'ud, her gazâda, Allah yolunda şehit olmak gayreti ile savaşan sahâbîlerdendi. Ondaki iman kuvveti, onu daima ileriye atıyor; ancak, Müslümanların zaferi ve müşriklerin yenilgisi gerçekleştikten sonra rahat ediyordu.

Efendimiz'in (sav) vefatından sonra Hz. Ebû Bekir'in Medine'yi savunmak üzere seçtiği bir avuç insan arasında İbn-i Mes'ud da vardı. Bu görevin dışında, o dönemde, çevresinde hadis neşretmek ve Kur'ân'ı öğretmekle meşgul olmuştu.

Hz. Ömer devrinde fetih hareketleri hız kazanınca, eski günleri hatırlamış; fetihlere yeniden iştirak etmeye başlamıştı. Bilhassa Yermuk Muharebesi'ndeki hamaseti, savaşın Müslümanların zaferiyle sonuçlanmasını sağlamıştı.

Hz. Ömer Dönemindeki Devlet Görevleri

Hz. Peygamber'in (sav) vefatından sonra, kısa bir müddet için inzivaya çekildi. Fakat Hz. Ömer devrinde yeni fetihlere başlandığı zaman, heyecanı yeniden uyanan İbn-i Mes'ud, cihad için Suriye cephesine gitti. Hicrî 20. seneye gelinceye kadar İbn-i Mes'ud, devletten resmî görev almamıştı. Hz. Ömer de kendi devrinde onu bir yere tayin etmemişti. Bunu niçin yapmadığını, İbn-i Mes'ud'u Kûfe'ye kadı olarak tayin ederken, Kûfelilere yazdığı mektuptan anlıyoruz. Mektup, İbn-i Mes'ud'un Hz. Ömer yanındaki değerini göstermesi açısından anlamlıdır:

"Size Ammar b. Yasir'i vali, İbn-i Mes'ud'u da muallim (ve kadı) olarak tayin ettim. Beytü'l-Mâl (şehir hazinesi, defterdarlık) görevi de İbn-i Mes'ud'un üzerinde olacaktır. Bunların ikisi de Bedir ehlindendir. Onları dinleyiniz ve itaat ediniz. İbn-i Mes'ud'u yanımda alıkoymayıp, Kûfe'ye tayin ederek sizi kendime tercih ettim."

Bu mektubu yazarken Hz. Ömer, çok haklıydı. Zira Peygamber Efendimiz (sav), Tirmizi'nin rivâyet ettiği bir hadiste şöyle buyurmuştu: "Benden sonra iki kişiye, Ebû Bekir ve Ömer'e uyunuz. Ammar'ın gösterdiği yoldan gidiniz. İbn Mes'ud'un tavsiyelerine uyunuz."

İbn-i Mes'ud, Kûfe'de kaldığı sürece, vazifesini liyakâtle yerine getirdi. Görevine son derece bağlı, vazifesinin gerektirdiği iktidar, insaf ve ihtiyata sahipti. Bir yandan ilim adamlığı, öte yandan kadılık, aynı anda bir de Kûfe şehri defterdarlığı gibi vazifelerin ne kadar sorumluluk gerektirdiği açıktır.

Hz. Ömer vefat ettiğinde, İbn Mes'ud son derece üzgündü. Ebû Vali'den nakledildiğine göre; o gün o, hayatının en üzgün ve ağlamaklı gününü yaşamaktaydı. İbn-i Mes'ud, Hz. Ömer'in ölüm haberini verirken şunları söyledi: "Vallahi eğer Ömer'in bir köpeği sevdiğini bilsem, ben de o köpeği severim. Vallahi bana öyle geliyor ki, onun ölümü için, diken ağaçları bile üzülmektedir."

Hz. Osman Dönemindeki Devlet Görevleri

Hz. Osman halife olduğu zaman, Abdullah ibn-i Mes'ud, ikinci defa Medine'den Kûfe'ye gider. Halka bir hitabede bulunarak Allah'a hamd ve senâdan sonra şunları söyler:

"Ey nâs! Emîrü'l-Müminin Hz. Ömer vefat etti. Rasûlullah'tan sonra, onun vefat ettiği günden daha üzüntülü ve halkın o gün ağladığı kadar ağladığı bir gün görmedik. Biz Muhammed'in (sav) ashâbı, aramızdan en iyisini seçmek için toplanıp bütün gücümüzle çalıştık ve Osman bin Affan'ı Emir'ül-Müminin seçtik. Siz de ona biat ediniz."

Hz. Osman döneminin ilk senelerinde herhangi bir şey yoktu. Bir-iki sene sonra Kûfe'de karışıklıklar baş gösterdi. Halk, valileri alenen tenkit etmeye başlamıştı. Kûfe'nin bilinen karışık durumunda, İbn-i Mes'ud gibi sağlam birinin olması lâzımdı ki, pek çok kötülüğün önüne geçilebilsin. Görevi gereği, bazen valileri bile sorguya çekmek durumunda kalabiliyordu. Böyle zamanlarda İbn-i Mes'ud'un imdadına, Efendimiz'den (sav) gördüğü, dinî emirlerin yerine getirilmesindeki hassasiyeti yetişiyordu. Emirlerinin infazında hiçbir şeyden ve hiç kimseden çekinmiyordu.

İş, bu kadarla da kalmıyordu. Hergün yeni yeni problemler zuhur ediyor, bunların çözümleri gerekiyordu. İbn-i Mes'ud, bunlara "içtihat" ederek cevap veriyordu. Böylece, Hanefî ekolünün temelleri atılıyordu. Hz. Sa'd b. Ebî Vakkas'ın valiliğini kaldıramamış bir şehirde, Abdullah b. Mes'ud'un ne kadar zor şartlarda görev yaptığı, izahtan varestedir. İslâm'ı yeni yeni anlamaya başlayan bu insanlara aynı zamanda İslâm'ı da öğretecek, Hz. Peygamber'in (sav) güvendiği bir insanın olması lâzımdı. Tüm bu vasıflar, en güzel şekilde İbn-i Mes'ud'da toplanmıştı.

İbn-i Mes'ud, aynı zamanda Kûfe şehri maliyesine de nezaret ediyordu. Kûfe, gelirinin çeşitliliği ve bolluğu ile bilinen, zengin bir şehir idi. Burası o günlerde, Türkistan, Ermenistan, Horasan gibi yerler üzerine yapılacak seferlerin ikmal merkeziydi. Bu merkezlere gönderilecek ordular, onların iâşe ve diğer masrafları, hep buradan karşılanıyordu. Kûfe'nin maliyesine nezaret etmek, gerçekten hesapçı bir karaktere, teşkilâtçı bir ruha sahip idareci istiyordu; bu idarecinin, binlerce insanı ilgilendiren hususları çözecek liyakâtte olmasını gerektiriyordu. Bu da, İbn-i Mes'ud hazretlerinde fazlasıyla vardı. Efendimiz (sav), boşuna ona "Sen muallem bir gençsin." dememiş, yıllarca en yakınında bulunma şerefini ondan esirgememiş! Efendimiz'in (sav) en yakınında bulunmak, o kadar kolay olmasa gerek. Bu, bize Efendimiz'in (sav) insan seçmedeki fetanetini, İbn-i Mes'ud'un da kabiliyetini gösterir.

İbn-i Mes'ud, elinde bu kadar imkân olmasına rağmen, şahsen son derece zahit ve mütevazı idi. Dünyevî hiçbir zevk, onu cezbedememiş; dünya, diğer ashâb efendilerimiz gibi, İbn-i Mes'ud'u da aldatamamıştı. Bütün vazifeleri tam bir titizlikle yerine getirir, vazifesi hususunda son derece hassas davranırdı. Bir seferinde, Sa'd b. Ebî Vakkas hazretlerini bile, hazineyle ilgili bir hususdan dolayı tekdirden çekinmemişti.

İbn Mes'ud, görevini, her ne kadar basiret ve liyakâtle yerine getirse de, fesat kumkuması boş durmuyordu. Her yerde olduğu gibi burada da şeytan, bir kısım safdilleri aldatmış; onlar vasıtasıyla ortalık karışmıştı. Bunun üzerine, zamanın halifesi Hz. Osman, İbn-i Mes'ud'u, daha fazla yıpranmaması için oradan almıştı. Ayrılırken yakın çevresi ve talebeleri, halifeye çıkarak durumun, ona aktarıldığı gibi olmadığını söylemeyi ona teklif etmişlerse de; İbn-i Mes'ud, bir fitnenin çıkmasına meydan vermemek için, buna razı olmamış, umre niyetiyle yola çıkmıştı.

Kûfe Sokaklarında Bir Ud Sesi

Abdullah ibn-i Mes'ud, bir gün Kûfe mahallelerinden birinde giderken bir yere geldi. Orada bir grup, bir evde toplanmış, eğlenmekteydi. Zazan isminde bir genç de ud çalmakta ve çok güzel olan sesiyle şarkılar okumakta; diğerleri de içki içip naralar atmaktaydı. Abdullah bin Mes'ud, Zazan'ın sesini duyunca: "Ne güzel bir ses! Bu güzel sesi ile Allah'ın kitabını okusaydı, daha güzel olurdu!" dedi ve yoluna devam etti. Bu sözler, Zazan'ın kulağına geldiğinde genç yetenek, merak edip arkadaşlarına bu zâtın kim olduğunu sordu. Arkadaşları: "O adam, Allah'ın elçisinin ashâbından Abdullah ibn-i Mes'ud'dur." dediler ve sarf edilen sözleri ona hatırlattılar. Bir sahâbînin mübarek ağzından çıkan bu kısa, fakat duygulu sözler, şarkıcı Zazan'ı derinden etkiledi. Biraz düşündükten sonra kalbine öyle bir heybet ve ürperti girdi ki, titremeye başladı. Yaptıklarından pişmanlık duydu; kalktı ve udunu yere çarparak parçaladı. Hemen Abdullah ibn-i Mes'ud'un ardı sıra koşarak ona yetişti ve gözyaşları içinde günahlarından pişmanlık duyduğunu itiraf etti. Onun ağlayışından duygulanan Abdullah ibn-i Mes'ud da, onun boynuna sarıldı. Bir müddet beraber ağlaştıktan sonra Abdullah ibn-i Mes'ud, Zazan'ın kalbini bütünüyle fethedecek samimî bir ifadede bulundu: "Allah'ı seveni, ben nasıl sevmeyeyim?" Zazan, bundan sonra Abdullah ibn-i Mes'ud'un sadık öğrencisi oldu ve kendisini iyice geliştirdikten sonra güzel sesiyle Kur'ân okumaya başladı.

Ahlâkî Meziyetleri

Fıtraten çok nezih, muttakî ve o derecede de hassas olan İbn-i Mes'ud, hanımının nakline göre; evine girerken avluda önce durur, ayaklarını yere vurur, bilahare içeri girermiş. Nezaketin bu derecesi, ancak Peygamberimiz'in (sav) güzel ahlâkından ilham almış ve O'nun (sav) mektebinin hâlis bir talebesi olmasında aranmalıdır. Toplum içinde de fuzulî mevzulara hiç girmeyen İbn-i Mes'ud'a, Allah'ın zikrinden başka şeyleri konuşmak hep ağır gelirdi.

Bir keresinde Abdullah ibn-i Mes'ud, Ebû Umeyr adında bir dostunu ziyaret etmek üzere çıkmış; fakat evinde bulamayarak ailesine selâm göndermiş ve kendisine bir miktar su verilmesini rica etmişti. Evin hanımı, hizmetçisini komşuya göndererek su istetmişti. Hizmetçi geciktiği için, hanım ona lânet okumuştu. İbn-i Mes'ud, hanımın hizmetçiye lânet okuduğunu duymuş ve evden çıkmıştı. Çıkarken dostu Ebû Umeyr ile karşılaşmıştı. Ebû Umeyr: "Ya Ebû Abdurrahman! Sen, kendisinden kadınların kıskanılacağı bir adam değilsin; niçin kardeşinin hanımına selâm vererek içerde oturmadın ve su içmedin?" demişti. İbn-i Mes'ud'un cevabı:

"Öyle yaptım, fakat zevceniz ya su bulunmadığı veyahut evdeki su kâfi gelmediği için hizmetçiyi komşuya gönderdi. Hizmetçi geç kaldığı için de ona lânet okudu. Hâlbuki ben Rasûlullah'tan (sav) şu sözleri duydum: 'Lânet kime gönderilmişse ona gider, ona kazılmak ister. Şâyet buna bir yol bulamazsa, 'Ya Rabbi, beni falana gönderdiler, kalktım gittim, ona hulûl için bir yol bulamadım! Şimdi ne yapayım?' der. Cenab-ı Hakk da ona: 'Nereden geldinse oraya dön!' der.' Onun içindir ki, hizmetçinin bir mazereti olabileceğini düşündüm ve lânetin geri dönmesinden korktum. Buna sebep olmak istemedim."

Bir gün Muharib b. Disar isminde birisi seher vaktinde İbn-i Mes'ud'un kapısının önünden geçmekteydi. Onun, "Allah'ım!

Beni çağırdın, sana icabet ettim. Bana emrettin, senin emrine itaat ettim. Şimdi de seher vaktidir, benim günahlarımı affet!" diye söylediğini işitti. Bu zât, sonra kendisiyle karşılaştığında, "Seher vakti senden şu şu kelimeleri işittim." der. Bunun üzerine İbn-i Mes'ud ona cevaben şunları hatırlatır: "Yakup (a.s.), oğullarını affetmek için seher vaktini beklemişti."

İbn-i Mes'ud, namazlarını vaktinde kılmaya o kadar riâyet ederdi ki, bir kere Vali Velid b. Ukbe, Kûfe mescidinde halkı bir süre bekletmişti. İbn-i Mes'ud hemen kalkarak, halka namazı kıldırmıştı. Vali, buna üzülerek, niçin böyle yaptığını sormuş ve "Müminlerin emirinden bir buyruk mu aldın? Yoksa bir bid'at mı icat ettin?" demişti. İbn-i Mes'ud, ona şu cevabı vermişti: "Ben, müminlerin emirinden bir buyruk almadığım gibi, bir bid'at de icat etmedim. Fakat senin bir işin vardır diye bizim de namazımızı geciktirmene Allah razı olmaz."

Bir İlim Abidesi

İbn-i Mes'ud'un ilme merakını başta Efendimiz (sav) olmak üzere bütün ashâb takdir ederdi. İslâmiyet'le yeni tanıştığı günlerde, onun ilme olan merakını gören Efendimiz (sav): "Sen muallim olacak bir gençsin." buyurmuştu. Bu mübarek tespitiyle Efendimiz (sav), onu iyi tanımış; ondaki öğretme kabiliyetini keşfettiğini göstermiştir. Bu merakını ilim yolunda değerlendiren İbn-i Mes'ud, Ashâb-ı Suffa'dan biri olarak, tüm vaktini Efendimiz'le (sav) birlikte, O'nun (sav) ilim halkasında bulunarak geçirmişti.

İbn-i Mes'ud, kendisinden eğitim alan arkadaşlarına şu tavsiyelerde bulunurdu: "İlim pınarları ve hidâyet kandilleri olun, zamanınızı evinizde geçirin. Gece çıraları olun. Elbiseleriniz eski ve kalpleriniz yeni olsun. Yeryüzünün insanları sizi tanımasın, melekler sizi tanısın."

İbn-i Mes'ud, yetiştirdiği öğrencilerini dünya menfaatleri karşısında uyarır ve onlara şöyle derdi: "Deve ağıllarında nasıl büyük zibil yığınları varsa, hükümdarların kapılarında da büyük fitne yığınları vardır. Siz onlardan dünyalık elde etmek için onların yanlarına gidiyorsunuz. Oysa siz daha onların dünyasından yararlanmamışken, hayatım kudret elinde olan Allah'a yemin ederim ki, onlar, sizin dininizden bir o kadarını veya iki katını kapmış olurlar."

İbn-i Mes'ud'un talebeleri, kendisini derin bir iştiyakla dinlerler ve derslerini aşk ve şevkle alırlardı. Başlıca talebelerinden olan Sakık der ki: "Mescitte İbn-i Mes'ud'u bekler, onun derse çıkması için yolunu gözetlerdik. Bir gün biz böyle bekleşirken Yezid b. Muaviye en-Nehaî gelmiş ve bize: 'Dilerseniz evine gidip bakayım, evdeyse alıp getirmeye çalışayım.' demiş ve gitmişti. İbn-i Mes'ud gelmiş, bize: 'Ben sizi bıktırmamak için gelmedim. Rasûlullah (sav) bize vaazlarını fasıla ile verirdi. Çünkü bıkkınlığa uğramamızı istemezdi.' demişti."

Hz. Peygamber'in sünnetinin yayılmasına en ciddi gayret edenlerden biriydi. Öğrencilerini ziyaret eder, onlarla hadis müzakeresinde bulunurdu. Onlara, Hz. Peygamber'den (sav) hadis rivâyetinde daima ihtiyatlı olmalarını salık verirdi. Hadis rivâyetinde "muksirun" arasında olmasa da, hadisleri daima aktarmış, bunların yayılmasına çalışmıştır (rivâyetleri toplam 848 tanedir). Öğrencilerine hadis rivâyetinde çok titiz olmalarını öğütlemiş, bunun en güzel örneğini de bizzat kendisi vermiştir. Onunla beraber bir yıl geçiren bir talebesi, "Bu süre içinde bir kere bile 'Rasûlullah buyurdu ki' demedi." diyerek bu hassasiyetine parmak basar. Hadis rivâyet edeceği zaman tüm vücudu ürperir, alnından boncuk boncuk terler akardı.

İbn-i Mes'ud hazretleri, fıkıh ilminin kurucularından olan fakih sahâbîlerden biridir. Abdullah ibn-i Mes'ud, "kıyas" ile muasırlarının birçok problemlerini çözmüş, bu kaidenin yerleşmesinde son derece büyük hizmetlerde bulunmuş ve böylece usûl-u fıkıh ilminin ortaya çıkmasına, istinbat melekesinin kuvvetlenmesine büyük katkılarda bulunmuştur. İbn Mes'ud, bu Sûretle kıyas'ın en önemli esaslarını tespit etmiştir.

O, özellikle Hanefî ekolünün temel taşıdır. Kûfe ekolüne mensup olan Hanefîlerin, Ebû Hanife ile Hz. Peygamber (sav) arasındaki bağın en güçlü halkalarından birini İbn-i Mes'ud teşkil etmektedir. Hz. Ali ile beraber İbn-i Mes'ud, Ebû Hanife'nin içtihat kaynaklarından biridir. Talebelerinin önde gelenlerinden olan Alkame ve Esved, fıkıhtaki derinlikleriyle mümtaz idiler. Bunların talebesi olan İbrahim en-Neha'î, Ebû Hanife'nin hocası Hammad'ın üstadıdır. Irak kıtasının tüm âlimleri, İbn-i Mes'ud'u rehber tanımaktadırlar. İbn-i Mes'ud'un fetvalarını, üstatlarının içtihatlarıyla zenginleşmiş bir hâlde devralan Ebû Hanife, bunları bugünkü genişliğine kavuşturmuştur.

Kur'ân'ı En İyi Bilen Sahâbî

İbn-i Mes'ud, ilâhî vahyi, bizzat onu alan ve telâffuz eden Hz. Peygamber'den (sav) öğrenmiştir. Bunun içindir ki o, Kur'ân'ı en iyi bilen, en mükemmel ezberleyen zâtlardandı. Herkes onun bu husustaki bilgisini ve kabiliyetini takdir ederdi; ashâbın hepsi, onun Kur'ân'a olan vukûfiyyetini ve bundaki üstünlüğünü kabul ederdi.

Hz. Peygamber (sav), kendisine Kur'ân okutur ve onu dinlerdi. Diğer ashâb-ı kirâma şu tavsiyede bulunmuştu: "Kur'ân'ı şu dört kişiden alınız." buyurduktan sonra ilk olarak İbn-i Mes'ud'un adını zikretmişti. O, Kur'ân'ın tüm manasına vakıftı. Bunu da itiraf eder, şöyle derdi: "Kur'ân'ı benden daha iyi bilen birisini bilsem, nerede olursa olsun, hiç üşenmeden onun yanına kadar giderdim."

İbn-i Mes'ud, kendi reyi ile Kur'ân'ı tefsir etme hususunda son derece ihtiyatla hareket ederdi. Kendisi bunu izah ederek der ki: "Mescitteydim. Orada Kur'ân'ı kendi reyiyle tefsir eden bir adamı gördüm ve hemen oradan ayrıldım. Bu adam, *"Göğün açık bir duman ile geleceği günü bekle. O, insanları sarar bu, acıklı bir azaptır."* (ed-Duhan, 44/10) âyetini tefsir ederken, kıyâmet gününde herkesin nefesini tıkayacak ve onları nezleye uğratacak bir dumandan söz ediyordu. Hâlbuki bir insanın, bilmediği bir şey için "Allah bilir!" demesi, onun ilmine delâlet eder. Bu âyet-i kerime ise Kureyş'in Rasûlullah'a (sav) karşı son derece şiddetli davrandıkları zamanlarda inmişti.

İbn-i Mes'ud, Kur'ân-ı Kerîm'i bizzat Rasûlullah'tan (sav) öğrenenlerdendi. Onun için kıraatinde başka bir mükemmellik vardı. Rasûlullah (sav) onun kıraatinden bahseder ve onu överdi. Bir gün mescitte İbn-i Mes'ud, güzel sesle Nisâ Sûresini okuyordu. Rasûlullah (sav), Hz. Ebû Bekir ve Ömer ile birlikte mescide gelmiş ve onu zevkle dinledikten sonra şöyle demişlerdi: "İbn Mes'ud! Ne dilersen dile, nâil olursun!" Ebû Bekir'den sonra Hz. Ömer, İbn-i Mes'ud'un yanına gelmiş ve Rasûlullah'tan duyduklarını İbn-i Mes'ud'a müjdelemek istemişti. İbn-i Mes'ud ona: "Ebû Bekir seni geçti." demişti. Hz. Ömer de: "Allah Ebû Bekir'den razı olsun. Onun daha önce sana geldiğinden haberim yoktu." demişti.

Gerçekten İbn-i Mes'ud'un kıraati son derece güzeldi. Rasûlullah, Kur'ân'ı ona tâlim ettikten sonra, onun sesinden dinlemek isterdi. İbn-i Mes'ud, bir gün Rasûlullah'a: "Biz Kur'ân'ı sizden okuyup, sizden öğrenmedik mi?" demiş; Rasûlullah da şöyle buyurmuştu: "Evet ama ben Kur'ân'ı başkalarından dinlemek isterim."

İbn-i Mes'ud diyor ki: "Bir gün Rasûlullah'ın huzurunda Nisâ Sûresinden bir bölüm okuyordum. *"Her ümmetten bir şahit getirdiğimizde, seni de onların üzerine şahit getirdiğimiz vakit, bakalım onların hali nice olacak?"* (en-Nisâ, 4/41) âyet-i kerimesine geldiğim zaman, Rasûlullah'ın gözleri yaşarmıştı."

Kur'ân'ın tefsirini iyi bilenlerden biri olduğu için, bu bilgisini daima çevresindekilere aktarmış; Kur'ân'ın manasının herkes tarafından bellenmesine gayret etmiştir.

Rüyasında Peygamberimiz'i (sav) Görmesi ve Dünyadan Ayrılması

Hicrî 32. senesinde İbn-i Mes'ud hazretleri 60 yaşına erişmişti. Vefatına yakın hastalanmıştı. Bir gün rüyasına Efendimiz (sav) teşrif etmiş, yanına gelmesi için onu davet etmişti. Her an ölüme hazırlıklı olan İbn-i Mes'ud, bu davetle ölümünün yaklaştığını iyice anlamıştı. Ölümünden önce ashâb-ı kirâmın büyükleri onu ziyaret ettiler. Hastalığı esnasında kendisini ziyarete gelenler arasında Hz. Osman da vardı. Ona, bir şikâyetinin olup olmadığını sordu. "Bir tek şikâyetim var, o da günahlarımdır." dedi. Bunun üzerine Hz. Osman, kendisine ne istediğini sordu: "Bir tek Allah'ın rahmetini istiyorum." dedi. Hz. Osman bu defa: "Sana bir şey alalım mı?" diye sordu. İbn-i Mes'ud, hiçbir şeye ihtiyaç duymadığını söyleyince Hz. Osman: "Çocuklarına bırakırsın." dedi. Bunun üzerine İbn-i Mes'ud: "Çocuklarımın aç kalacağından mı korkuyorsun? Ben onlara her gece Vâkıa Sûresini okumalarını emrederdim. Çünkü Rasûlullah'ın 'Kim her gece Vâkıa Sûresini okursa, dünyada fakirlik sıkıntısı çekmez.' buyurduğunu işittim."

Hz. Osman'ın bu son ziyareti, bir bakıma helalleşme manası taşıyordu. Hz. Osman, onu Kûfe'deki görevinden azlettiğinden dolayı onun kendisine kırgın olabileceği endişesini taşıyordu. Hâlbuki İbn-i Mes'ud, Efendiler Efendisinden (sav), dünya makamlarının geçici olduğu dersini almış ve bunu da iyi bellemişti. Dolayısıyla, kırgın olması mümkün değildi.

Vefatından sonra teçhiz ve tekfin işlemini Zübeyr ile oğlu Abdullah yaptılar. Namazını Hz. Osman kıldırdı. Cennet'ül-Bakî mezarlığına defnedildi.

Hakkında Söylenenler ve Ölümünden Sonra Yâd Edilmesi

Hz. Ömer bir gün otururken İbn-i Mes'ud karşıdan çıkıp geldi. Hz. Ömer, onun kendisine doğru geldiğini görünce etrafındakilere şöyle dedi: "Ağzına kadar ilim ve fıkıhla doludur."

Amr b. Meymun şöyle dedi: "Abdullah ile tam bir yıl kaldım. Bu müddet içinde onun 'Rasûlullah (sav) buyurdu' dediğini duymadım. Şayet böyle bir söze başlarsa, bütün vücudu ürperir ve alnından terler akardı."

Amr b. As'ın oğlu Abdullah'ın meclisine devam eden Mesruk dedi ki: "Abdullah b. Amr'a gider, konuşurduk. Bir gün Abdullah İbn-i Mes'ud'dan söz açıldı. Abdullah dedi ki: 'Öyle bir adamdan bahsediyorsunuz ki; onu çok seviyorum, seveceğim de. Çünkü Rasûlullah (sav) onun hakkında şöyle buyurmuştu: 'Kur'ân'ı dört kişiden öğreniniz: İbn-i Mes'ud'dan, Muaz b. Cebel'den, Übey b. Kaab'dan ve Ebû Huzeyfe'nin mevlası Sâlim'den.' Rasûlullah (sav) bu açıklamasına İbn-i Mes'ud ile başlamıştı."

İbn-i Abbas da, İbn-i Mes'ud hakkında şöyle buyurdu: "Kur'ân'ın en büyük tercümanıdır."

Hz. Ali, bir rivâyette İbn-i Mes'ud hakkında şunları demiştir: "İbn Mes'ud Kur'ân okudu, Kur'ân'ın helalini helal, haramını haram bildi. Fıkıh ve sünneti iyi bilen bir kimse idi."

Bir gün bir grup, Hz. Ali ile sohbet ederken İbn-i Mes'ud anıldı. O grup, Hz. Ali'ye şunları dedi: "Ya Emir'ül-müminin! Biz İbn-i Mes'ud'dan daha iyi ahlâklı, halka dinlerini yumuşaklıkla öğreten, daha hoşsohbet ve daha takva sahibi bir kimse görmedik." Bunun üzerine Hz. Ali: "Allah'ı seviyorsanız bana doğru söyleyin. Siz bunu ciddî mi söylüyorsunuz?" dedi. Onlar da "Evet ciddî söylüyoruz." dedikten sonra Hz. Ali: "Allah'ım! Şahit ol ki, ben İbn-i Mes'ud hakkında aynı şeyleri söylerim. Hatta onu daha üstün vasıflı bilirim." dedi.

İbn-i Mes'ud'dan Vecizeler

"Hiçbir yıl yoktur ki, ondan sonra gelen yıl ondan daha kötü olmasın. Hâlbuki ne bir, yıl bir yıldan; ne bir nesil, bir nesilden farklıdır. Fakat bir neslin bilgilileri ve iyi adamları bitti mi, o nesilde hayır kalmaz. Bir zaman öyle kimseler gelecektir ki, meseleleri birbirine kıyas edeceklerdir. İşte o zaman İslâm bozulur ve parçalanır."

"Sakın 'Senin görüşün nedir?' yolu ile herhangi bir kimseden fetva sormayın. Zira sizden öncekiler birbirlerine 'Senin görüşün nedir?' diye sora sora helak oldular. Ayağınızın düz yerde kaymasını istemiyorsanız, bir şeyi bir başka şeye kıyas etmeyiniz. Birinize, Kur'ân veya sünnette hükmünü bulamadığı bir şey sorulduğu zaman 'Allah bilir!' desin. Zira 'Allah bilir!' demek, ilmin üçte biridir."

"Sizden kim, herhangi birine uymak istiyorsa, Muhammed'in (sav) ashâbına uysun. Zira onlar bu ümmetin; kalbi en temiz, ilmi en derin, zorlanması en az ve yolu en düzgün olanlarıdır. Rasûlullah'ın ashâbı o kimselerdir ki, Cenâb-ı Allah onları seçkin Peygamberinin arkadaşlığı için seçmiştir. Onların kadrini bilin ve arkalarından gidin. Çünkü onlar doğru yoldadır."

"Sünnete sarılın, sünnetten ayrılmayın. Allah'a yemin ederim ki, sünnetten ayrılmazsanız, ileriye doğru hızla yol alacaksınız. Eğer sağa-sola saparsanız, derin bir delalete düşmüş olacaksınız."

"Sünnete uyunuz, bağlılıktan ayrılmayınız ve bid'ate sapmayınız. Sünnet yolunda normal yürümek, bidat yolunda hızlı yürümekten evlâdır."

"Ebû Bekir ile Ömer'i sevmek ve onların faziletini tanımak sünnettendir."

"Allah'tan başkasına ihtiyaç duymayan kimseye, herkes

muhtaç olur. Allah'ın kendisine verdiği ilim ile amel eden kimsenin ilmine de herkes muhtaç olur."

"Bilmeyenlere yazıklar olsun. Allah dileseydi bileceklerdi. Bilip de bildiğini tutmayanlara da yazıklar olsun."

"Bu Kur'ân, Cenâb-ı Hakk'ın sofrasıdır. Kim ondan ne öğrenebilirse, onu yapsın. Zira evlerin hayır ve bereketten en boş olanı, içinde Allah'ın kitabından bir şey bulunmayan evdir. İçinde Allah'ın kitabından bir şey bulunmayan bir ev, onarıcısı bulunmayan yıkık eve benzer. Şeytan, Bakara Sûresi işitilen evde duramaz."

"Allah'ı çokça anın! Allah'ı anmakta sana yardım edecek kimseden başka hiçbir kimse ile arkadaşlık etmemek, sana zarar vermez."

"Bir gün akşama kadar Allah'ı zikretmek, benim için, bir gün akşama kadar Allah yolunda iyi cins atların sırtında düşmana hücum etmekten daha sevimlidir."

"Kur'ân'ı benden daha iyi bilen birisini bilsem; nerede olursa olsun, hiç üşenmeden onun yanına kadar giderdim."

"Bakara Sûresinde on âyet vardır ki; kim onları bir evde okusa, şeytan o gece o eve giremez. O âyetler Bakara Sûresinin başından dört âyet, Âyet'el-Kürsî ile ondan sonraki iki âyet ve sûrenin son âyetleri (Âmene'r-Rasûlü) dir."

"Eğer siz benim günahlarımı bilmiş olsaydınız, içinizden iki kişi bile benim arkamdan gelmezdi ve benim başıma toprak dökerdiniz. İsterim ki, Cenâb-ı Allah benim günahlarımdan bir tanesini affetsin de, bana Mes'ud oğlu Abdullah yerine Gübre oğlu Abdullah densin."

"Hiçkimsenin hoşlanmadığı ölüm ile fakirlik ne güzel şeylerdir. Allah'a yemin ederim ki, zenginlikle fakirlik, ikisi de birer nimettirler. Ben hangisiyle imtihan edilsem, umursamam. Zenginlikte muhtaçlara yardım, fakirlikte de sabır meziyeti vardır."

"Kul, imanın tepesine çıkmadıkça imanın hakikatine ulaşamaz. Müslüman, fakirliği zenginlikten, alçalmayı yükselmekten üstün görmedikçe ve kendisini öven kimseyle yeren kimseyi bir tutmadıkça imanın zirvesine çıkamaz."

"Kendisinden başka ilah bulunmayan Allah'a yemin ederim ki, Müslüman olarak sabahlayıp akşamlayan kula, dünyanın musibetleri zarar vermez."

"Hepiniz misafirsiniz; elinizdeki dünya malı da emanettir. Misafir, elbet bir gün gidecek ve emanet sahibine verilecektir."

"Hak ağırdır, fakat boğazdan kolay geçer. Bâtıl ise hafiftir, fakat hastalık doğurur. Nice insanî arzular vardır ki, uyulduğu zaman uzun süren üzüntüyle sonuçlanır."

"Kalpler içinde birtakım istek ve yönelişler ve birtakım gevşeklik ve dönüşler vardır. Kalplerin istek ve yönelişlerinden nimetlenip faydalanın. Gevşeklik ve dönüş yaptıkları zaman ise onları bırakın."

"Nefsi kınamanın en kötüsü, onu ölürken kınamaktır. Pişmanlığın en kötüsü, kıyamet gününün pişmanlığıdır. Sapıklığın en kötüsü, doğru yolu bulduktan sonra sapıtmaktır. Körlüğün en kötüsü, kalp körlüğüdür."

"Allah, İslâmiyet'te nasibi olanlarla olmayanları bir yaymayacaktır. Allah, bu dünyada hangi kul hakkında 'Ben onun sahibiyim.' Derse, âhirette onu sahipsiz bırakmayacaktır."

"Eğer âlimler, ilmi koruyup onu lâyık olan kimselere harcasalar, çağlarının bütün insanlarına baş tacı olurlar. Fakat onu, dünyalıklarına erişmek için dünya adamlarına harcarlar ise halkın gözünden düşerler."

"İlmin âfeti unutmaktır. Kişinin öğrenmiş olduğu herhangi bir şeyi unutması, kanaatimce, günah işlemesindendir."

"Rasûlullah'tan bir söz naklettiniz mi; o sözün nübüvvet ve risâlet şanına en lâyık, ümmetinin hidâyetine en faydalı ve takvaya en uygun olanını gözetiniz."

"Ya âlim ol, ya ilim öğrenmeye çalış! Bu iki vasıf dışında kalıp da şunun bunun arkasında sürüklenen bir kimse olma."

"Hadisleri birbirinize hatırlatınız. Çünkü hadisler, ancak müzakere ile yaşayabilirler. Hadis dinlemek ve hadisleri müzakere etmek, namaz kadar sevaplıdır."

DÜŞÜNCE TURU

1. Efendimiz (sav), daha çocuk yaşlarında iken İbn-i Mes'ud'a "Sen muallim (eğitimci-âlim) olacak bir gençsin." demek suretiyle ona neden bir hedef gösterdi?

2. "Görüyorsunuz ki, kâfirler, insanlar arasında vücutça en sağlam ve kalben en çürük; Müslümanlar da kalben en sağlam ve vücutça en çürük kimselerdir. Allah'a yemin ederim ki, şayet vücudunuz sağlam, fakat kalbiniz çürük olsaydı; Allah katındaki değeriniz, pislik böceğinden daha aşağı olurdu." sözünü, iman (inanç) ve beden (sağlık) ilişkileri açısından değerlendiriniz.

3. "Yarın mizanda onun ince bacağı, Uhud Dağı'ndan ağır gelir. Mahşerde sevabı Uhud Dağı'ndan daha ağır gelecek biri için, neden böyle gülüyorsunuz?" hadis-i şerifi, Peygamberimiz (sav) tarafından Abdullah ibn-i Mes'ud için söylenmiştir. İmanlı ve özürlü insanlara bakışımızı, bu açıdan yeniden gözden geçirebilir miyiz?

4. İnce bacaklarını uzun bir etekle gizleyen Abdullah ibn-i Mes'ud'un bu özel giyim tarzının hikmetini ve

buradan yola çıkarak özürlülere tanınabilecek ruhsatları ve kolaylıkları araştırınız.

5. İbn-i Mes'ud'un güzel ahlâkından kaynaklanan tutum ve davranışlarının sosyal hayat ve beşerî münasebetler üzerindeki etkilerini değerlendiriniz.

ABDURRAHMAN BİN AVF (r.a.)

Uhud Savaşı'nda Ayağından Sakatlanan Sahâbî

Künyesi ve İlk Hayatı

Abdurrahman, 571 yılında Mekke'de doğdu. Rivâyete göre Abdurrahman, "Fil Olayı"ndan yaklaşık on yıl sonra dünyaya geldi. Kureyş kabilesinin Zühre oğullarından Hâris'in oğlu olup Câhiliye devrinde asıl adı Abdulkâ'be, Abd-i Amr veya Abdülhâris idi. Künyesi, Ebû Muhammed Abdurrahman bin Avf bin Abdiavf el-Kureyşî ez-Zührî şeklindedir. Ebû Muhammed künyesi ile tanınan Abdurrahman'ıin babası Avf bin Abd-i Avf, annesi Sifâ binti Avf b. Adi'l-Hâris b. Zühre b. Kilâb idi. Soyu, dedelerinden Kilab bin Mürre'de Rasûlullah Efendimiz'le (sav) birleşmektedir. Hz. Peygamber'in (sav), Erkam'ın evindeki faaliyetlerine başladığı günlerde İslâm'a giren Abdurrahman'a bu ismi Rasûlullah vermiştir.

Cahiliye devrindeki kötü alışkanlıkların mevcudiyetine rağmen, içki içmedi ve güzel ahlakıyla etrafındakilerin sevgisini kazandı. Ashâb-ı kirâmın büyüklerinden olan Abdurrahman, cennetle müjdelenen on kişiden ve ilk Müslüman olan sekiz kişiden biridir.

İslâm ile Müşerref Olması

Abdurrahman bin Avf, genç yaşlarından itibaren ticaretle meşgul olurdu. Bu sebeple ticaret için çeşitli yerlere giderdi. Kendisi şöyle anlatır:

"Peygamber Efendimiz'e (sav) peygamberlik emri bildirilmeden bir yıl önce, ticaret için Yemen'e gittiğim zaman, Askelân bin Avâkir-ül-Himyerî'ye misafir olmuştum. O zât, çok yaşlı idi ve oraya her varışımda ona konuk olurdum. O da bana Mekke'den haber sorarak derdi ki: 'İçinizde kendisi hakkında haber ve zikir bulunan zât zuhûr etti mi? Dininiz hakkında size karşı olan bir kimse var mı?' Ben de hep, 'Hayır, yoktur.' derdim. Nihayet, Rasûlullah Efendimiz'e (sav) peygamberlik bildirilip, İslâm dinini insanlara gizlice tebliğ etmeye başladığı sene idi. Yemen'e yine gidip aynı zâta misafir olduğumda bana dedi ki: 'Ben seni ticaretten daha hayırlı bir müjde ile müjdeleyeyim mi?' 'Evet, müjdele.' dedim. 'Hiç şüphesiz, Allah senin kavminden, kendisinden razı olduğu, seçtiği bir Peygamber gönderdi ve O'na Kitap da indirdi. O, insanları putlara tapmaktan men edecek ve onları İslâmiyet'e davet edecek. Hakkı buyuracak ve işleyecek, bâtılı da men ve iptal edecektir. O, Haşimoğullarındandır. Siz O'nun dayılarısınızdır. Dönüşünü çabuklaştır! Gidip O'na yardımcı ol! Kendisini tasdik et ve şu beyitleri de Ona götür!'

Yemenli ihtiyarın söylediği beyitleri ezberleyip Mekke'ye döndüm ve Hz. Ebû Bekir ile buluştum. Ona, Yemenli ihtiyarın söylediklerini haber verdim. Ebû Bekir dedi ki: 'O kimse, Abdullah'ın oğlu Muhammed (sav)'dir. Allah-u Teâlâ, O'nu insanlara peygamber olarak gönderdi. Hemen O'na gidip iman et!' Hemen Rasûlullah'ın (sav) evine gittim. Rasûlullah Efendimiz beni görünce gülümsedi ve sordu: 'Arkanda ne haber var, ey Abdurrahman?' 'Yâ Muhammed, bu ne demek?' 'Bana tevdî edilmek üzere o kimsenin seninle gönderdiğini getir ve bana ver. Hiç şüphesiz onu bana gönderen Hımyeroğulları müminlerinin üstünlerindendir.'

Rasûlullah Efendimiz'in (sav) bu sözlerini işitince hemen kelime-i şehadet getirerek Müslüman olma şerefine kavuştum ve Yemenli ihtiyarın söylediği beyitleri okuyarak, onun anlattıklarını aktardım. Bunun üzerine sevgili Peygamberimiz (sav) buyurdu ki: 'Zaman zaman öyle müminler bulunacak ki, onlar beni görmeden bana inanacak ve beni tasdik edeceklerdir. İşte, bunlar, benim gerçek kardeşlerimdir.'"

Hicretleri

Abdurrahman b. Avf, ilk Müslümanlardan olmasından dolayı Kureyş'in zalim tutumuna dayanamayan ashâb ile birlikte Habeşistan'a yapılan iki hicrete de katılır. Nihayet Rasûlullah, ashâbı Medine'ye hicret etmeye teşvik edince, o da diğer ashâb ile birlikte hicret eder. Peygamber Efendimiz (sav) Ensar ile Muhacir'i kardeş ilan ederken, O'na da kardeş olarak Medine'nin zenginlerinden olan Sa'd bin Rebi' düşer.

Dinî inançları uğruna her şeylerini geride bırakan Mekkeli Müslüman muhacirler, Medine'deki Ensar'ın her türlü desteğini yanlarında gördüler. Medineliler, bu mübarek kardeşleri için maddî ve manevî her türlü yardımı yapmaya çalıştılar. Hiçbir fedakârlıktan kaçınmadılar. Büyük fedakârlardan birisi de, Peygamber Efendimiz (sav) tarafından Abdurrahman'a kardeş olarak ilân edilen Medineli Sa'd bin Rebi' idi. Sa'd Abdurrahman'a büyük bir teklifte bulundu: Medine'nin en zengini olduğunu, sahip olduğu her şeyini onunla paylaşmak istediğini söyleyerek malının yarısını almasını teklif etti. Ancak, Abdurrahman onun bu teklifini kabul etmedi. Fedakâr kardeşinden tek isteği vardı, o da çarşının yolunu göstermesi. O, emeğinin karşılığı ile ve hiç kimseye yük olmadan geçinen bir insandı.

"Aziz kardeşim, Allah sana ve çoluk çocuğuna bereket ihsan etsin, malını çoğaltsın! Sen bana çarşının yolunu göster, ben orada ticaret yapar, ihtiyaçlarımı karşılarım." diye mukabelede bulundu. Bu karşılıklı konuşmadan sonra çarşının yolunu kendisine gösterdiler. Allah'ın Rasûlü (sav) onun bu yüce davranışından haberdar olur olmaz çok sevindiği gibi, malının çok ve bereketli olması maksadıyla ona duada bulundu. Bu duadan sonra yaptığı ticaret sebebiyle Abdurrahman bin Avf, kısa zamanda çok zengin oldu.

Bedir Savaşı'ndaki Kahramanlıkları

Bedir Savaşı'nda Peygamberimiz (sav) bir ara Abdurrahman'ı göremeyince etrafındakilere sordu. Sahâbîlerden birisi: "Ya Rasûlullah, onu dağın eteğinde gördüm. Başına birçok müşrik toplanmıştı. Ona yardım etmek istedim, fakat sizi burada görünce yardımınıza koştum." dedi. Peygamberimiz (sav): "Onun için korkma, çünkü melekler ona yardım etmektedir." buyurdu. Daha sonra o sahâbî, Abdurrahman'ı aramaya başladı. Onun, yedi kişiyi öldürmüş olduğunu gördü. "Hepsini sen mi öldürdün?" diye sordu. Abdurrahman: "Şu ikisini ben öldürdüm. Fakat diğerlerini daha önce hiç görmediğim birisi öldürdü." dedi. Bunun üzerine o sahâbî: "Allah ve Rasûlü doğru söyledi." diyerek Peygamberimiz'in (sav) sözünü tasdik etti.

Uhud Muharebesi'nde Ayağından Sakatlanması ve Cilt Hastalığına Yakalanması

Abdurrahman, Peygamber Efendimiz (sav) ile birlikte bütün savaşlara katıldı. Bu savaşlarda çok sayıda yara aldı. Sadece Uhud Muharebesi'nde, yirmiden fazla ok ve mızrak yarası aldı. Bu arada 12 dişi de kırıldı. Peygamberimiz'e (sav) herhangi bir şekilde en küçük bir zarar bile gelmesini istemediği için, özellikle bu savaşta, vücuduyla Peygamber Efendimiz'i (sav) korumaya çalışanlardan birisi de o oldu. Hatta ayağından aldığı yaralardan ötürü topal kaldı. Sakat kalmasından dolayı o artık ancak aksayarak yürüyebiliyordu.

Muhtemelen vücudundaki ağır yaralardan dolayı, cildinde değişik rahatsızlıklar meydana geldi. Vücudundaki kaşıntılar, belki de cüzzamın bir işaretiydi. Yakalanmış olduğu cilt hastalığından dolayı Peygamberimiz'in (sav) özel izniyle ipek elbise giyerdi. O zamana kadar Hz. Peygamber (sav), ashâb içinde ipek giymeyi yalnız Abdurrahman'a müsaade etmişti.

Ordu Kumandanı Olarak Tayin Edilmesi

Abdurrahman bin Avf, Hicretin 6. senesinde (628), Rasûlullah Efendimiz tarafından Kelb kabilesini İslâm'a davet etmek için Dûmet-ül-Cendel'e gönderilen 700 kişilik orduya, kumandan tayin edildi. Dûmet-ül-Cendel, Tebük şehrinin yakınında olup, büyük bir panayır ve ticaret merkezi idi. Rasûlullah Efendimiz (sav), Abdurrahman bin Avf'ı yanına çağırıp buyurdu ki: "Hazırlan! Seni bugün veya yarın sabah inşallah askerî birliğin başında göreceğim."

Sabah namazını mescitte kıldıktan sonra, Peygamber Efendimiz (sav) onun Dûmet-ül-Cendel'e hareket etmesini ve oranın halkını İslâmiyet'e davet etmesini emir buyurdu. Dûmet-ül-Cendel'e gidecek ordu, seher vakti Medine dışındaki Cürüf denilen mevkide toplandı. Peygamber Efendimiz, Abdurrahman bin Avf'ın geride kaldığını görünce buyurdu ki: "Arkadaşlarından niçin geri kaldın?" "Ya Rasûlullah! En son görüşmemin ve konuşmamın sizinle olmasını istedim. Yolculuk elbisem üzerimdedir."

Abdurrahman bin Avf, başına, siyah pamuklu ve kalın bezden, gelişigüzel bir bez sarmıştı. Peygamber Efendimiz (sav), onun sarığını eliyle çözüp, sarığın ucunu iki omzunun ortasından sarkıtarak bağladı ve "Ey İbn-i Avf! İşte sarığını böyle sar!" buyurdu. Daha sonra eline bir sancak vererek devam etti: "Ey İbn-i Avf! Allah-u Teâlâ'nın adıyla, O'nun yolunda cihâd et ve Allah'ı inkâr edenlerle çarpış! Zulüm ve taşkınlık yapma! Allah'ın emri dairesinde hareket et! Çocukları öldürme! Eğer o belde ahalisi senin davetine icabet ederlerse, o kabilenin reisinin kızıyla evlen!"

Abdurrahman bin Avf, emrine verilen 700 kişilik orduyla birlikte hareket ederek, Dûmet-ül-Cendel'e ulaştı. Kelb kabilesini, tatlı bir üslupla İslâm'a davet etti. Üç gün orada kaldıktan sonra, Kelb kabilesinin reisi Esbağ bin Amr ve kavminin büyük bir kısmı, Hıristiyanlığı terk edip Müslüman oldular. Bir kısmı da Hıristiyan olarak kalıp, cizye vermeye razı oldular.

Abdurrahman bin Avf, Müslüman olan Esbağ'ın kızı Tümadır ile evlendi. Onunla birlikte Medine'ye geldi. Tümadır, Abdurrahman bin Avf'ın oğlu Ebû Seleme'nin annesidir. Ebû Seleme ise Medine'nin yedi büyük fıkıh âlimlerinden biridir.

Hz. Aişe Validemizin Kendisine Tavsiyeleri

Aşere-i Mübeşşere'den olan Abdurrahman, Cahilliye döneminde ticaretle uğraştığı için, bu tecrübesini Müslüman olduktan sonra da değerlendirmek istiyordu. Abdurrahman'ın, Peygamber Efendimiz'in (sav) bereket duasına mazhar olduktan sonra, işleri eskisinden çok daha iyi gitmeye başladı ve bundan dolayı da çok büyük bir servet sahibi oldu. Buyururdu ki: "Taşa uzansam, o taşın altında ya altına veya gümüşe rast gelirdim."

Günden güne işlerinin çok iyi gitmesine rağmen, manevî yönden zarar görebilme endişesine düşmeye başlayan Abdurrahman bin Avf, Hz. Aişe validemize gelip "İşlerim hep iyi gidiyor; âhirette bunun hesabını vermekten korkuyorum." dedi. Bunun üzerine Aişe validemiz "Ben Rasûlullah'tan (sav), 'Beni görenlerin içerisinde öyle kimseler de olacak ki, beni görmeleri sadece dünyadan ibaret olacak.' dediğini işittim, diye konuştu."

O zaman Abdurrahman bin Avf: "Eyvah! Ben Rasûlullah'ı (sav) dünyada gördüm; âhirette görmeyeceklerden miyim yoksa?" diye feryat etti. Aişe validemiz, onun bu kaygısını giderici bir açıklama daha yaptı: "Hayır, kolayı var. Cenab-ı Hakk'ın sana ihsan ettiği imkândan infak et! İmkânına münasip bir şekilde sadaka ver! Böylelikle, âhirette Rasûlullah'ı (sav) görmekten mahrum kalmazsın."

Abdurrahman bin Avf, ashâb-ı kirâmın en zenginlerinden olduğu hâlde, mala karşı içinde en ufak bir sevgi besleyemez oldu. Belki de bundan dolayı, sık sık Kâbe'yi tavaf edip, "Allah'ım! Nefsimin cimriliğinden beni koru!" diye dua ederdi.

Zenginliği ve Cömertliği

Abdurrahman bin Avf, ticarî hayatında minimal kâr elde etmekle yetinirdi. Buna rağmen büyük nimetlere mazhar olurdu. Kendisine bir keresinde, "Bu büyük serveti nasıl kazandın?" diye sordular. O da: "Çok az kâra razı oldum. Hiçbir müşteriyi boş çevirmedim." dedi.

Zenginlikte ileri giden Abdurrahman, malını ve mülkünü Allah yolunda sarf etmekte de çok cömert idi. Buna rağmen, tevazu sahibi bir kişiliğe sahipti. Bir gün oruçlu haliyle, kendisinden daha fedakâr olanları yâd ederken, "Benden daha hayırlı olan Mus'ab bin Umeyr şehit olduğunda, kefen olarak bir hırkaya sarıldı. Başı örtülünce ayakları, ayakları örtülünce başı açıkta kalıyordu. Benden hayırlı olan Hamza da, şehit olduğunda böyle olmuştu. Daha sonra servetimiz alabildiğine çoğaldı. İyiliklerinizin karşılığını bu dünyada almaktan ve âhirete bir şey kalmamasından korkarım." dedikten sonra dünya bolluğu endişesinden dolayı gözyaşlarını tutamadı. Akşam yemek getirilip önüne konulunca, ağlamaktan yemeğini de yiyemedi.

Her zaman âhireti dünyaya tercih eden şanlı sahâbî, cömertlik konusunda en önde gidenlerdendi. En büyük arzusu, dinin emirlerine eksiksiz uyabilmekti. Onun için Abdurrahman bin Avf, hem Rasûlullah'ın sağlığında, hem de O'nun ölümünden sonra Allah yolunda çok mal harcadı. Üç kere, malının yarısını verdi. Birinci defa 4.000 dirhemi, ikincide 40.000 dirhemi ve üçüncüde de 40.000 altını sadaka olarak Allah yolunda dağıttı.

Uhud Savaşı esirlerinden 30 tanesini azat ettirdi ve her birine 1.000 altın dağıttı. Tebük Seferi için 500 at ve 500 yüklü deve verdi.

Peygamberimiz'in (sav) vefatından sonra da ticarete devam eden Abdurrahman, bir gün buğday, un ve çeşitli zahire yüklü 700 devesi ile Medine'ye girdiğinde, Medine halkı öyle bir haykırış kopardı ki, yerler gökler inledi ve halk fevç fevç toplandı.

Hazreti Aişe: "Bu ses nedir?" diye sorduğunda kendisine, "Abdurrahman bin Avf'ın kervanı geldi. 700 deve yiyecek yüklü." dediler. Bunun üzerine Hz. Aişe: "Allah'ın Rasûlü doğru söyledi!" buyurdu.

Bu söz, Abdurrahman bin Avf'ın kulağına ulaşınca, koşarak müminlerin annesine geldi ve sordu: "Ey müminlerin annesi! Rasûlullah ne buyurdu?" Hz. Aişe cevap verdi: "Rasûlullah buyurdu ki: 'Cenneti gördüm. Muhacir ve Müslüman fakirlerin koşa koşa cennete girdiklerini gördüm. Abdurrahman bin Avf'ın ise emekleye emekleye onlarla cennete girdiğini gördüm."

Bunu duyan o zengin sahâbî, bunun üzerine şöyle dedi: "Kervanı; yükleri, semerleri ve koşumlarıyla hepsini Allah yolunda infak ettiğim hususunda seni şahit tutuyorum. İnşallah bunlarla, cennete koşarak girerim."

Cömertliği arttıkça, dünya malı da onu âdeta takip etmekteydi. Ama o, hangi hâl üzere olursa olsun, hep veren oldu. Bir keresinde hastalandığında, servetinin üçte birini derhal fakirlere dağıtmıştı. Medine halkı, Abdurrahman bin Avf'ın ev halkı gibi idi. Servetinin üçte birini onlara ödünç verir, üçte biri ile onların borçlarını öderdi. Üçte birini de ihsan edilecek olanlara ihsan ederdi.

Benî Nadir Seferi'nden ganimet olarak hissesine düşen arazisini kırk bin dinara sattıktan sonra, elde ettiği geliri Peygamberimiz'in (sav) hanımları arasında paylaştırdı. Bunun üzerine Hz. Aişe, Peygamberimiz'in (sav) "Benden sonra sizlere ('Ezvâc-ı Tahirat'a) ancak salih olan insanlar şefkat ve merhametle yaklaşacaklar." sözlerini aktardıktan sonra ona şöyle duada bulunmuştur: "Allah, İbn-i Avf'ı Selsebil-i Cennet ile mükâfatlandırsın."

Bedir Harbi'nde bulunup da sağ kalanların her birine -ki bu sayının yüz olduğu ifade edilmektedir- kendi malından 400 dirhem altın para (başka bir rivâyete göre 4 bin dinar) verilmesini vefatından önce vasiyet etti. Vasiyeti ilan edilir edilmez Hz. Osman dâhil bazı önemli kişiler Abdurrahman bin Avf'ın evine gitmek üzere harekete geçmişlerdi. Hz. Osman'a "Sen zengin değil misin?" denilince, kendisi şu ilginç sözleri söyler: "Bu Abdurrahman bin Avf'tan bir ihsandır. Sadaka değildir." Peygamberimiz (sav) O'nun için: 'Abdurrahman bin Avf ikramla cennete girer.' buyurmuştur."

Peygamberimiz'e (sav) İmamlık Yapması

Tebük Harbi dönüşünde, Peygamber Efendimiz (sav), Muğire bin Şu'be ile birlikte kafileden uzaklaşarak bir yere gitmek mecburiyetinde kalmıştı. Bu yüzden namaz vakti de gecikmek üzere idi. O sırada ashâb-ı kirâm, sabah namazı geçiyor diye Abdurrahman bin Avf'ı imamete geçirdi. İkinci rekâtta iken Peygamber Efendimiz namaza yetişip kendisine uydu. Namazdan sonra, "İsabet etmişsiniz, isabet etmişsiniz. Abdurrahman bin Avf'ı imam yapmakla doğru davranmışsınız. Bir Peygamber, sâlih bir kimsenin arkasında namaz kılmadıkça ruhu kabz olmaz." buyurarak, Abdurrahman bin Avf'ın manevî kıymetini ifade etmiş oldular. Böylece Hazreti Ebû Bekir'den sonra Abdurrahman bin Avf da Allah'ın Rasûlüne (sav) imamlık yapmış oldu. Vefatında Peygamber Efendimiz'i (sav) kabrine indiren dört sahâbîden biri de yine o oldu.

Peygamberimiz (sav) için Ağlaması

Abdurrahman bin Avf, dört veya beş kişi ile birlikte, bir ihtiyacı olur diye gece-gündüz Peygamberimiz'in (sav) yanından ayrılmazlardı. Ayrıca O'nu (sav) muhtemel suikastlara karşı korumak isterlerdi. Bir gün yanına geldiğinde Peygamberimiz (sav) evinden çıkıyordu. Abdurrahman bin Avf da arkasına düştü. Nihayet Peygamberimiz (sav) Medine'nin ileri gelenlerinden birinin hurmalığı içine girdi. Namaza başlayıp uzun zaman kıldı. Bir ara Peygamberimiz (sav) secdesini o kadar uzattı ki Abdurrahman bin Avf, secdede vefat ettiğini zannederek ağlamaya başladı.

Bunu işiten Peygamberimiz (sav): "Niçin ağlıyorsun?" diye sordu. O da: "Ya Rasûlullah! Secdeyi çok uzattınız da, Cenâb-ı Hakk, Peygamberinin ruhunu kabzetti, artık onu göremeyeceğim, diye korktum da ağladım." dedi. Peygamber Efendimiz (sav) bunun üzerine secdesini niçin uzattığına dair şu müjdeleyici haberi verdi: "Cibril bana 'Seni müjdelerim! Cenâb-ı Hakk buyuruyor ki: 'Kim Rasûlüme salavât getirirse, ben de ona salavât getiririm; kim ona selam getirirse, ben de ona selam getiririm.' dedi.' Ben de bundan ötürü Allah'a şükretmek üzere secdeye vardım."

Peygamberimiz'in (sav) Ölümü ile Hayatının Kararması

Peygamberimiz'in (sav) vefatı, tüm sahâbîleri olduğu gibi Abdurrahman bin Avf'ı da derinden yaralamıştı. Rasûlullah'ın (sav) âhirete göç etmesinden sonra, O'nunla (sav) geçirdiği günleri hatırlayarak daima ağlardı. Onun sohbetlerinden mahrum olduktan sonra, kendisi için dünyanın hiçbir kıymeti kalmadığını söylerdi. Nevfel bin İyas bununla ilgili bir hatıratını anlatır:

"Abdurrahman bin Avf, bizi bir gün evine götürdü. Bize tepsi içinde leziz yemekler ikram etti. Yemeği önümüze koyunca, ağlamaya başladı. O ağlayınca biz de ağlamaya başladık.

Fakat niçin ağladığımızı bilmiyorduk. 'Ey Abdurrahman, seni bu kadar ağlatan nedir?' diye sordum. 'Biz bu kadar nimetler içerisindeyiz. Rasûlullah (sav) vefat etti. Fakat kendisi ve ehli, arpa ekmeğinden bile bir defa olsun doyasıya yemedi. Biz bu yediklerimizin şükrünü nasıl yapacağız? Bunun için ağlarım' dedi."

Halifelere Danışmanlık Yapması

İlk iki halifenin en büyük yardımcılarından birisi Abdurrahman idi. Hz. Ebû Bekir döneminde müsteşarlık yaptı. Halife, vefatından sonra kimin halife seçilmesi gerektiği konusundaki görüş ve düşüncesini ilk ona açtı. Hz. Ömer'n halife seçilmesi taraftarı olan Hz. Ebû Bekir, bu düşüncesini vefatından önce, hastalandığı sırada, ilk olarak ona danıştı. Hz. Ömer döneminde de danışmanlık görevini devam ettirdi.

Sahâbîler arasında mümtaz bir yere sahip olan Abdurrahman'a, halifeye arz edilmekten çekinilen meseleler aktarılır; o da bunları Hz. Ömer'e iletirdi. Geceleri sık sık Medine sokaklarını gezerek asayişi kontrol eden Hz. Ömer, kendisine çok yakın gördüğü Abdurrahman ile beraber dolaşırdı.

Hz. Osman'ın Halife Seçilmesindeki Rolü

Halife Hz. Ömer, bir Mecusî köle tarafından hançerlenince onu imamlığa getirerek, kendisinden sonra halifeyi seçmekle görevlendirdiği altı kişilik şuraya onu da dâhil etti. Ne de olsa Rasûlullah Efendimiz, Abdurrahman bin Avf hakkında zamanında şunu buyurmuştur: "Göktekiler ve yerdekiler katında, sen eminsin." Hz. Ömer'in defninden sonra, tayin edilen bu altı sahâbî toplandılar. İlk olarak Abdurrahman bin Avf söz alıp şöyle dedi:

"Ey Cemaat! Bu hususta hepimizin de görüşleri var. Dinleyiniz; öğrenirsiniz, anlarsınız. Muhakkak ki, hedefe isabet eden ok, isabet etmeyenden üstündür. Bir yudum yavan fakat soğuk su, hastalığa sebep olan tatlı sudan daha faydalıdır. Sizler, Müslümanların rehberleri, müracaat olunan âlimlerisiniz. O hâlde, aranızda meydana gelecek ihtilâflarda bıçağın ağzını köreltmeyin. Kılıçları düşmanlarınızdan ayırıp kınlarına sokmayınız. Yoksa düşmanlarınız karşısında tek kalmış, amellerinizi noksanlaştırmış olursunuz. Herkesin muayyen bir eceli, her evin emrine itaat edilen, yasaklarından çekinilen bir emîri, reisi vardır. Öyleyse aranızdan, işlerinizi görecek birisini emir tayin edin. Böylece maksada erişirsiniz. Şayet, kör fitne, şaşırtan dalâlet olmasaydı, niyetlerimiz bildiklerimizden, amellerimiz niyetlerimizden başka olmazdı. Zira fitne ehli; gözlerinin görmediğini, fitnenin kendilerini, çölde şaşkın, nereye gideceğini bilmez bir şekilde bıraktığını söylerler. Nefislerinize ve fitnecilerin sözlerine uymaktan sakınınız. Sözle olan hile, kılıcın yarasından daha şiddetlidir. Halifeliği; musibet ve felâket zamanlarında metanet ve sabırlı, bu işte muvaffak olacağını umduğunuz, onun sizden, sizin ondan razı olacağınız birisine veriniz. Size nasihat eder görünen fesatçılara itaat etmeyiniz. Size yol gösteren rehbere muhalefet etmeyiniz. Söyleyeceklerim bundan ibarettir. Allah-ü Teâlâ'dan kendim ve sizin için mağfiret dilerim." Abdurrahman bin Avf bundan sonra, şu teklifte bulundu: "İçimizden üçümüz, diğer üçümüz lehine adaylıktan çekilsin."

Abdurrahman bin Avf'ın bu teklifi hemen kabul olunarak Zübeyr Ali'ye, Talhâ Osman'a, Sa'd bin Ebî Vakkâs da Abdurrahman bin Avf'a oylarını verdiler. Arkasından Abdurrahman bin Avf da adaylıktan çekilerek halifeyi belirleme işini üstlendi. Adaylar arasında sadece Hz. Osman ile Hz. Ali kaldı. Abdurrahman bin Avf, daha sonra ordu kumandanları, halkın ileri gelenleri, kadın-erkek Medine halkı ve dışardan gelenlerle teker teker görüştü. Adeta yoğun bir kamuoyu araştırması yaptı. Hazreti Osman ve Hazreti Ali, yetkiyi tamamen kendisine verdiklerinden, bu araştırmasının da sonucunda Abdurrahman bin Avf, bir sabah namazı sonrası Mescid-i Nebevi'de Hazreti Osman'ı halife ilân etti.

Müsteşarlık görevini devam ettiren Abdurrahman, buna ilaveten hac emirliği görevini de ifa etti. Gerekli gördüğü zamanlarda ikazını yapmaya ve fikirlerini dile getirmeye devam etti.

Vefatı ve Rüyada Görülmesi

Tam 23 yıl Nebiler Sultanı ile birlikte olan kutlu sahâbî Abdurrahman bin Avf, 652 yılında (H. 32) Medine'de, 75 yaşında iken ebedî âleme göç etti. Cenaze namazını Hz. Osman kıldırdı ve Cennet'ül-Bakî'ye defnedildi. Sa'd b. Ebî Vakkâs cenazesini taşırken, "Ey koca dağ!" diyerek, Abdurrahman'ın seciyesindeki sağlamlık ve metaneti ifade etmişti. Kabrine götürülürken Hz. Ali de onun hakkında şöyle demişti: "Ey Avf'ın oğlu! Güle güle ebedî hayata git. Sen bu fani hayatın en güzel günlerini gördün. Bu revnaklı hayat bulanmadan âhirete göçüyorsun."

Bir gün Avf bin Mâlik, rüyasında Abdurrahman bin Avf'ı gördü. Şimdi o ilginç rüyayı kendi ağzından dinleyelim: "Rüyamda deriden yapılmış bir çadır ve yeşil bir otlak gördüm. Çadırın etrafında geviş getiren, hurma gibi bir gübre çıkaran birçok davar sürüleri vardı. 'Bu çadır kimindir?' dedim. 'Abdurrahman bin Avf'ındır' dediler. Bunun üzerine Abdurrahman'ı, çadırdan çıkıncaya kadar bekledim. Çıktığı zaman bana aynen şunları dedi: 'Ey Avf! Gördüğün bu nimeti bize Cenâb-ı Hakk, Kur'ân-ı Kerim sayesinde vermiş bulunuyor. Şayet şu dağdaki yola kadar çıkıp baksaydın, gözünün görmediği, kulağının işitmediği ve kalbinin hiç tasavvur edemediği şeyleri görecektin. Cenâb-ı Hakk, onları Ebû Derda'a hazırlamıştır. Zira o, dünyaya değer vermeyen bir kimsedir."

DÜŞÜNCE TURU

1. Abdurrahman bin Avf'ın, topal olduğu hâlde aktif ticaretle iştigal etmesini nasıl değerlendiriyorsunuz?

2. Abdurrahman bin Avf'ın, Peygamberimiz'in (sav) müsaadeleriyle ipek elbise giymesini, özürlülük ve ruhsatlar bağlamında müzakere ediniz.

3. Abdurrahman bin Avf'ın dindarlığını, sosyal ahlâk ve etkileri açısından araştırınız.

AMR İBN-İ CEMUH (r.a.)
Uhud Muharebesi'ne Sakat Olarak Katılan Şehit Sahâbî

Müslüman Olması

Amr İbn-i Cemuh, cahiliyede Medine'nin ileri gelenlerinden, Celemeoğullarının efendilerinden biriydi. Dürüstlüğü ve cömertliği ile tanınmaktaydı. Cahiliye devrinde soylu kişilerin, evlerinde put bulundurma âdeti vardı. Bunu, her sabah ve akşam puttan uğur dilemek, ona törenlerde kurban kesmek, saygı duruşunda bulunarak, felaket anlarında ona sığınmak vb. şeyler için yaparlardı. Amr'ın putu da Menat idi. Onu kaliteli bir ağaçtan yapmıştı. Saygıda kusur etmez, ona en güzel kokuları sürerdi.

Mus'ab bin Umeyr'in Medine'ye davetçi olarak gelmesinden kısa bir zaman sonra insanların birçoğu İslâm'a girdiler. O sırada altmış yaşını geçmiş olan Amr'ın oğulları Muavvez, Muaz, Hallad ve eşi Hind de, ondan gizli bir şekilde iman ettiler.

Kocası ve ondan başka birkaç kişinin dışında kimsenin şirkte kalmadığını gören Hind, sevip saydığı kocasının şirk üzere kalmasını asla isteyemezdi. Amr ise çocuklarının, atalarının dininden çıkıp Müslüman olmalarından korkuyordu. Hanımına:

"Hind, çocukları sakın şu Musab'la görüştürme!" dedi. Kadın: "Olur, ama o adamın anlattıklarını oğlun Muaz'dan dinlemek ister misin?" dedi. O: "Vay be, haberim yokken Muaz da mı dinden çıktı?" diye sordu. Hind: "Hayır, Musab'ın bazı toplantılarına katılıp söylediklerinden bazılarını öğrenmiş." cevabını verdi. Amr: "Muaz'ı bana çağır." dedi. Muaz babasının huzuruna gelip ona Fatiha Sûresini okuyunca, aralarında şu konuşma geçti: "Bu söz ne kadar şahane, ne kadar güzel. Kur'ân'ın bütün sözleri böyle mi?" "Hepsi birbirinden güzel babacığım! Sen de ona biat eder misin? Halkın tamamı ona biat etti." "Menat'a danışmadıkça bir şey yapmam. O ne derse öyle yaparım." "Babacığım, Menat konuşmaz ki; onun dili ve aklı yok. O sadece bir ağaç." "Sana söyledim, ona danışmadan atalarımın dininden vazgeçmem."

Derken Amr, ağaçtan yontma putun huzuruna geçip saygıyla fikrini sordu. Cevap alamayınca da, onu kızdırdığını zannedip, bir kaç gün öfkesinin dinmesini beklemeye karar verdi. Bu esnada çocukları da düşünmeye başladılar. Derken putu alıp Selemeoğullarının tuvalet çukurlarından birine attılar. Amr, buna çok hiddetlendi, ama putunu arayıp nihayetinde buldu. Temizleyip kokular sürdü ve aynı yerine koydu. Aynı durum günlerce tekrar etti, derken en son gün Amr, Menat'ın boynuna kılıcını astı ve: "Ey Menat! Bunları sana kimin yaptığını bilmiyorum. Eğer sende hayır varsa, işte kılıç, kendini koru!" dedi. Ancak aynı durum o gece de tekrarlanınca artık onu tuvalet çukurundan çıkarmadı ve "Vallahi sen Tanrı olsaydın bir tuvalet çukurunda olmazdın." dedi ve İslâm'a girdi. Amr, İslâm'ı tanıdıkça cahiliyede geçen dakikaları için pişmanlık gözyaşları döküyordu. Artık o da iman ve İslâm'ın fedakâr bir hizmetçisi, davanın yılmaz bir bekçisi olmak istiyordu.

Geçmişinden Pişmanlık Duyması

Amr bin Cemuh, Müslüman olduktan sonra İslâm'ın bütün güzelliklerini iç dünyasında yaşamaya başladı. Taptığı putunu hatırladıkça da ona küfreder ve kendisini manevî körlük ve sapıklıktan kurtaran Allah'a hamd ederek dua içerikli şöyle şiirler okurdu: "Geçmiş olan günahlarımdan dolayı tövbe edip Allah'ın ateşinden Allah'a sığınırım. Allah'ın sayısız nimetlerine karşı O'na hamd eder ve O'nun yüce beytini kutsallaştırırım. Dünya'da yolunu şaşıranların ve gökten inen yağmur damlalarının sayısı kadar Allah'ı tenzih ederim. Ben Menat gibi cansız taşlara tapmak karanlığında iken beni kurtaran O'dur. Eğer O olmasaydı, o karanlık içinde helak olur giderdim ve benim için artık kurtulmak mümkün olmazdı. Bundan dolayı, ben dünyada sağ kaldıkça şu varlıkların Rabbi olan Allah'a hamd ve şükür eder ve O'nun evinde O'na komşu olmak isterim."

Sakat Olarak Cihada Katılması ve Şehit Olması

Uhud Savaşı için cihada çağrı yapıldığında ashâb-ı kirâmın hepsi; yaşlısı, genci savaşa katılmak için birbirleri ile yarış yapıyorlardı. Üç oğlu gibi Amr ibn-i Cemuh da cihad için hazırlanmaya başladı. Hâlbuki Amr, o anda çok yaşlı ve bir ayağı tamamen sakat idi. Bu yüzden çocukları onun mazur olduğunu anlatıp ondan cihada katılmamasını istediler.

Amr, evlatlarına, "Evlatlarım! Beni de bu gazaya götürünüz!" dedi. Oğulları da: "Babacığım! Ayağının arızalı olması sebebiyle, Allah seni mazeretli saydı. Rasûlullah (sav), senin sefere gitmene müsaade etmedi. Cihada çıkmakla mükellef değilsin. Senin yerine biz gidiyoruz!" diyerek babalarını iknaya çalışıyorlardı. Fakat Amr: "Yazıklar olsun sizin gibi evlatlara! Bedir Gazası'nda da böyle diyerek, cenneti kazanmaktan beni alıkoymuştunuz. Beni bu seferden de mi mahrum edeceksiniz?" dedi.

Amr'ın silah kuşanıp İslâm ordusuna katılmak istemesi, kimsenin aklından geçmiyordu. Akrabaları da, onu bu kararından vazgeçirmek istemişlerdi: "Şer'an mazursun, aslan gibi oğullarını Peygamber'e (sav) göndermişsin. Bir de senin gidip askerlere katılman gerekmez." dedi iseler de o: "Çocuklarımın sonsuz mutluluk ve ebedî cenneti istedikleri gibi ben de aynısını istiyorum. Onlar gidip şehadet faziletine sahip olsunlar da, ben evde sizinle beraber oturayım mı acaba? Böyle bir şey asla mümkün değil" diye diretti.

Amr, bunların elinden kurtulmak ve kendisini engellemek isteyenleri şikâyet etmek maksadıyla Peygamberin (sav) huzuruna çıktı: "Ey Allah'ın Rasûlü, şu benim oğullarım ve akrabalarım, topal olduğumu bahane ederek beni bu hayırlı işten alıkoymak istiyorlar. Evde hapis olmamı istiyorlar, Allah yolunda cihada iştirakimi istemiyorlar. Allah'a yemin ederim ki, bu topal ayaklarımla cennete gitmek istiyorum." Allah'ın Rasûlü (sav): "Ey Amr, şer'i mazeretin var. Allah seni mazur kılmış, cihad sana vacip değil." dedi ise de, Amr: "Ey Rasûlullah! Bana vacip olmadığını biliyorum, ama yine de gitmek istiyorum. Vallahi ben topallığımla cennete girmek istiyorum." dedi.

Peygamberimiz (sav) Amr'ın bu iştiyaklı hâlini seyrederken Amr, bu sefer en çarpıcı sorusunu yöneltti: "Ey Allah'ın Rasûlü! Eğer şehit düşünceye kadar Allah yolunda savaşırsam, şu ayağımla sağlam olarak cennette yürüyecek miyim?" Peygamberimiz (sav), sorusuna olumlu cevap verince Amr'ı kararından vazgeçirmek artık hiç de kolay olmayacaktı.

Nitekim Rasûlullah (sav) onun oğullarına dönerek: "Ona engel olmayın. Herhalde Allah, ona şehitlik verecek." buyurdu. Ordunun hareket vakti gelince Amr, hiç dönmeyecekmiş gibi hanımına veda etti, sonra kıbleye yönelip şöyle dua etti: "Allah'ım! Bana şehitlik ver. Beni, şehitliği kaybetmiş olarak aileme döndürme." Bu sözleri karısı Hind de duymuştu. O zamana kadar ayağı sakat olduğu için, hiçbir savaşa katılamayan Amr, bu sefer âdeta koşarak katıldı Uhud Muharebesi'ne.

Uhud'un seyredilecek sahnelerinden biri, Amr bin Cemuh'un meydandaki hareketiydi. Sakat ayağı ile kendini ordunun içerisine atıyor, feryat ediyordu: "Cenneti arzuluyorum!" Oğullarından birisi, babasının arkasından hareket ediyordu. Uhud'da savaşın kızışıp müşriklerin Rasûlullah'ı (sav) kuşattığı sırada o, tek ayağı üzerinde sıçrayarak cihada devam ediyordu. Oğlu Hallad'la beraber Rasûlullah'ı (sav) koruyan müminlerin ön safında yer almışlardı. Baba ile oğul o kadar savaştılar ki, sonunda birkaç dakika arayla her ikisi de şehit oldular. Cesedi daha yerde iken Peygamberimiz (sav) yanından geçti ve onu görünce: "Şu anda Amr'ı, ayağı sapasağlam olmuş, cennette koşarken görüyorum." dedi.

Amr'ın Eşi Hind'in, Kocasını Medine'ye Getirememesi

Savaş bittikten sonra Medine kadınlarından birçoğu, mücahitlerinin durumunu yakından öğrenebilmek için, şehir dışına çıkmıştı. Medine'ye ulaşan haberler de pek iç açıcı değildi. Peygamber'in (sav) hanımı Hz. Aişe de şehirden biraz uzaklaşıp, Uhud'a katılanların akıbetleri hakkında bilgi sahibi olmak istiyordu. Yolda Amr ibn-i Cemuh'un eşi Hind'i gördü. Hind, üç şehidi deveye bindirmiş, kendisi de devenin yularından tutmuş şehre doğru gidiyordu. Aralarında şöyle bir konuşma geçer:

Hz. Aişe: "Ne haber?" "Elhamdülillah, Peygamber sağdır. O sağ olunca derdimiz olmaz." Hz. Aişe: "Bu cenazeler kimindir?" Hind: "Bunlar kardeşimin, oğlumun, kocamın cenazeleridir." Hz. Aişe: "Nereye götürüyorsun?" Hind: "Medine'ye defnetmek için götürüyorum." Hind, bunları söyleyip devenin yularını Medine'ye doğru çekti. Fakat deve istemeyerek, zorla Hind'in peşi sıra gidiyordu. Nihayet deve yere yattı. Hz. Aişe: "Hayvanın yükü ağırdır, çekemiyor!" Hind: "Hayır, bizim devemiz çok kuvvetlidir, normal olarak iki devenin yükünü çekebilir. Bunun başka bir sebebi olmalı."

Hind, deveyi yeniden harekete geçirdi. Deve, ikinci defa dizlerini kırıp yere yattı. Hind, devenin yönünü Uhud'a doğru çevirdiğinde hızlı bir şekilde hareket ettiğini farkına vardı. Deve, çok dikkat çekici bir şekilde Medine'ye doğru gitmekten ziyade

Uhud tarafına gitmek istiyordu. Hind, bunda bir acayiplik hissetti ve bir sırrın olabileceğini düşündü. Bunun üzerine Medine'ye gitmekten vazgeçip, devenin yularını çekerek, doğruca cenazelerin olduğu Uhud tarafına giderek, durumu Peygamber'e (sav) arz etti:

Hind: "Ya Rasûlullah! Acayip bir olay var. Ben bu cenazeleri Medine'ye götürüp defnedeyim diye hayvanın üzerine bıraktım. Bu hayvanı Medine'ye doğru sürdüğümde bana itaat edip gitmiyor. Fakat Uhud tarafına gelince normal yürüyor. Acaba neden?" Hz. Muhammed: "Acaba kocan Uhud'a doğru yola çıkınca bir şey söyledi mi?" Hind: Ya Rasûlullah! Yola çıktıktan sonra şu cümleyi duydum: "İlahi beni evime döndürme!" Hz. Muhammed (sav): "Öyleyse sebep budur. Bu şehit kişinin duası kabul olmuştur. Allah, bu cenazenin geri dönmesini istemiyor. Siz Ensar'ın arasında öyle kişiler var ki, eğer Allah'a dua edip yemin verirlerse duaları kabul olur. Senin kocan da onlardan birisidir."

Rasûl-u Ekrem'in izniyle o üç cenaze de Uhud'a defnedildi. O zaman Rasûl-u Ekrem (sav) Hind'e dönerek şu müjdeyi verdi: "Bu üç kişi, âhirette benim yanımda olacaklar."

DÜŞÜNCE TURU

1. Sakat bacağına ve yaşlılığına rağmen Amr ibn-i Cemuh'un savaşa aktif olarak katılmak istemesindeki sır neydi?

2. Cennette sakatlık ve özürlülük gibi menfî bir durumunun olmamasının, özürlü Müslümanlar üzerindeki müspet etkilerini değerlendiriniz.

AMR BİN TUFEYL (r.a.)
Tek Koluyla Cepheden Cepheye Koşan Şehit Oğlu Şehit

Hz. Peygamber'in (sav) Elçisi

Daha önceden Müslüman olan babası şair Tufeyl'in telkinleriyle hemen İslâm'ı kabul eden Amr, kavminden Müslüman olanlarla birlikte Medine'ye yerleşti. Evs kabilesinin Devs kolunun kabile reisi olan babasıyla birlikte Peygamberimiz'e destek vermek için, o sırada yapılan Hayber Savaşı'na katıldı. Savaş esnasında Hz. Peygamber (sav), ona, kendi kavmi olan Devs kabilesinden yardım getirmek üzere bir vazife verdi. O esnada çarpışmalar iyice kızıştı. Amr, savaş alanını terk etmek mecburiyetinde kalmasının karşısında epey üzüldü; çünkü o, hiç yanından ayrılmak istemediği Peygamberimiz'i (sav) korumak ve belki de her sahâbî gibi şehit olmayı çok arzuluyordu. Biraz tereddüt ettiğini gören Hz. Peygamber (sav), hem vazifesini hatırlatmak, hem de teselli etmek maksadıyla "Allah'ın Rasûlünün elçisi olmayı istemez misin?" dedi. Vazifesinin önemini derhal idrak eden Amr, Hz. Peygamberin (sav) isteği üzerine savaş alanını hemen terk etti ve haricî destek temin etmek için kavminin yanına koştu.

Kolunu Kaybetmesi ve Şehit Olması

Hz. Ebû Bekir zamanında dinden dönenlere karşı yapılan savaşlarda, büyük sahâbî Tufeyl'in oğlu Amr, babası ile birlikte her savaşa iştirak etti. İkisi üstün kahramanlıklar gösterdiler. Amr'ın babası bir gün rüyasında, Yemame Savaşı'nda kendisinin ve oğlu Amr'ın şehit olacağını gördü. Bir müddet sonra babasının şehit düştüğü Yemame harbinde yalancı peygamber Müseylime-i Kezzap'la dövüşen Tufeyl, orada aldığı ağır yaralardan dolayı güçsüz düştü ve savaş esnasında şehit düşmedi, ama sağ kolunu kaybetti.

Aslında Amr, Yemame Savaşı'nda babası gibi şehit olamadı ise de bir uzvunu kaybettiği için, daha hayattayken kendinden olan bir parçasını cennete göndermiş sayılırdı. Amr, tek kollu olmasına rağmen cephelerden hiç uzak durmadı. Şehitliğe susamışçasına tek kolla düşmanlara karşı kahramanca savaştı ve nihayet Yermuk Savaşı'nda arzusuna kavuştu. Babası gibi o da şehit oldu ve önceden görülen rüya artık tümüyle gerçek oldu.

Halife Hz. Ömer'le Bir Hatırası

Amr, bir gün Halife Hz. Ömer'in huzuruna çıktı. Bu arada meclise yemek getirildi. Hz. Ömer, yanındakilerin hepsini yemeğe buyur etti. Amr, her nedense bir kenara çekilip sofraya yaklaşmadı. Hz. Ömer bunu fark eder etmez, "Amr, hayırdır neyin var senin?" diye sordu. Amr, mahcup ve utangaç bir tavır gösterdi ve ne cevap vereceğini bilemedi. Bunun üzerine Hz. Ömer, durumu hemen anladı ve ona bir sual yöneltti:

"Yoksa kolundan utandığın için mi yemeğe gelmiyorsun? Sol elle yemek yediğinin görülmesini istemediğin için mi sofraya buyurmuyorsun?"

Amr, biraz sıkılarak "Evet ya Emirü'l-Müminin, bunun için." dedi.

Hz. Ömer, Amr'ın bu hâline çok üzüldü; ona moral vermek ve savaşta bir kolunu kaybetmenin manevî boyutunu göstermek için, samimî bir üslupla şu ibretli sözleri sarf etti: "Vallahi, sen kesik bir kolunla sofraya katılıp bizle birlikte yemedikçe, ben bu yemeğin tadına bakmam. Bu topluluğun içinde, bir parçası cennete olan senden başka hiç kimse yoktur."

DÜŞÜNCE TURU

1. Amr bin Tufeyl'in bir kolu olmadığı hâlde savaşlara bu şekilde katılmasını nasıl değerlendiriyorsunuz?

2. Hz. Ömer'in Amr bin Tufeyl'i ısrarla yemeğe davet etmesindeki espri nedir?

3. Daha hayattayken bedeninin bir uzvunun cennete olduğu gerçeğinden, telkininden veya duygusundan yola çıkarak, böyle bir yaklaşımın özürlü kişi üzerindeki olumlu etkilerini düşününüz.

BERA BİN MÂLİK (r.a.)

Cılız ve Zayıf Bedenine Rağmen Savaşlarda Sakatlanan ve Şehit Olan Kahraman

Şahsiyeti ve Yapısı

Peygamberimiz'in (sav) son anına kadar hizmetinde bulunma şerefine nail olmuş Enes bin Mâlik'in kardeşi olan Bera bin Mâlik, suffe medresesinde ilim ve hadis rivâyeti sahasında eğitim almış mümtaz bir sahâbîdir. Enes bin Mâlik'ten rivâyet edildiğine göre, Peygamber Efendimiz (sav) şöyle buyurmuşlardır: "Nice cılız, zayıf ve yırtık elbiseli (ve halk tarafından hor görülüp kendisine değer verilmeyen) kimseler vardır ki, Allah'a yemin verip O'ndan ne isterlerse, Allah yeminlerinin gereğini yerine getirir. Onlardan biri de Bera bin Mâlik'tir." Böylece Bera, bizzat Peygamberimiz'in (sav) övgüsüne mazhar olmuş, ihlâs ve takva yönüyle yüksek faziletli örnek bir talebeydi.

Savaşlarda Yaralanması ve Eti Sıyrılarak Kemiklerinin Dışarıya Çıkması

Harp meydanlarında düşman saldırılarını kahramanca püskürtebilen Bera bin Mâlik, Rasûlullah (sav) ile birlikte hemen bütün savaşlara katıldı. Peygamberimiz'in (sav) vefatından sonra da iman duygusundan aldığı hız ve ilhamla gösterdiği cesurane kahramanlıkları dillere destandır. Bera'nın tek gayesi vardı: şehit olmak. Onun için sürekli Allah'a yalvarır ve "Ya Rabbi, ölüm beni yatağımda yakalamasın. Allah'tan ümit ederim ki, beni yatağımda ölüme teslim etmesin." diye dua ederdi.

Hakikaten Bera, hemen bütün savaşlarda bu manevî atmosferle savaşa katılmaktaydı. Mesela yalancı Peygamber Müseylime ile Yemame'de yapılan savaşta Bera, kendini bahçedeki düşman askerinin içine attı ve bahçe kapısını arkadaşlarına açıncaya kadar düşman askerleriyle dövüşüp, seksen küsur yerinden kılıç ve mızrak yarası aldı. Arkadaşları yetiştiğinde bütün bedeni kanlar içinde idi. Tedavi etmek üzere çadıra kaldırdılar ve haftalar sonra yeniden ayağa kalkması sağlandı ise de bedeninde kalıcı yaralar belirdi. Ancak gözünü kırpmadan düşman mıntıkasına tek başına girmek suretiyle, kale kapısını açmasından sonra İslâm ordusu, Müseylime'yi mağlup ederek öldürebilmiştir. Onun yiğitçe çarpışması sonucunda zafer kolaylıkla kazanılabilmişti.

Yine bir gün, ağabeyi Enes bin Mâlik ile Irak Savaşı'na katıldı. Düşmana ait bir kalenin duvarları dibinde duruyorlardı. Düşmanlar, başı çengelli bir demir zinciri ateşte kızdırdıktan sonra aşağıya doğru sarkıtıp zincirin başındaki çengel ile Enes bin Mâlik'i ansızın yukarıya doğru çekmeye başladılar. Bera, kardeşini kurtarmak maksadıyla hemen harekete geçti ve sıçrayarak o kızgın zincire yapıştı. Avuçları cayır cayır yanarken, aslanlar gibi bütün gücüyle zinciri aşağıya doğru çekti. Nihayet zincirin öbür ucundaki ip koptu ve Enes de kurtarılabildi. Enes, daha sonra kardeşinin ellerine baktı. Bera'nın avuçlarının içi tamamen yanmış olduğundan dolayı ortaya çıkan bembeyaz kemikleri açıkça görünüyordu.

Tüster Savaşı'nda Şehit Olması

Rasûlullah (sav) vefat ettikten sonra, Hicretin 17. senesinde Tüster Savaşı'nda Müslümanlar büyük kahramanlıklar gösterdiler. O gün Bera kendi başına, mübarezede karşısına çıkan yüzden fazla düşman askerini öldürdü. Ancak, savaş bir türlü Müslümanların lehine gelişmiyordu. İleriki safhalarda Müslümanlar yenilgiye uğrayıp, savaş alanını terk etmeye başlayınca, davetine icabet edilen bir kişi olan Bera'ya sığındılar ve "Ey Bera, Peygamberimiz (sav) senin hakkında 'Allah'tan ne dilerse Allah dilediğini yerine getirir' buyurmuştur. Rabbine yemin ver de bu düşmanı hezimete uğratsın." dediler.

O da: "Allah'ım, bizi onların boyunlarına malik kıl." diye dua etti ise de, Müslümanlar Sus köprüsü yanında yaptıkları ikinci çarpışmada yine başarılı olamadılar. Bunun üzerine bir daha onun yanına geldiler ve aynı ricayı tekrarladılar. Bu sefer Bera, aynı duayı yaptıktan sonra şu özel duasını da ekledi: "Allah'ım, beni de Peygamberime (sav) kavuştur."

Bu ikinci duadan sonra Müslümanlar, düşmanların üzerlerine büyük bir coşku ile hücum ettiler. Beldeleri onlara dar gelmişti. Müşrikler, şehre kaçıp kaleye sığındılar. Neticede Müslümanlar muzaffer oldular ve düşmanları bütünüyle hezimete uğrattılar. Şehitliğe susamış Peygamber (sav) aşığı Bera ise o gün şehit olup emeline kavuşmuş olarak dünya hayatına veda etti.

DÜŞÜNCE TURU

1. "Nice cılız, zayıf ve yırtık elbiseli kimseler vardır ki, Allah'a yemin verip O'ndan ne isterlerse, Allah yeminlerinin gereğini yerine getirir." hadis-i şerifinin mahiyetini araştırınız.

2. Bedenen zayıf, hasta ve/ya sakat olan fakat tam inanmış kişilerin dualarının tesirli olmasının hikmeti nedir?

HABBAB BİN ERET (r.a.)
Derisi Yanıklarla Dolu Sahâbî

Demirci Kölenin İslâm'a Girmesi

Ebû Abdullah künyesiyle bilinen Habbab bin Eret, Cahiliye devrinde esir alınmış, ancak bu esaret onu, Allah Rasûlü'nün (sav) memleketine getirmiş, Mekke'de bir köle olarak Ümmü Ammar isimli müşrik bir kadına satılmıştır. İman dolu siyahî bir demirci olan Habbab, kılıç yapmakta usta idi.. Peygamber Efendimiz'le (sav) öteden beri görüşür ve konuşurdu. Peygamberimiz'in (sav) şefkatli davranışlarından çok etkilenmişti ve bunun için ona hep hürmet ederdi.

Nübüvvetin altıncı senesinde İslâm davasını duymuş, yakın ilgi duymanın sonucunda da Müslüman olmuştur. Müslümanlığını ilk açığa vuranlardan olan Habbab, bazı rivâyetlere göre, İslâm'ı ilk kabul eden altı kişiden biridir. Habbab'ın İslâm'a girdiği dönemde Müslüman olup da İslâmiyet'ten bahsetmek, büyük bir tehlike sayılırdı. Müslümanlığını söyleyebilmek malını, canını, izzet ve haysiyetini ayaklar altına almayı göze almak demekti. Fakat Habbab, kimseden korkmadan, kimseden çekinmeden kahramanca Müslümanlıktan bahsetmeye başladı.

Efendisi Tarafından Zulüm Görmesi

Mekke'nin sosyal yapısı içinde bir kölenin efendisinden habersiz ve izinsiz olarak Müslüman olması demek, her türlü zulüm ve işkenceyi göze almak demekti. Bu durum Habbab için daha çok geçerli idi. Çünkü Mekkelilerin Müslümanlara uyguladıkları işkenceler, Müslümanların sosyal durumlarına göre değişiyordu. Mekke devletinin Müslümanlara karşı uyguladığı bu işkence ve zulüm altında en çok ezilenler, mustad'aflar (zayıflar) oluyordu. Bunlar genelde akrabaları olmayan, aileleri fakir ve zayıf olan kimsesiz Müslümanlardı. Bu Müslümanların çoğunluğu, Müslüman olan köleler, kimsesizler, zayıflar ve Kureyş'ten olmayanlardı.

Habbab'ın efendisi Ümmü Enmar da onun Müslüman olduğunu öğrenir öğrenmez o kadar öfkelendi ki;_derhal Habbab'ın kollarını ve ayaklarını bağlatarak, ateşte kızdırttığı demirlerle başını dağlattı ve onları boynuna sürerek ona işkence etmeye başladı. Hırsı tatmin olup çekip gittiğinde Habbab, yaralarıyla baş başa kalıp sancılarının gitmesi için sabrederdi. Efendisi aklı sıra Lat ve Uzza adına yeniden intikam alma duygusuna kapılıp, işkencelere yeniden başlardı. Buna benzer işkenceler aralıksız olarak devam etti.

Habbab, bazen işkencelere dayanamayacak raddeye gelir ve fırsat buldukça gizlice Peygamberimiz'in (sav) yanına giderdi. Yine çok işkence gördüğü bir gün, Peygamberimiz'e (sav) koştu ve ondan medet istedi: "Ya Rasûlallah! Evde Ümmü Enmar pul pul demirlerle başımı dağlıyor; işte yaralarım! Şerrinden kurtulmam için dua buyurmanızı istirham ediyorum." Sevgili Peygamberimiz (sav), dini için bu kadar eza ve cefa gören aziz sahâbîye üzüldüler ve mübarek ellerini kaldırarak dua ettiler: "Ya Rabbi! Habbab'a yardım et."

Çok geçmedi ki, Ümmü Ammar dehşetli bir baş ağrısına yakalandı. Sabahlara kadar ıstırap çekiyor; inim inim inliyordu. Getirilen kâhinler ve sihirbazlar çaresizdi. İlaçlar da bir fayda sağlamıyordu. Acılarının dinmesi için son çare olarak kendisine, başının ateşte kızartılmış demirle dağlanması öğütlendi. O da, Habbab'ı çağırdı ve bunu yapmasını emretti: "Acılarım azınca bir çubuk kızart ve başımı dağla." Ağrı krizleri başlayınca Habbab, efendisinin emri üzerine müşrik kadının kafasını cazır cazır dağladı. Bir müddet önce imanından dolayı Habbab'ın başını kızgın demirle dağlattıran kadının aynı duruma düşmesi, kaderin bir cilvesi idi. Hem Peygamberimiz'in (sav) duası kabul olmuş, hem de kader Habbab'ın intikamını dünyada almıştı. Ümmü Ammar'ın yakalandığı bu acı verici hastalık, sonuçta onun ölümüne yol açacaktı.

Müşrikler Tarafından Zulüm Görmesi

Habbab, efendisi tarafından yeterince işkence gördüğü yetmiyormuş gibi bu sefer de daha azgın bir toplumun hedef tahtası oldu. Mekke'nin en merhametsiz müşrikleri, Habbab'ın Müslüman olduğunu anlayınca, gördükleri yerde ona çullanıyor ve onu yeni dininden çevirmek için iknaya uğraşıyor; başarılı olamayınca "Bu da can taşıyor." demeden, kuduz köpekler gibi ona saldırıyorlardı. Habbab'ın, bu güruhun elinden daha çok çekeceği vardı.

Müşrikler, onun gömleğini çıkartıp vücuduna ateş gibi taşları basıp basıp çekerken "İnat etme; gel Lat'ı, Uzza'yı tanrı bil!" diye bağırırlardı.. Ama o, her defasında kızgın taşlardan ta ciğerine kadar kavrulduğu halde "La ilahe illallah Muhammedün Rasûlullah!" diye haykırırdı. İmanının bu denli kuvvetli olması karşısında zalimler âdeta çıldırıyorlardı. Bu sefer çalılar toplayarak Habbab'ın vücudunu yukardan aşağıya, aşağıdan yukarıya dikenlerle tararlardı. Sivri ve sert dikenlerin açtığı derin çiziklerden, bedeninden kanlar akardı. İnsafsız müşrikler, akla gelmeyecek işkencelerin karşısında netice alamadıklarında veya işkence yapmaktan yorulduklarında dağılırlardı.

Azgın müşrikler bir gün yine Habbab'ı yakalamışlardı. Bu sefer büyükçe bir meydan ateşi yaktılar ve Habbab'ı yüzükoyun ateşin üzerine attılar. Gayeleri onu diri diri yakmaktı. Alevler, bütün bedenini dört taraftan sarmıştı. Yalvarmasını ve İslâm'dan vazgeçtiğini söylemesini bekliyorlardı. İçi Allah aşkı ile dolu olan

Habbab, direndi ve küfre meydan okudu. Daha da gaddarlaşan zalimler ise, ateş bir an evvel onu kavurup kömür etsin diye, ayaklarıyla göğsüne iyice basıyorlardı. Ancak, o esnada bedeninden eriyen yağlar ve vücudundan akan terler, ateşin sönmesine sebebiyet verdi ve Habbab, yanmaktan son anda kurtuldu. Zalimler, bu olayın karşısında şaşkına döndüler ve bu işte sihir var, diyerek meydandan uzaklaştılar. Habbab kül olmamıştı ama sırtının hemen bütün etleri gitmişti.

Habbab, İslâm'ın ilk yıllarında çekilen ıstırapları anlatırken; "Öyle sıkıntılı günler yaşadık ki; Rasûlullah (sav) yasaklamasaydı, ölmeyi tercih ederdik." demek mecburiyetinde kalır. İnancı gereği ölmeyi isteyemezdi Habbab, ama çektiği bedenî işkencelere tahammül etmek de gittikçe zorlaşmaktaydı. Tek çare yine Allah'ın elçisi idi; yine ona sığındı ve ondan yardım istedi: "Ya Rasûlullah, bu cefadan kurtulmam için dua etmez misiniz?" dedi. Rasûlullah'ın (sav), Habbâb'a verdiği cevap; geçmiş boyutuyla ibret, istikbal adına da müjde dolu idi: Rasûlullah'ın (sav) cevabını Habbab'ın kendisinden dinleyelim:

"Müşriklerin çok şiddetli işkencelerine maruz kaldığımız bir gün Rasûlullah'ın (sav) yanına vardım. Bürdesini kendisine yastık edinmiş, Kâbe'nin gölgesinde bulunuyordu. 'Ey Allah'ın Rasûlü, (çektiğimiz eza ve cefalardan kurtulmamız için) Allah'a dua etmez misin?' deyince, kalktı ve doğruldu; yüzü kızarmıştı ve şöyle dedi: 'Sizden önceki milletlerde öyleleri vardı ki, onlar için yerde bir kuyu kazılır, kuyunun içine atılır, testerelerle başlarından aşağıya ikiye bölünür, fakat yine de dinlerinden dönmezlerdi. Demir taraklarla etleri kemiklerine kadar taranırdı da, yine de bu işkenceler onları dinlerinden çeviremezdi. Vallahi Allah, bu dini tamamlayacak. Endişe ve ıstıraplardan o derece emin olacaksınız ki, bir atlı San'a'dan Hadramevt'e kadar Allah'tan başka hiç bir kimseden korkmadan gidecek. Kimsenin, koyun sürüsüne kurt saldırır, diye bir korkusu olmayacak. Fakat siz acele ediyorsunuz." buyurdu.

Habbab, çektiği acı ve fizikî işkencelerden ancak Rasûlullah'ın (sav) Medine'ye hicret izni vermesi ile kurtulabildi. Medine'de Ensar'ın yardımı ile refaha erişti.

Bedeniyle İmtihan Olması

Bir defasında Hz. Ömer, Bilal'e müşriklerden çektikleri sıkıntı ve ıstırapları sormuştu. Habbab, ileri atılarak "Ey Emir'ül-Müminîn! Benim sırtıma bak!" dedi. Hz. Ömer, Habbâb'ın sırtındaki yara izlerini görünce, "Bugüne kadar bu kadar yarayı hiç kimsede görmemiştim." mukabelesinde bulundu. Habbab, şöyle devam etti: "Müşrikler, benim için bir ateş yaktılar ve beni ateşin içine attılar. Ateşi vücudumda eriyen yağlar söndürmüştü."

Bir gün Habbâb, Emir'ül-Müminîn Hz. Ömer'in huzuruna çıkmıştı. Halife, Habbab'ı kendi yerine oturttu ve "Yeryüzünde bu makama lâyık olan tek kişi var." dedi. Habbab: "Kimdir o, ey Emir'ül-Müminîn?" diye sordu. "Bilal." dedi Hz. Ömer. Habbab: "O, benden daha layık değildir. Çünkü Allah, müşriklere karşı ona bir koruyucu lütfetmişti. Ama benim hiçbir destekçim yoktu. Öyle bir günümü hatırlıyorum ki, o gün müşrikler beni yakaladılar ve benim için yaktıkları ateşin içine attılar. Bir adam ayağıyla göğsüme bastı. Her yanımı ateş sarmıştı. Toprağa yalnız sırtım temas ediyordu." dedi ve sonra sırtını açtı. Sırtının derisi benek benekti.

Habbab'ın vücudunda açtığı yaraların tesirleri, hicretten sonra Medine'de de devam ediyordu. Kays b. Ebî Hâzim anlatıyor: "Habbab'a gelmiştik. Vücudundaki yaralardan dolayı yedi dağlama yapmıştı. O, bizlere şunları söyledi: "Selefimiz (bizden öncekiler) dünyada kendilerine hiçbir şey yapmadan göçtüler. Bizler ise elimize geçenleri (ölü yatırım olan) toprağa harcadık. Rasûlullah (sav) ölümü istemeyi nehyetmeseydi, ölümü talep ederdim."

Vefatı

Bedir ve Uhud başta olmak üzere Rasûlullah (sav) ile bütün gazvelere katılmış olan Habbab, daha sonra Kûfe'ye yerleşmiş, Hicri 37 yılında 73 yaşında iken Kûfe'de vefat etmiştir. Habbab, âhirete ait nimetleri dünyada tüketmekten endişe ediyordu. Dünya nimetlerine gark olmanın, dünya kendilerine gülmeden gidenlerden ayrı kalmaya vesile olabileceğinin endişesiyle yaşadı.

Yaha b. Ca'de anlatıyor: "Rasûlullah'ın (sav) ashâbından bir cemaat, hasta olan Habbab'ı ziyarete gitti ve 'Müjde Ey Habbab! Kevser havuzu başında Allah Rasûlü'ne (sav) kavuşacaksın.' dediler. Habbab, evin tabanıyla tavanına işaret ederek, 'Bunlarla; bu saltanatla, o dediğiniz vuslat mümkün olur mu? Çünkü Rasûlullah (sav): 'Sizden herhangi birinize dünyada bir yolcunun azığı kadar azık yeter.' buyurmuştu.' dedi.

Bir başka zaman da ziyarete gelenler: 'Müjde Ey Habbab! Yarın kardeşlerinin yanına varacaksın.' dediler. Habbab ağladı ve 'Korktuğum için ağlamıyorum. Siz bana öyle kimseleri hatırlatıp, onların benim kardeşlerim olduklarını söylediniz ki, onlar bütün sevaplarını eksiksiz alıp gittiler. Ben ise, İslâm'a yaptığımız hizmetlerin sevabının, kardeşlerimizden sonra bizlere verilen dünyalıklar olmasından korkuyorum.' dedi."

Hz. Ali, Sıffin'den dönüşünde Kûfe'deki kabrinin başında onu şöyle sena etti: "Allah, Habbab'a rahmet etsin. Kendi arzusu ile Müslüman oldu; itaat ederek gönül rızasıyla hicret etti; bütün ömrünü cihad eden bir mücahit olarak geçirdi; işkencelere sabretti. Allah, iyi amelde bulunanın ecrini zayi etmez. Onun ecrini de zayi etmeyecektir."

DÜŞÜNCE TURU

1. Hak davası uğruna işkence ve buna bağlı olarak sakatlık gibi değişik tehlikeleri göze alabilmenin ve göğüsleyebilmenin, perde arkasındaki sebebi nedir?

2. "Öyle sıkıntılı günler yaşadık ki; Rasûlullah (sav) yasaklamasaydı, ölmeyi tercih ederdik." diyen Habbab'ın ölmek istemesine yol açan hadiseler nelerdi ve ölmek (intihar) düşüncesini fiilen ortadan kaldıran olgu veya yaklaşım ne idi?

İMRAN BİN HÜSEYİN (r.a.)
Kronik Hastalığından Dolayı Otuz Sene Yatağından Kalkamayan Sabır Abidesi

Müslüman Olduktan Sonra Zulme Karşı Sabırlı Olması

İmran bin Hüseyin; İslâm'a giren ilk bahtiyar sahâbîlerdendi. Müslümanların sayısı henüz kırkı bile bulmamıştı. Hayat, baştan sona kadar değişik imtihanlarla dolu bir süreç olduğu için, İmran, Peygamberimiz'in (sav) sunduğu hidayet yoluna girer girmez hemen imtihan olunmuştu. Müşrikler, ona değişik vaatlerde bulunarak, onun dinden uzaklaşmasını telkin ediyorlardı. Başarılı olamadıklarında İmran'ı işkencelere tâbi tutuyorlardı. İmran gibi Peygamberimiz'in (sav) risalet deryasından feyiz alan bir kişi, nasıl olur da dininden vazgeçebilirdi ki? İmran, İslâm'ın bütün çilesini çekmeye ve zulme katlanmaya razıydı. Çünkü o, Peygamberimiz'in (sav) sohbetlerinden fazlasıyla feyiz alıyordu. Bu da imanına güç kazandırıyor ve bütün çile ve işkencelere karşı sabırlı olmasını sağlıyordu.

Babasının Müslüman Olması için Sabretmesi

Bu arada müşriklerin cephesinde yer alan ve Mekkelilerin büyüklerinden sayılan babası Hüseyin, mümin oğlu ile artık görüşmüyordu. İmran'a kan kusturmak isteyen azgın bir müşrik grubu, baba-oğul arasını daha da bozmak maksadıyla doğruca babasının yanına gidip Peygamberimiz'i (sav) ona şikâyet etti. Azgın grubun etkisi altında kalan Hüseyin, bu grupla birlikte topluca Peygamberimiz'in (sav) bulunduğu evin önüne kadar yürüdü. Müşrikler kapıda beklerken, Hüseyin tek başına Peygamberimiz'in (sav) huzuruna girdi. Peygamberimiz (sav), etrafında oturan ve Hüseyin'in gelmesinden tedirgin olan sahâbîlere "Şeyhe yer açın." buyurdu. İmran da o sırada Peygamberimiz'in (sav) hemen yanındaydı. İmran, gerçi babasından yüz çevirmişti ama içinden babasının Müslüman olmasını can-ü gönülden arzuluyordu. Babasının Peygamberimiz'e (sav) karşı hoş olmayan bir davranışta bulunacağından endişe ederken, Peygamberimiz (sav), babasını çok müşfik bir tavırla buyur etti ve onu, putları bırakıp Rahman ve Rahim olan Allah'a iman etmeye davet etti. Peygamberimiz'in (sav) dediklerini merakla dinleyen babasının kalbine bir nur doğdu ve birden İslâm'a muhabbet besledi. Hüseyin, kelime-i şehadet getirdi ve Müslüman oldu. İmran, babasının Müslüman olması karşısında o kadar çok sevinmişti ki, hemen babasının yanına gitti, ellerini ve ayaklarını öpmeye başladı. Peygamberimiz (sav) gördüğü bu manzara karşısında duygulandı ve gözleri yaşardı.

Peygamberimiz (sav), bu olaya atıfta bulunarak İmran hakkında şöyle buyuracaktı: "İmran'ın bu hareketinden dolayı ağladım. Babası içeri girdiği zaman İmran ne ayağa kalkmış, ne de yüzüne bakmıştı. Fakat Hüseyin Müslüman olunca o, babalık hakkını ödedi." İmran'ın müşrik babasına karşı soğuk davranması, tamamen Allah rızası içindi. Allah'a isyan edene hürmet edilemeyeceğini bilen İmran, babasına mesafeli davranmak mecburiyetindeydi. Sabırla babasının Müslüman olmasını bekliyordu. İşte o anı da görünce, Allah'a şükretti ve içindeki bütün sevgisini babasına gösterdi.

Peygamberimiz'in (sav) Vefatından Sonraki Mücadeleleri

Peygamberimiz'in (sav), ihtimam ve hassasiyetle yetiştirdiği İmran, büyük âlim sahâbîler arasına girdi. Peygamberimiz'in (sav) vefatından sonra Hz. Ömer onu Basralılara İslâm hukukunu, fıkhı öğretmek için gönderdi. İmran da Peygamberimiz'den (sav) aldığı nurla halkı aydınlatıyordu.

Bir gün sünnetin önemini ciddi almayan biri, İmran'a gelerek, "Bize yalnız Kur'ân'dan haber ver." dedi. Bu soru tarzından hoşlanmayan ve sünnetin de dinî bir kaynak olarak kabul edilmesi gerektiğine inanan büyük sahâbî İmran, şöyle dedi: "Allah'ın kitabında öğle namazının dört rekât olduğu geçiyor mu? Öğle namazında sesli okunmaz. Namaz, zekât ve benzeri şeylerin hiçbirinin şekli Kur'ân'da açıklanmamıştır. Allah'ın kitabı kapalı geçmektedir. Onun açıklayıcısı ise Peygamber sünnetidir."

Basra valisi Ziyad bin Ebîh, onu zekât memuru olarak vazifelendirmişti. İmran, vazifeden döndüğünde yanında bir kuruş parası bile yoktu. Vali, bundan hoşlanmadı ve "Hani bir şey getirmedin mi?" dedi. Vazifesini hep sünnete uygun olarak yerine getirmeyi alışkanlık hâline getiren ve sünnetin dışına çıkamayan İmran: "Sen beni, sana mal getireyim diye mi gönderdin? Ben, Peygamberimiz'in zamanında zekâtları nasıl tahsil ediyorsak öylece tahsil ettim ve onu, zamanında kimlere veriyorsak onlara verip durdum." dedikten sonra vali, bu sözlerin karşısında söyleyecek bir şey bulamadı.

Bir gün Basra valisi Ziyad, İmran'a Horasan valiliğini teklif etti. Ancak İmran, bu vazifenin mesuliyetli yönüne bakarak, teklifi geri çevirdi. Teklifi niçin kabul etmediğini soranlara verdiği cevap, hakkın hatırının her şeyden yüce olduğu gerçeğini ortaya sermektedir: "Vallahi ben onun ateşinde yanarken, Horasan halkının onun gölgeliğinde sefa sürmesini istemiyorum. Memuriyetim sırasında Ziyad'dan bana mektup gelmesinden korkarım. Emredeceği yanlış bir şeyi onun hatırı için yapacak olursam helâk olurum."

İmran, vali olmayı reddedince Ziyad, Horasan valiliğine Hakem bin Amr'ı tayin etti. İmran, bunun üzerine hemen Hakem'in yanına gitti ve ona şu hatırlatmalarda bulundu: "Hatırlıyor musun? Sahâbîden biri âmirin emri üzerine kendini ateşe atmak isterken, yanındakiler kolundan tutup buna engel olmuşlardı. Peygamberimiz (sav) bunu haber alınca, 'Şayet kendini ateşe atsaydı hem kendisi, hem de âmiri cehenneme gireceklerdi. Zira Cenâb-ı Hakk'a isyan hususunda hiç kimseye itaat edilmez.' buyurmuştu. İşte ben seni, bu hadisi hatırlatmak için aradım." İmran, bu sözleriyle Hakem'e, Kur'ân ve sünnete uymayan emirlere itaat etmek mecburiyetinde olmadığını hatırlatmak istemişti.

Kalıcı ve Ağır Bir Hastalığa Yakalanması

Ömür bitmedikçe imtihanlardan da kimse muaf değildir. Bu durum, hayatının önemli bir kısmını Peygamberimiz'in (sav) yanında geçirme şansına sahip olmuş olan, Peygamberlerden sonra insanların en mükemmelleri olan sahâbîler için de geçerlidir. İmran da, son nefesine kadar bedenine giren müzmin bir hastalıkla mücadele etti ve bununla imtihan oldu.

İmran bin Hüseyin, hastalanır hastalanmaz hemen bir hekime gidip tedavi yolları aradı. Fakat iyileşmek bir yana, ağrıları giderek arttı ve dayanılmaz hâle geldi. Hekimler çare bulamadı. Karnı iyice şişmeye başladı ve bundan dolayı yarasının acısı da had safhalarına ulaştı. Tedavi imkânlarının olmadığını görünce tevekkül etmekten başka bir çaresi kalmadı. Derdinin hep Allah'tan geldiğine inandığı için, hep sabretti. Yıllar geçmesine rağmen hastalığında bir iyileşme sağlanamadı. Karnı şiştikçe şişiyordu. Fakat o yılmadı ve sabrı yine elinden bırakmadı. Hastalık şiddetlendikçe o sabrını arttırdı.

Hastalığı Boyunca Meleklerin, Ziyaretine Gelmesi

Bu sabır sayesinde öyle makamlara erişti ki, meleklerin tespihlerini işitir hâle geldi. Öyle ki, melekler kendisine her gün selam vermeye bile geliyorlardı.

Karnının şişkinliği ve yarası çok ileri bir noktaya geldiği için, tabipler de onun iyileşmesi için ellerinden geleni yapıyorlardı. Bir aralık tabipler, İmran'ın karnını yardılar ve karnından bir et parçası aldılar. Fakat ne çare, bu da işe yaramadı. En son çareye başvuruldu: Bir gün bir tabibin ısrarlı tavsiyesi üzerine İmran, karnını ateşle dağıttı. Bunun üzerine meleklerin sesini duyamaz hâle geldi. Bunu, Peygamber Efendimiz (sav) yasakladığı halde ateşle dağlatma yaptığı gerekçesine bağladı. Yaptığına çok üzüldü. Hem iyileşemedi, hem de meleklerin teselli verici selamlarından mahrum oldu. Fakat o her çileye sabretmeye alıştığı için, buna da sabretti. Çok zaman geçmedi, meleklerin tespih seslerini tekrar işitmeye başladı. Buna çok sevindi ve acılarını en azından biraz unutabiliyordu.

Otuz Sene Bir Sedirde Yatması ve Buna Sabretmesi

İmran, kendini âdeta uzun soluklu bir sabır maratonunda buldu. Hastalığı otuz yıl sürdü. Bu şekilde otuz sene bir sedirde yattı ve bu hastalığı sabır içinde çekti. Bu hâlde iken kendisine gelenlere yine kendisi metanet ve sabır dersi verdi. Bir gün İmran'ın bir arkadaşı ziyaretine geldi. İmran'ın dayanılmaz acılar ve yaralar içinde yatmakta olduğunu gören arkadaşı buna dayanamadı ve sordu: "Seni sık sık ziyarete gelmeyişimin sebebi, acılarına artık dayanamadığım içindir. Seni acı içinde gördükçe içim parçalanıyor ve gözlerim kararıyor. Nasıl dayanıyorsun bu acılara?" İmran, arkadaşına manalı bir bakış atarak şunları dedi: "Yemin ederim ki, benim için sağlık ve hastalıktan hangisi Allah'ın hoşuna giderse, benim hoşuma giden de odur! Hastalığı hiçbir zaman yüksünmedim ve hastalıktan dolayı Allah'a hiçbir zaman gücenmedim. Tam tersine otuz yıldır kendimde büyük bir sabır ve huzur buldum."

Kim bilir, belki de İmran, Peygamberimiz'in (sav) şu sözlerini kendine rehber edinip, musibetlere karşı sabır noktasında en önde olanlardan olabildi: "Allah, bir topluluğu sevdiğinde onlara bela ve sıkıntı verir. Başına gelen bela ve sıkıntıya rıza gösteren, O'nun rızasını; öfkelenen de, O'nun hoşnutsuzluğunu kazanır." Bu sözlerdeki Muhammedî işaretin bir gereği olarak İmran da, hâline ve Yüce Yaradan'ın iradesine rıza gösterdi ve öyle görünüyor ki, Allah'ın hoşnutluğunu kazandı.

Bediüzzaman Said Nursi'nin, "Mümin, sırr-ı iman ve teslimiyet ve tevekkül ile o ağır nüzul gibi hastalıktan, az bir zamanda, ehl-i velayetin çileleri gibi istifade edebilir. O vakit, o ağır hastalık çok ucuz düşer." sözleri de sanki İmran'ın gösterdiği aktif sabrının manevî bir muhasebesidir. Allah, İmran kulunu tecrübe etmek için, ona hastalık musibeti verdi. Bununla onun teslimiyet, tevekkül ve sabır derecesini ölçmek istedi. İmran, bir sahabî idi. Elbette onun imtihanı diğerlerine göre daha ağır ve uzun süreli olacaktı. Öyle ki, İmran yakalandığı bu hastalığın etkisiyle ne oturabiliyor, ne de kalkabiliyordu. İmran, isyan etmedi, yılmadı ve sabretti. Hastalığın kendisine niçin verildiğinin şuurundaydı. Çünkü tam inanmış bir mümin için hastalık, aslında Yüce Yaratanın, kişinin günahlarını bağışlamasına vesile olması dolayısıyla bir lütuf ve ihsanıdır.[7]

Hadiseye bu şuurla baktığı içindir ki, daha dünyada iken

---

[7] Bir keresinde Efendimiz (sav)'in yanında humma hastalığından söz açılmıştı. Orada bulunanlardan birisi, bu hastalığı kötüleyen bir söz söyleyince Efendimiz (sav) buyurdu ki: "Humma hakkında kötü söz söylemeyin. Zira ateş nasıl demirin pasını giderirse, humma da günahları öylece giderir." Nitekim bu sözden etkilenen sahâbî Ebu Hureyre de: "Bana hummadan daha çok sevdiğim bir hastalık isabet etmiş değildir. Zira humma tüm organlarıma sirayet eder. Cenâb-ı Hakk da her organın günahını ayrı ayrı bağışlar." demiştir.

bir manevî mertebeden başka bir manevî mertebeye yükseldi. Sabrın bu dünyadaki mükâfatı olarak meleklerin selamına ve iltifatına mazhar oldu. Hicrî 52 tarihinde Basra'da vefat ettiğinde ise melekler bu sefer onu ebedî âleme uğurladılar.

DÜŞÜNCE TURU

1. İmran bin Hüseyin'in, hastalığa yakalandıktan sonra yeniden iyileşmek istemesi ve değişik tedavi yollarına başvurmasını nasıl değerlendirmek gerekir?

2. Amansız hastalığına rıza göstermesi ile birlikte meleklerle manevî diyaloga geçebilmesinin hikmeti sizce nedir?

3. "Benim için sağlık ve hastalıktan hangisi Allah'ın hoşuna giderse, benim hoşuma giden de odur!" cümlesindeki teslimiyetçi ruhun mahiyetini irdeleyiniz.

4. Ağır bir hastalık karşısında kişi, sabır ilacını nasıl elde edebilir ve bundan nasıl yararlanabilir?

5. İman, teslimiyet, tevekkül ve sabır kavramları, günlük hayatımızda ve engelleri aşmada ne kadar geçerlidir?

MUAYKİB BİN EBÛ FÂTIMA (r.a.)
*Cüzzamlı Olduğu Hâlde Hz. Ömer'le Birlikte
Yemek Yiyen Peygamber Kâtibi*

Kısa Biyografisi

Şair Tufeyl bin Amr'ın telkinleriyle hemen Müslüman olan Muaykib, Habeşistan'a yapılan ikinci hicrete katıldı. Oradan Cafer bin Ebû Talib'le birlikte Medine'ye hicret ettiler. Peygamberimiz'in (sav) Hayber fethiyle meşgul olduğunu öğrendiklerinde, hemen Peygamberimiz'in (sav) yanına gittiler ve fiilen gazveye katılmadıkları hâlde ganimetlerden belirli bir pay alabildiler.

Allah Rasûlü (sav) hayatta iken, nazil olan Kur'ân âyetlerini yazan vahiy kâtipleri vardı. Bunların sayısı kırktan fazlaydı. Bunların arasında Muaykib de bulunmaktaydı. Diğer taraftan Muaykib, hem Hz. Peygamber'in (sav) diplomatik mektuplarını yazardı, hem de Peygamber'in (sav) mührünü saklamakla görevliydi. Buhari, tarihinde Muhammed b. Beşar'ın dedesinden şunu rivayet eder: "Rasûlullah (s.a.v)'in mührü, üzerinde gümüş olan renkli bir demirden yapılmıştı ve benim elimdeydi. Muaykib, Allah'ın Rasûlünün mühründen sorumluydu." Peygamberimiz'in (sav), parmağında bulunan yüzük şeklindeki mührünü, hazırlanan resmî evraka basması içi, Muaykib'e verdiği, onun da bu mührü evraka bastıktan sonra Peygamberimiz'e (sav) iade ettiği anlaşılmaktadır. Muaykib, mühürdarlık görevine halifeler döneminde de devam etmiştir. Hz. Osman'ın halifeliği sırasında Eris Kuyusu'na düştüğü ve bütün aramalarına rağmen bulunamadığı bilinen mührün bu kuyuya Muaykib'in elinden düştüğü ayrıca rivâyet edilmektedir. Hz. Osman'ın hilafetinin sonlarına doğru vefat ettiği tahmin edilmektedir.

Cüzzama Yakalanması ve Hz. Ömer'le Birlikte Yemek Yemesi

Hz. Ömer'in hilafeti döneminde Muaykib, cüzzam (lepra) hastalığına yakalandı.[5] Sosyal yönüyle çok duyarlı olan Hz. Ömer, buna çok üzüldü ve onunla yakından ilgilenme gereği duydu. Yeniden iyileşmesi için elinden geleni yapan Hz. Ömer, Yemen'den iki hekim getirtti. Bu iki hekimin uyguladığı özel bir tedavi yöntemiyle Muaykib'in hastalığı belirli bir zaman sonra durdu ve bir daha nüksetmedi.

Tedavinin hâlen devam ettiği günlerde Hz. Ömer, halka yemek ziyafeti vermek istedi. Hazırlıklar yapıldı ve herkes bu yemeğe davet edildi. Hz. Ömer, halkla birlikte sofraya oturmuş, yemeğin gelmesini bekliyordu. O sırada gözü Muaykib b. Ebû Fatıma ed-Devsî'ye ilişti. Onda cüzzam hastalığı bulunduğunu bilenler, onun gelmesinden tedirgin oldular. Bunu hisseden Hz. Ömer, hemen onu kendisine yakın bir yere oturttu ve onunla aynı tabaktan yemek yedi. Sonra ona şunları söyledi: "Allah'a yemin ederim ki sendeki bu hastalık bir başkasında olmuş olsaydı, onunla aynı tabaktan yemek yemediğim gibi, kendisine bir mızrak boyundan daha fazla da yaklaşmazdım."

Hz. Ömer'in, cüzzamın eşler arasında bile çok zor bulaşan, bulaşması için çok uzun süreli yakın temas gerektiren bir deri hastalığı olduğuna dair geniş bilgilere sahip olup olmadığını bilmiyoruz. Getirilen o iki hekimin verdiği bilgiler doğrultusunda belki de Hz. Ömer, rahat davranabiliyordu. Ancak, ne olursa olsun onun bu jesti, aslında sosyal içerikli bir mesaj idi. Bir taraftan bu hastalığa yakalananların toplumdan tecrit edilmemesi gerektiğini göstermek için, halife sıfatıyla Muaykib'i yanına aldı ve onunla birlikte hiç çekinmeden yemek yedi. Diğer taraftan, aynı hastalığa yakalanan diğer insanlara ihtiyatî olarak daha mesafeli olmak gerektiğini de ifade etme ihtiyacı duydu.

O ve ileriki tarihlerde, özellikle İslâm dışı toplumlarda cüzzamlıların adeta lanetlenmiş kimseler olarak görülüp, yerleşim birimlerinden uzak yerlere hatta özel adalara sürülerek, buralarda kendi hallerine bırakılmış olduklarını hatırlayacak olursak, Hz. Ömer'in gerek bu hastalığa karşı verdiği tıbbî mücadele, gerekse bu hastalara gösterdiği örnek davranışı çok manidardır.

DÜŞÜNCE TURU

1. Peygamber'den (sav) sonra gelen ikinci halife Hz. Ömer, cüzzam hastası olduğu hâlde Muaykib ile neden aynı sofrada yemek yedi?

2. Muaykib'in cüzzam hastalığından kurtulabilmesi ve yeniden eski sağlığına kavuşabilmesi için, Yemen'den iki doktorun getirilmesini nasıl değerlendiriyorsunuz?

MUAZ BİN AMR (r.a.)
Kolunu Ebû Cehil'i Öldürme Esnasında Kaybeden Yiğit

Kısa Biyografisi

Hazrec kabilesinin Seleme kolundan olan Muaz bin Amr bin Cemuh, Medine'de doğdu. Annesi Hind bint Amr bin Haram da sahâbî idi. Genç yaşta Müslüman olan Muaz bin Amr, İkinci Akabe Biatı'nda hazır bulundu ve Ensar'dan oldu. Allah'ın Rasûlüne (sav) ve Müslümanlara olmadık işkenceler yapan Ebû Cehil'in cezasını vermek için can atan, imanlı ve cesur sahâbîlerdendi.

Ebû Cehil'i Öldürmesi ve Kolunu Kaybetmesi

Hicret'in ikinci yılında Mekke müşrikleri, Bedir Savaşı için defler eşliğinde büyük bir cümbüşle yola çıkmışlardı. İslâm'ın en büyük düşmanı Ebû Cehil, kızıştırma ve ifsat etme işini, savaşın en sıcak anlarında bile terk etmemişti.

Abdurrahman b. Afv der ki: "Bedir günü, ben harp safında durup sağıma-soluma baktığım zaman, Ensar'dan iki delikanlı (Muavviz ve Avf bin Haris kardeşler) gözüme ilişti. Onlardan biri, beni göz ucuyla süzdü ve 'Ey amca, sen Ebû Cehil'i tanır mısın?' Ben de: 'Evet, tanırım.' dedim. Ve 'Ey kardeşimin oğlu, sen onu ne yapacaksın?' diye sordum. O da: 'Bana haber verildi ki, o kişi Rasûlullah'a sövermiş. Varlığın kudreti elinde olan Allah'a yemin ederim ki, onu bir görecek olursam, ikimizden ecele en yakın biri ölmedikçe, onun peşinden ayrılmayacaktır.' Gencin bu sözünü doğrusu merak ettim. Diğer genç de, beni göz ucuyla süzerek, bana ötekisinin söylediği gibi söyledi. Bu sırada gözlerim, hiçbir tarafa takılmadan müşriklerin içinde ileri geri dönüp duran Ebû Cehil'e ilişince, 'İşte, bana sormuş olduğunuz Ebû Cehil dedim!' Onlar da hemen, kılıçlarına sarıldılar. Ona doğru koştular. Muavviz ile Avf, Ebû Cehil'e vurdular. Fakat onu öldüremediler. Bunun üzerine Ebû Cehil, onların üzerine yürüdü. Onları şehit etti."

Genç sahâbî Muaz bin Amr der ki: "Müşrikler: 'Ebû Cehil, erişilmez yerdedir.' diyorlardı. Onların bu sözünü işitince ona doğru gittim. Yanına sokulmak imkânını bulunca, üzerine saldırıp bir vuruşta bacağının yarısını ayağı ile birlikte kestim. Vallahi vurulunca onun yere düşmesi, hurma çekirdek yemini döven taşın altından çekirdeğin sıçramasını andırıyordu! O sırada Ebû Cehil'in oğlu İkrime, kılıcı ile elimi kolumu omzumdan kesti. Elim yanımda, derisinden sallandı kaldı. Çarpışmanın şiddeti, bana onu unutturdu. O gün kesik elimi arkama atıp hep çarpıştım durdum. Bana zahmet verince de, ayağımı üzerine bastım, sallanan elimi koparıp attım."

Şehit düşen Muavviz ve Avf'in bir diğer kardeşi Muaz bin Haris, Ebû Cehil'i yaralanmış bir halde yerde görünce, kımıldayamayacak bir hale getirinceye kadar ona kılıçla vurdu.[8]

Muaz bin Amr ve Muaz bin Haris, Peygamberimiz'in (sav) huzuruna geldiler ve hadiseyi anlattılar. Hz. Peygamber (s.a.v.) onlara "Ebû Cehil'i hanginiz öldürdü?" diye sordu. İkisi de: "Ben öldürdüm!" dedi. Hz. Peygamber (sav), onlara "Kılıçlarınızı sildiniz mi?" diye sordu. "Hayır, silmedik!" dediler. Bunun üzerine Peygamber (sav), onların kılıçlarını gözden geçirdi. "İkiniz de, öl-

---

8 Ebu Cehil'in kellesinin kesilmesi ile ilgili diğer gelişmeler, Abdullah ibn-i Mes'ud'un biyografisinde yer almaktadır.

dürmüşsünüz." buyurdu. Fakat Ebû Cehil'in ele geçen kılıcını ve eşyasını, kolunu kaybeden genç sahâbî Muaz bin Amr'a verdi.

Peygamberimiz'in (sav), "Ne güzel adam!" dediği birkaç kişi arasında yer alan Muaz bin Amr, kolsuz kaldığı için daha sonraki savaşlara katılamamıştır. Muaz bin Amr'ın, Hz. Ömer'in hilafetinin sonlarına doğru veya Hz. Osman'ın hilafetinin ilk yıllarında Medine'de vefat ettiği rivâyet edilmektedir.

DÜŞÜNCE TURU

1. Bedir Savaşı'nda, Ebû Cehil'i öldürme konusunda niçin bazı genç sahâbîler âdeta yarış hâlindeydiler?

2. Kolundan ağır yara aldığı hâlde harp alanını terk etmeyen ve hararetle savaşan Muaz bin Amr'ın kahramanlığını değerlendiriniz.

3. Sizce Ebû Cehil'in kılıcı Peygamberimiz (sav) tarafından niçin Muaz bin Amr'a verildi?

MUAZ BİN CEBEL (r.a.)
Peygamberimiz (sav) Tarafından Yemen'e Vali Olarak Tayin Edilen Topal Sahâbî

İlk Hayatı

Muaz bin Cebel, topal olmakla birlikte uzun boylu, beyaz tenli, güzel dişli, iri gözlü, çatık kaşlı ve kıvırcık saçlıydı. Akıl, yetenek, cömertlik ve beceri yönünden ileri bir noktada olan Muaz bin Cebel, Peygamberimiz'in (sav) en güvendiği arkadaşlarındandır. Muaz bin Cebel, İkinci Akabe Biatı'nda, daha on sekiz yaşındayken Müslüman oldu. Akabe Biatı'nda kendi canlarını ve mallarını korudukları gibi Peygamberimiz'e (sav) yardım ederek İslâm'a hizmet edeceklerine söz veren yetmiş Medineli Müslüman'dan birisi idi.

Peygamberimiz (sav) ve ashâbı, Mekke'den Medine'ye hicret ettiklerinde bütün malları ve mülkleri Mekke'de kalmıştı. Peygamberimiz'in (sav) emirleriyle Medine'de bulunan Müslümanlar, Mekke'den hicret eden Müslümanlarla kardeşlik kurarak evlerini, mallarını ve eşyalarını paylaştılar. Medine Hazrec kabilesinin Beni Seleme koluna mensup olan Muaz bin Cebel de, Abdullah ibn-i Mes'ud ve Cafer-i Tayyar ile kardeşlik kurmuştu. Uzun boylu ve heybetli bir kimse olan Muaz, ayağından sakat olduğu hâlde Efendimiz'le (sav) birlikte bütün savaşlara katılmıştır.

Nasibini Bulmuş Sahâbî

Hz. Muaz, bir sabah Peygamber Efendimiz'in (sav) huzuruna çıktığında Allah'ın Rasûlü (sav) ona: "Bu sabah nasılsın ya

Muaz?" diye sordu. Muaz: "Allah'a iman içinde sabahladım, ya Rasûlullah!" diye cevap verdi. Rasûl-u Ekrem Efendimiz (sav) bunun üzerine: "Her sözün bir doğruluk ölçüsü vardır. Senin sözünün doğruluk ölçüsü nedir?" diye sordu. Hz. Muaz, içinden geldiği gibi Peygamberimiz'e (sav) şu şekilde cevap verdi:

"Ya Rasûlullah! Uykudan uyandığım hiçbir sabah yoktur ki, ancak Allah'ın izni ile akşamlayacağımı düşünmeyeyim. Kavuştuğum hiçbir akşam yoktur ki, ancak Allah'ın izni ile sabahlayacağımı düşünmeyeyim. Attığım hiçbir adım yoktur ki, onun ardından ikinci adımı ancak Allah'ın izniyle atabileceğime inanmayayım. Ben ümmetlerden her birinin, beraberinde kendi Peygamberleri ve taptıkları şeylerle diz üstü çökerek kendi amel defterlerini okumaya çağrıldığı dehşetli günü gözümle görür gibiyim. Ben, cehennemliklere ceza verildiği korku dolu günü ve cennetliklere mükâfat verildiği müjdeli günü şu an izler gibiyim."

Bu cevaptan gayet memnun olan Allah'ın son Rasûlü (sav), iman nuruyla cennete lâyık bir hâl alan Hz. Muaz'ın yüzüne bakarak şöyle buyurur: "Sen nasibini bulmuşsun; elinden bırakma!"

İlmî ve Ahlâkî Meziyetleri

Hz. Muaz bin Cebel'in fazileti, üstünlüğü çoktur. Onu Rasûlullah Efendimiz (sav) birçok hadis-i şeriflerinde methetmiştir:

"Muaz bin Cebel, ümmetimin âlimlerindendir ve çok yüksektir."

"İnsanlar arasında, Allah'ın helâl ve haram ettiklerini en iyi bilen Muâz bin Cebel'dir."

"Kur'ân-ı Kerîmi şu dört kimseden alınız (öğreniniz): Muaz bin Cebel, Ubey bin Ka'b, Abdullah ibn-i Mes'ud ve Sâlim Mevlâ Huzeyfe."

"Muaz, kıyamette ümmetimin âlimlerinin bir adım önlerinde mahşer yerine gelecektir."

Ashâb-ı kirâmdan Enes bin Mâlik diyor ki: "Kur'ân-ı Kerîmi şu dört kimse toplamıştır: Ubey bin Ka'b, Muaz bin Cebel, Zeyd bin Sâbit ve Ebû Zeyd. Bunların dördü de Ensar'dandır."

Abdullah ibn-i Mes'ud buyurdu ki: "Muaz bin Cebel, Allah'a ve Rasûlüne itaat eden, doğru yolda bulunan bir cemaat gibiydi. Biz onu İbrahim aleyhisselâma benzetirdik. Çünkü o, insanlara hayrı, iyiliği öğretir; Allah'a ve Rasûlüne de itaat ederdi."

Eizullah bin Abdullah şöyle anlatıyor: "Bir gün Humus'ta mescide girmiştim. Baktım ki, orada, Rasûlullah'ın 30 kadar sahâbisi vardı. Hadis-i şerifleri mütâlaa ediyorlardı. Aralarında genç ve yakışıklı olan birisi vardı ve çok az konuşuyordu. Fakat diğerlerinin, bir hadis-i şerif üzerinde şüphe ve tereddütleri olduğu zaman, hemen ona sorarlardı. O da, bunlara cevap verirdi. Onun cevabı üzerinde hepsi kanaat getirir ve onda ittifak ederlerdi. Hiçbirisi o an itirazda bulunmazdı. Ben de çok merak ettim ve 'Sen kimsin, ey Allah'ın kulu?' diye sual ettim. Bana buyurdu ki: 'Ben Muaz bin Cebel'im.'"

Ashâb-ı kirâmın büyüklerinden Muaz bin Cebel'i, Muhammed bin Ka'b şöyle anlatır: Ben Muaz bin Cebel'i gördüm. Genç ve etine dolgun bir kimseydi. Kerem sahibi olup, çok cömertti. Bir kimse, ondan bir şey isteyip de, onun yok, dediği olmazdı. Elinden geldiği kadar temin edip, ona verirdi. O, malının tamamını fakirlere sadaka olarak dağıtır, kendisi borçlu olarak yaşardı. Hatta bir keresinde böyle yaptığını Rasûlullah Efendimiz haber almıştı. Muaz bin Cebel'in alacaklılarını çağırıp, ona kolaylık göstermelerini ve borçlarının bir kısmını kendisine hediye etmelerini söyledi, hemen hepsi Yahudi olan alacaklıları, bu müsamahayı göstermediler. Sonra, Rasûlullah Efendimiz, Muaz bin Cebel'i huzuruna çağırıp, durumu ona bildirdi. Bunun üzerine Muaz bin Cebel, gidip elindeki bütün gayrimenkullerini sattı. Paralarını alıp, Rasûlullah'ın huzuruna geldi. Alacaklılar da oradaydı. Borçlarının hepsini ödedi. Ondan sonra elinde hiçbir malı ve mülkü kalmadı.

Peygamberimiz'in (sav) Yemen Valisi Olarak Muaz'ı Tercih Etmesi

Hz. Peygamber (sav), irşadda bulunması, Müslümanlara dinlerini öğretmesi, hâkimlik yapması, tahsil edilen zekâtı memurlardan teslim alması için Yemen'e ehil ve güçlü birini göndermek istiyordu. Bir gün sabah namazını kıldırdıktan sonra cemaate hitaben, "Hanginiz Yemen'e gitmek ister?" diye sordu. Hz. Ebû Bekir: "Ben gideyim, ya Rasûlullah!" dedi. Peygamberimiz (sav) sustu. Bu sefer Hz. Ömer talip oldu. Peygamberimiz (sav) yine ses çıkarmadı. Bundan sonra Muaz bin Cebel ayağa kalktı ve "Ben gideyim, ya Rasûlullah!" dedi. Peygamberimiz (sav) gülümsedi ve memnuniyetini ifade ederek, "Ey Muaz, bu vazife senindir!" dedi ve sarığını Muaz'ın başına sardı. İhtimal ki, Peygamberimiz (sav), maddî yönden kendisini biraz toparlasın diye, Muaz'ı vali yapmıştı.[9]

---

9   Nitekim Muaz, Peygamberimiz'in (sav) vefatından sonra Medine'ye döndüğü zaman Hz. Ömer, Halife Hz. Ebu Bekir'e: "Muaz'a haber gönder, gelsin. Elinde kendisini geçindirecek kadar mal bırak, fazlasını kendisinden al!" dedi. Hz. Ebu Bekir ise: "Peygamberimiz bu adamı, zengin olsun diye Yemen'e gönderdi. Eğer kendisi gönül rızasıyla vermezse, ben ondan hiçbir şey almam." dedi. Hz. Ömer de, halifenin bu sözleri üzerine bizzat Muaz'a gidip meseleyi anlattı. Muaz: "Peygamberimiz beni, zengin olayım diye Yemen'e gönderdi. Bunun için ben senin dediğini yapmam." dediyse de, sonradan ona rastladığında, "Rüyamda büyük bir suyun içinde bulunup boğulmak üzere olduğumu ve senin gelip beni kurtardığını gördüm." diyerek Hz. Ebu Bekir'in yanına gitti ve ona kazancının hepsini vermek istedi. Hz. Ebu Bekir ise: "Vallahi ben senden hiçbir şey almam. Hepsini sana hibe ettim." dedi. Bunun üzerine Hz. Ömer de Muaz'a: "İşte şimdi sana helal oldu." dedi.

Peygamberimiz'in (sav) Muaz'a Tavsiyeleri

Ağır bir vazifeyi üstlendiğini anlayan Muaz, Peygamberimiz'den (sav) bazı tavsiyeler almayı ihmal etmedi. Bazı temel meselelere yönelik olarak Peygamberimiz (sav), ona şu tavsiyelerde bulundu:

"Sen Ehl-i Kitaptan bir kavimle karşılaşacaksın. Onların yanına vardığında, önce onları Allah'tan başka ilah olmadığına, Muhammed'in Allah'ın elçisi olduğunu tasdike davet et. Eğer bunu kabul ederlerse onlara, Allah'ın beş vakit namazı farz kıldığını haber ver. Bunu da yaptıkları takdirde, Allah'ın zenginlerden alınarak fakirlere verilen zekâtı emrettiğini bildir. Bunu da benimserlerse, zekât alırken sakın malların en iyilerini seçme. Mazlumun ahını almaktan çekin. Çünkü onun ahı ile Allah arasında hiçbir engel yoktur."

Bunları söyledikten sonra Peygamberimiz (sav) Muaz'a bir sual yöneltti: "Sana bir dava getirildiğinde ne ile hüküm verirsin?" Muaz: "Allah'ın kitabı ile." dedi. "Onda bulamazsan bu sefer ne ile hükmedersin ya Muaz?" Muaz: "Rasûlullah'ın sünneti ile." diye cevap verdi. Peygamberimiz'in (sav) "Ya orada da bulamazsan?" demesi üzerine Muaz şu cevabı verdi: "O zaman kendi görüşüme göre içtihat eder, ona göre hüküm veririm." Bu cevaplardan fevkalade memnun olan Allah'ın elçisi, hamd ederek elini onun göğsüne koyup şunları söyledi: "Elhamdülillah! Rasûlullah'ı, onun hoşnut olacağı bir şeye muvaffak kılan Allah'a hamd olsun." Sonra Hz. Muaz bin Cebel'e şöyle dua etti: "Cenâb-ı Hakk seni her taraftan gelecek musibetlerden muhafaza buyursun; insanların ve cinlerin şerrini senden uzaklaştırsın."

Peygamberimiz'in (sav) Muaz'ı Son Kez Uğurlaması

Bütün malını, cihâd için Allah yolunda harcayan Muaz bin Cebel, Yemen'de valilik yapmak; halka İslâm'ı anlatmak,

Kur'ân-ı Kerim'i öğretmek ve Yemen ülkesinde toplanan zekât mallarını vazifelilerden teslim almak ve onların arasındaki ihtilafları çözüp hükme bağlamak üzere Yemen'e gitmek için son hazırlıklarını yaptı. Peygamberimiz'in (sav) tavsiyelerini kendisine her zaman rehber yapan Muaz, yola çıkmadan evvel O'nun görüşlerinden yararlanmak istiyordu. "Ya Rasûlullah, bana tavsiyede bulununuz." dedi. Peygamberimiz (sav) ona dönerek son tavsiyelerini dile getirdi: "Ya Muaz, her ne halde ve nerede olursan ol, Allah'tan kork. Günah işlediğinde arkasından hemen sevap kazandıracak bir amel işle ki, onu yok etsin. İnsanlara da güzel şekilde muamele et."

Muaz bin Cebel, Yemen'e gitmek üzere yola çıkınca Peygamberimiz (sav) yanında bir miktar yürüdü ve vedalaşırken Muaz'ın kalbini hicrana boğacak bir söz söyledi: "Ya Muaz,! Sen belki bu seneden sonra beni bir daha göremezsin. Belki dönüşünde burada benim mescidime ve kabrime ziyarete gelirsin."

Bunu işiten Muaz, öyle üzüldü, öyle üzüldü ki, çocuklar gibi, hüzünlü bir şekilde ağlamaya başladı. Onun gözyaşlarına hâkim olamadığını görünce Allah'ın Rasûlü (sav) dayanamadı ve şefkatli bakışlarıyla onu teselli etti: "Ağlama, Yâ Muaz! Kim takvadan ayrılmazsa, işte o kimse, kim ve nerede olursa olsun, benim en yakınımdır." Bu sözler, Muaz'ın Peygamberimiz'in (sav) ağzından dinlediği son sözler olacaktı. Hicretin dokuzuncu yılında Yemen'e vali olarak giden Muaz bin Cebel, orada uzun müddet kaldı. Kendisine verilen vazifeyi yerine getirdi. Peygamberimiz'in (sav) vefatını da orada iken haber aldı.

Evlat Acısına Peygamber Taziyesi

Peygamber Efendimiz (sav), Muaz bin Cebel'in çocuğunun vefat ettiğinin haberini aldı. Bunun üzerine, ona bir taziye mektubu gönderdi. Bu taziye mektubu şöyledir:

"Allah sana selâmet versin! O'na hamd ederim. Herkese

iyilik ve zarar, yalnız O'ndan gelir. O dilemedikçe, kimse kimseye iyilik ve kötülük yapamaz. Allah, sana çok sevap versin. Sabretmeni nasip eylesin! O'nun nimetlerine şükretmenizi ihsan eylesin! Muhakkak bilmeliyiz ki; kendi varlığımız, mallarımız, servetimiz, kadınlarımız ve çocuklarımız, Allah'ın sayısız nimetlerinden, tatlı ve faydalı ihsanlarındandır. Bu nimetleri, bizde sonsuz kalmak için değil; emanet olarak kullanmak, sonra geri almak için vermiştir. Bunlardan, belli bir zamanda faydalanırız. Vakti gelince, hepsini geri alacaktır.

Allah, nimetlerini bize vererek sevindirdiği zaman, şükretmemizi; vakit gelip onları geri alarak üzüldüğümüz zaman da, sabretmemizi emreyledi. Senin bu oğlun, Allah'ın tatlı, faydalı nimetlerinden idi. Geri almak için sana emanet bırakmış idi. Seni, oğlun ile faydalandırdı. Herkesi imrendirecek şekilde sevindirdi, neşelendirdi. Şimdi geri alırken de, sana çok sevap, iyilik verecek; acıyarak, doğru yolda ilerlemeni, yükselmeni ihsan edecektir. Bu merhamete, ihsana kavuşabilmek için sabretmeli, O'nun yaptığını hoş görmelisin! Kızar, bağırır, çağırırsan, merhamete kavuşamazsın ve sonunda pişman olursun. İyi bil ki, ağlamak, sızlamak, derdi, belayı geri çevirmez; üzüntüyü dağıtmaz! Kaderde olanlar başa gelecektir. Sabretmek, olmuş bitmiş şeye kızmamak lâzımdır."

Topal Olarak İmamlık Yapması

Hz. Peygamber (sav) tarafından, genç yaşına rağmen Yemen'e vali olarak tayin edildikten sonra oradaki Müslümanlara imamlık yaptı ve nasıl namaz kılınması gerektiğini öğretti. Namaz öncesinde, "Ben ne yapıyorsam, siz de benzerini yapın." talimatını verdi. Kendisi topal olduğu için, ayağının birini ister istemez ileri çıkarmak mecburiyetinde kalırdı. Bunu gören bütün cemaat de aynen öyle yaptı. Durumu namazdan sonra fark eden Muaz, kendisinin sakat olduğu için böyle yaptığını, onların bu şekilde yapmamalarını tembihledi.

Şam Seferine Katılması

Daha sonra Yemen'deki hizmetini tamamlayıp Medine'ye dönen Muaz bin Cebel, Hz. Ebû Bekir'in halifeliği sırasında Medine'de kaldığı müddetçe, Hz. Ebû Bekir onu, seçtiği müşavere heyetine aldı. Bu sırada Suriye taraflarına da giderek hem oralarda yapılan savaşlara katıldı, hem de insanlara din bilgilerini ve Kur'ân-ı Kerim'i öğretti.

Muaz, Şam seferine çıkınca Medine halkı fıkıh bilgisinden mahrum kaldı. Zira Medine halkının fıkıh sorularına cevap veren tek kişi, o idi. Bunun için Muaz daha sefere çıkmadan Hz. Ömer, Halife Hz. Ebû Bekir'in yanına gitti ve "Halkın Muaz'a ihtiyacı vardır." diyerek ona izin vermemesini rica etti. Halife Hz. Ebû Bekir ise "Şehitlik isteyen bir kimseyi ben alıkoyamam." dedi. Bunun üzerine Hz. Ömer: "Vallahi adam, evinde ve yatağı içinde de ölse, yine Allah ona şehitlik mertebesini verir. Çünkü bütün belde halkı ona muhtaçtır." dedi. Ancak Muaz, Şam seferine çıkmayı tercih etti.

Hz. Ömer'le İlginç Bir Diyalog

Bir gün Hz. Ömer, Muaz bin Cebel'in yanından geçerken ona bir sual yöneltti: "Ey Muaz! Bu ümmet ne ile ayakta durur?" Muaz, biraz düşündü ve Hz. Ömer'in yüzüne bakarak şunları söyledi: "Üç şey vardır ki, bunlar kurtarıcıdırlar. Birisi ihlâstır ki, insanın yaratılışında vardır. Diğeri namazdır ki, dinin direğidir. Üçüncüsü de emre uymaktır ki, bununla nizam, bozulmaktan korunur." Hz. Ömer: "Doğru söyledin." deyip düşünceli bir şekilde oradan ayrıldı. Hz. Ömer uzaklaştıktan sonra Muaz, yanındakilere, bildiği bir sırrını açıkladı: "Onun zamanı, diğerlerinin zamanından hayırlıdır. Zira ondan sonra bir didişme ve ayrılık baş gösterecektir ki, buna az kalmıştır."

Hastalığa Yakalanması ve Vefatı

Hz. Ömer'in halifeliği sırasında Kilâboğulları beldesine zekât memuru olarak, sonra da Suriye taraflarında din bilgilerini ve Kur'ân-ı Kerim'i öğretmekle vazifelendirildi. Bu vazifesinde iken burada çıkan taun (veba) hastalığı salgınına yakalandı. Hicretin 17. yılında (Miladî 638) 38 yaşında iken iki oğlu ve iki hanımı ile birlikte vefat etti.

Rahatsızlığı çok arttığı bir sırada, talebelerinden Amr bin Meymun el-Evdî ziyaretine geldi. O gün baygınlığı o kadar uzun sürmüştü ki, öldüğü zannedildi. Durumunun çok ağır olduğunu görün talebesi ağlamaya başladı. Hz. Muaz, ona: "Niçin ağlıyorsun?" diye sordu. O da: "Ey Muaz! Allah'a yemin ederim ki, sen benim hocamsın. Bana dünyalık yardımında bulunuyorsun diye ağlamıyorum. Ben, senden dinimi öğreniyor ve ilim alıyordum. Senin ölümünden sonra dinimi ve ilmi bana öğretecek kimsenin bulunmamasından korkuyorum ve onun için ağlıyorum."

Bunun üzerine Muaz bin Cebel buyurdu ki: "Hayır, bundan korkma! İman ve ilim, kıyamet gününe kadar yerindedir; onu arayan bulur ve Allah, bunları isteyen kimseye, öğretecek birini gösterir. Allah'ın kitabı Kur'ân-ı Kerim ve Peygamberimiz'in (sav) sünneti, kıyamet gününe kadar korunacaktır. Nitekim Allah ilmi ve imanı İbrahim Aleyhisselâm'a ihsan etmiştir. Hâlbuki o zaman, imanı ve ilmi bilen ve öğreten hiç kimse de yoktu. İbrahim Aleyhisselâm istediği için Cenâb-ı Hakk, ona ihsan etti. Âlimin yanılmasından korkunuz! Doğru olanı, hakikati kim bildirirse kabul ediniz! Doğru, hak olmayanı da söyleyen kim olursa olsun, onu reddediniz!"

Dünyadan ayrılma vaktinin iyice yaklaştığını hisseden Muaz bin Cebel, sabaha ulaştığında şöyle diyordu: "Sabahında ateşe gidilen geceden Allah'a sığınırım. Merhaba ey ölüm! Merhaba fakirlik zamanımda gelen sevgili ziyaretçi! Ya Rabbi! Benim Senden korktuğumu Sen biliyorsun. Fakat bugün senin rahmetini umuyorum. Bilirsin ki ben, dünyayı ve sonu gelmez arzuların tatminini istemedim. Irmakların akışı, ağaç yapraklarının hışırtısı, benim ilgimi çekmedi. Bunları Sen biliyorsun, ya Rabbi! Günlerin şiddetli sıcaklarında susuz kalayım, dünya hayatının zorluk ve çetin saatlerini çekeyim ve zikir halkalarında âlimlerle diz dize oturup seni anayım, diye dünyada kalmak istedim,"

Bu sözlerden sonra ağlamaya başlayan Muaz bin Cebel'e etrafındakiler sordular: "Sen ki Rasûlullah'ın (sav) bir sahâbîsisin. Sen ki bu kadar fazilete sahipsin. Böyle nasıl ağlıyorsun?" Şanlı sahâbînin verdiği cevap, herkesi duygulandırdı: "Siz benim, ölümden korktuğum veya dünyayı terk ettiğim için ağladığımı mı zannediyorsunuz? Ben öldükten sonra hangi tarafa gideceğimden emin olmadığım için ağlıyorum." Hâlbuki Peygamberimiz (sav), yatağında akıbeti hakkında endişe duyduğu için, gözyaşı döken Muaz hakkında zamanında şöyle bir müjde vermişti: "Muaz, kıyamet günü, âlimlerin önünde tek başına bir cemaattir." Peygamberimiz'in (sav) aziz ve değerli dostu Muaz, çok geçmedi, korktuklarından emin olarak ebedî âleme göç etti.

Bugün Ürdün'de İrbid vilayetine bağlı Ağvarüş-şimaliye livasında kendi adıyla anılan bir köyde bulunan kabri üzerinde küçük bir mescit ve türbe yaptırılmıştır.

Muaz bin Cebel'in Vasiyeti

"Size benim vasiyetim olsun! İlmi, ancak Allah rızası için öğrenin! Zira Allah rızası için öğrenilen ilim, takvayı meydana getirir. Bu niyetle ilim aramak ibadettir. Bu ilmi müzakere etmek tespihtir; ilimden konuşmak, Allah yolunda cihaddır. Bilmeyene ilim öğretmek sadakadır. Bir mecliste bulunanlara ilimden bahsetmek, Allah'a yakınlıktır. Zira ilim; helâl ile haramın terazisi, cennet ehlinin minaresi, gurbette insanın arkadaşıdır. Bir insan, bir yerde yalnız kaldığı zaman, ilim ona sıkıntıyı gideren bir arkadaş olur. Sıkıntı ve genişlik zamanlarında ilim, sahibine delildir.

İlim, düşmanlara karşı çok iyi bir silâhtır. İlim, büyüklerin yanında dindir. Dostlarının yanında insanın süsüdür. Cenâb-ı Hakk bir kavmi, ilim ile yükseltir. İnsanı ilimle başkalarına rehber, öncü yaparlar ve ona itaat ederler. Melekler dahi ilim sahiplerinin dostluklarını arzular ve kanatlarını onların üzerine gererler.

Canlı ve cansız her ne varsa; hatta denizlerdeki balıklar ve diğer hayvanlar, havada uçan kuşlar, karadaki bütün hayvanlar, âlimlere istiğfar ederler. Çünkü ilim, insanın kalp gözünü açar. Gözleri karanlıktan aydınlığa kavuşturan bir nurdur. İlim ile amel eden insan, seçilmiş kimselerin makamlarına yükselir. İlim sahipleri, dünya ve âhirette yüksek derecelere erişir. İlimde tefekkür, nafile oruç tutmak gibidir. İlmin öğretilmesi, nafile namaz kılmaktan sevaptır. İlimle, helâl ve haram olan şeyler ayırt edilebilir. İlim, amellerin imamıdır. Amel, ilme tâbidir. İlimsiz amel olmaz. İlim, cennet yoluna ışıktır. Cehennemlik olanlar, ilimden mahrum kalanlardır. Dünya ve âhiret saadetinin kaynağı ve bütün ibadetlerin efdali, en üstünü ilimdir."

Muaz bin Cebel, oğluna da şöyle vasiyet etmişti:

"Ey oğlum! Bir namazını kıldığın vakit, o namazın senin kıldığın son namazın olacağını düşün! Bir daha böyle bir namaz vaktine yetişeceğini ümit etme! Ey oğlum! Mümin olan bir kimsenin iki hayırlı iş arasında ölmesi lâzımdır. Yani bir hayırlı işi yaptığı zaman, ikinci hayırlı işi yapmak niyetinde ve kararında olmalıdır. Şeytanın oyununa gelme! Şeytan, pazarda, yalanla, hileyle, hıyanetle ve yemin ettirerek Müslümanları günaha sokmaya çalışır. Önce gidip, geç çıkanlara daha çok asılır."

Değişik kaynaklarda diğer ibretli sözleri de geçmektedir:

"Açlık ve sıkıntı fitnesiyle denendiniz, sabrettiniz. Varlık ve bolluk fitnesiyle de deneneceksiniz. Sizler için en çok korktuğum şey, kadınların fitnesidir. Altın ve gümüş bilezikler taktıkları, Şam ve Yemen'in ince süslü elbiselerini giydikleri zaman, zengini yoracaklar; fakiri de, bulamadığını bulmaya zorlayacaklar."

"Üç şey var ki, kimde bulunursa Allah'ın gazabına uğrar: sebepsiz yere gülmek, deliksiz olarak uyumak ve acıkmadan yemek yemek."

"İnsanlarla az, Rabbinle çok konuş; belki o zaman kalbin Rabbini görür."

DÜŞÜNCE TURU

1. Muaz bin Cebel'in bir ayağından sakat olması, namaz kılmasına engel teşkil etmiş midir?
2. Sizce topal bir insanın, imam olarak görev almasında herhangi bir engel var mıdır?
3. Muaz bin Cebel'in Yemen'e vali olarak gönderilmesindeki asıl maksat ne idi?
4. Muaz, Peygamberimiz'in (sav) iltifatlarına mazhar olduğu hâlde ölüm yatağında niçin ağlamıştır?
5. Hz. Ömer, Muaz bin Cebel'in hangi meziyetini üstün ve değerli bulmuştur?

SA'D BİN MUAZ (r.a.)
Hendek Savaşı'nda Aldığı Ağır Bir Yara Sonucunda Yatağa Düşen Yiğit

Kısa Biyografisi

Medine'nin en itibarlı ailelerinden Evs kabilesinin Benî Abdu'l-Eşhel kolunun reisi Sa'd b. Muaz, cesaretli ve kültürlü oluşuyla tanınmaktaydı. Annesi, Kebşe binti Râfi, hanım sahâbîlerdendir. Sa'd, hayatının en dinamik devresinde, 33 yaşında iken, Medine'ye Peygamber (sav) tarafından İslâm'ı tebliğ etmek maksadıyla gönderilen Mus'ab bin Umeyr vesilesiyle Müslüman olmuştu. Peygamberimiz'i (sav) henüz görmeden Müslüman olan Sa'd, kabilesinin bütün fertlerini de Müslüman yapmıştı.

Sa'd'ın İslâm'a girdiği gün, Medine'de meydana gelen büyük hâdiseleri anlatan Mus'ab: "Allah'a yemin ederim ki, o gün akşam olmadan önce Abdu'l-Eşheloğulları mahallesindeki erkek ve kadınların tamamı İslâm'a girdi. O gün, Abdu'l-Eşheloğulları mahallesi, halkı tamamen Müslümanlardan meydana gelen ilk mahalle olma şerefine nail oldu." diyecekti.

Sa'd bin Muaz, Müslümanlıkla şeref bulduktan sonra hayatını şu şekilde anlatır: "Müslüman olduğum günden beri namaz kılarken hatırıma hiçbir şey getirmedim. Rasûl-i Ekrem'in (sav) her söylediğinin hak olduğuna inandım, kabul ettim." "Ben üç şeyde kuvvetli olduğum kadar, hiçbir şeyde kuvvetli olmadım. Birincisi namazdadır. Müslüman olduğumdan beri başladığım hiçbir namazda, bir an önce bitirsem diye hatırıma bir şey gelmedi. İkincisi; bir cenazeye yardıma çıktığımda, cenaze defnedilinceye kadar, ölümden başka hatırımdan hiçbir şey geçmezdi.

Üçüncüsü; Rasûlullah'ın her buyurduğunu kabul ettim, bunda hiç tereddüt etmedim."

Bu arada Peygamberimiz'e (sav) karşı içinde bir iştiyak ve onu bir an evvel görme arzusu da zirvelere çıkmaya başlamıştı. Hasrete daha fazla dayanamayan Sa'd, hac mevsiminde yetmiş kadar Müslüman kardeşiyle Mekke'ye giderek, Efendimiz'i (sav) ziyaret etme bahtiyarlığına ulaştı. II. Akabe Biatı adı verilen bu tarihî günde Peygamberimiz'i (sav) ve Mekke'deki ashâbını himaye edeceklerine, gerekirse bu uğurda canlarını dahi feda edeceklerine söz veriyorlardı.

Kısa dünya hayatının sadece altı yılını Müslüman olarak geçirmesine karşılık, İslâm'a büyük hizmetlerde bulunmuş olan Sa'd, Hz. Muhammed'in (sav) bir hadis-i şerifine göre "Ensar içinde en sevgili olma" şerefine nail olmuş ender bir sahâbîdir.

Hendek Savaşı'nda Yaralanması ve Çadırda Tedavi Görmesi

Bedir ve Uhud Savaşları'na katıldıktan sonra Hendek Savaşı'nda da ön planda olan Sa'd'ın üzerinde bir zırh bulunuyordu. Ancak o, uzun boylu ve geniş omuzlu olduğundan, omuzlarından itibaren kolları açıkta kalıyordu. Savaş meydanına giderken, "Biraz sabret, deve seni savaş yerine götürecek. Ecel geldiği zaman ölüm ne güzel bir şeydir." mealinde bir şiir okumaya başladı.

Bir aralık karşı taraftan gelen talihsiz bir ok koluna isabet etmiş, kolun ana damarını koparmıştı.[10] Bir başka ifadeyle ok, kolunu feci bir şekilde delmişti. Sa'd, süratle kan kaybediyordu. Bir anda, Allah ve Rasûlünün yolunda yapacağı işleri hatırına getirmiş ve Allah'a şöyle yalvarmaya başlamıştı: "Ey Allah'ım! Eğer Kureyş, bundan sonra yine Senin Peygamberin ile sava-

---

10 Hz. Aişe validemize göre Sa'd'ın koluna oku atan, Kureyşli İbnü'l-Arika'dır.

şacaksa, beni yaşat! Benim için, Senin Rasûlüne eziyet edip O'nu yurdundan çıkaran topluluk ile savaşmaktan daha sevimli bir şey yoktur. Eğer onlarla aramızda harp sona ermişse, beni şehitlik makamına ulaştır!" Ancak, savaşın en kızgın anında, üstelik yapılmış ve tazelenmiş bir anlaşmayı bozdukları için, Benî Kureyza'ya verilecek dersi hatırlamış ve bu sefer şu şekilde duada bulunmuştur: "Allah'ım! Benî Kureyza'dan intikamımı alıncaya kadar bana hayat ver." Hâlbuki Benî Kureyza Yahudileri, cahiliye döneminde onun dostu idiler.

Sa'd'ın kolundan sürekli kan akıyordu, üstelik Peygamberimiz'in (sav) bulunduğu tarafa doğru akıyordu. Hz. Ebû Bekir gelip onu o durumda görünce feryat ederek, "Bizim belimiz kırıldı." dedi. Peygamberimiz (sav): "Ey Ebû Bekir, ne olur, sus!" dedi. Ondan sonra Hz. Ömer gelip, "İnna lillah ve inna ileyhi raciun" dedi. Sa'd'ın koluna bir bez bağlandı, ancak kanı yine de bir türlü durmuyordu.

Mescid-i Nebevî adıyla bilinen ve Efendimiz'in (sav) ilk inşa ettiği cami avlusunda Peygamberimiz (sav), Hz. Rufeyde'ye[11] deriden bir çadır kurdurarak, yaralı Sa'd'ı derhal oraya yerleştirdi. İslâm'ın ilk hemşire hanım sahâbîsi Hz. Rufeyde'nin çadırında Sa'd tedaviye alındı. Peygamberimiz (sav) sabah akşam Sa'd'ı ziyarete gelirdi. Yine bir defasında Peygamber Efendimiz (sav) yanına gelip onu kucakladı ve "Allah'ım; Sa'd, Senin rızan için Senin yolunda cihad etti. Rasûlünü de tasdik etti. Ona kolaylık ihsan eyle. Eğer ruhunu alıyorsan hayır ve iyilik içinde al." diye dua etti. Sa'd bin Muaz, Peygamberimiz'in (sav) bu sözlerini duyunca gözlerini açıp şöyle fısıldadı: "Ya Rasûlallah! Sana

---

11 Hz. Rufeyde, Ensar'dan olup el-Eslem (Benî Zühre) kabilesine mensuptur. Hicretten sonra Müslüman olan hanım sahâbîlerdendir. Nesebi Ku'aybe bint-i Sa'd bin Utbe olarak verilmektedir. Rufeyde, küçük yardımcı anlamına gelir. Büyük bir ihtimalle sağlık ve sosyal hizmetler alanında sunduğu hizmet ve fedakârlıklardan ötürü kendisine bu lakap verilmiştir.

selâm ve hürmetler ederim. Senin, Allah'ın Peygamberi olduğuna şehâdet ederim." Sa'd'ın yarası ağır olduğundan, haftalar geçmesine rağmen bir türlü iyileşmedi. Rivâyetlere göre kanın durması için, kendisine dağlanma bile yapıldı.

Sakatlık Döneminde Bile Kendisine Görev Verilmesi

Hendek Savaşı esnasında Mekkeli müşriklerle gizli ittifak yaparak, sözleşmelere riayet etmeyen Kureyza Yahudileri, Müslümanlara ihanet etmişlerdi. Bundan dolayı Peygamberimiz'in (sav) emri üzerine kuşatma altına alındılar.[12] Kureyza Muhasarası 25 gün sürdü.

Benî Kureyzalıların kuşatmasının devam ettiği günlerde Sa'd'ın yarası tedavi edilmekteydi. Sa'd onların halifi ve mevlası (efendileri) idi. Yahudi toplumu kendisine güvendiğinden dolayı, bizzat onların isteği üzerine Peygamberimiz (sav) Kureyza kabilesi hakkında Sa'd'ın karar vermesini istedi. Benî Kureyza'nın teslim şartları olarak hakemliğini kabul ettikleri Sa'd, hasta ve yaralı haliyle yatağından kaldırıldı, çadırından alındı ve bir merkep üzerinde önemli bir hizmeti ifa etmek üzere muhasara bölgesine getirildi.

Bu sırada, Hz. Sa'd'ın yanına gelen bazıları, ona: "Sen daha önce Benî Kureyza'nın dostu idin. Daha önce size yardımcı olmuşlardı. Felâkete düşmüş olan bu eski dostların hakkında hükmünde dikkatli ol!" dediler. Sa'd, onların yüzüne bile bakma-

---

12 Hendek Savaşı'nda hezimete uğrayan düşmanın dağılmasından sonra, Allah Rasûlü (sav), evine çekilmiş, zırhını çıkarmaya niyet etmişti. Tam bu sırada Hz. Cebrail gelerek, "Savaşı sona mı erdirdiniz? Allah'a yemin ederim ki melekler henüz silâhlarını ellerinden bırakmış değiller. Derhal Benî Kureyza'ya doğru yola çık ve onlarla savaş!" dedi. Bunun üzerine Allah Rasûlü (sav) hemen silahını kuşanarak ashâbı savaşa çağırdı. Kısa bir süre içerisinde toplanan Ensar ve Muhacirler, Benî Kureyza'ya doğru yola çıktılar.

dı. Etrafındaki adamlarına dönüp, "Şu anda, Allah için, hiçbir kınayıcının kınamasından çekinmeyeceğim." dedi.

Kureyza mevkiine yaklaştığında Peygamberimiz (sav) şöyle buyurdu: "Büyüğünüz, efendiniz geliyor. Ayağa kalkın, onu indirin." Daha sonra Efendimiz (sav) Sa'd'dan onlar hakkında gerekli kararı vermesini istedi. Hz. Sa'd, Benî Kureyzalılara, "Hakkınızda hüküm verebilmem için Kur'ân veya Tevrat'tan hangisini tercih ettiğinizi haber verin." dedi. Onların Tevrat'ı tercih etmeleri üzerine Hz. Sa'd, Tevrat'ın hükümlerine göre kararını açıkladı.[13]

Sa'd, Benî Kureyza kalesine kadar gelerek orada gerekli hükmü verdikten bir müddet sonra yarası yeniden açılarak, kanı yeniden akmaya başlamıştı. Kanama artınca, kendisini yeniden Mescid-i Nebevî'de kurulan çadıra götürdüler.

Tedavinin Sonuç Vermemesi ve Evine Nakledilmesi

Peygamberimiz (sav), bir gün yine ziyaretine geldiğinde onu yerinde bulamadı. Meğer iyileşme sağlanamadığı için, Sa'd bin Muaz'ın yakınları onu kaldığı çadırdan Abd'ul-Eşheloğullarının evine götürmüşlerdi. Peygamberimiz (sav) derhal kabilesinin bulunduğu mahalleye gitti ve ziyaretlerini bu sefer evinde yaptı.

Sa'd'ın sağlık durumu günden güne kötüye gidiyordu ve yatağından artık kalkamaz hâle gelmişti. Yine bir gün çok ağırlaştı, ıstıraplar içinde kıvrandı ama çok geçmedi, ruhunu teslim etti ve dünya külfetlerinden büsbütün kurtuldu. Yarası bir türlü kapanmayan Sa'd'ın, 37 yaşında, hicretin 5. yılında ruhunu teslim

---

13 Sa'd, eli silah tutanların kılıçtan geçirilmesine, çoluk-çocuklarının esir edilmesine ve mallarının Müslümanlara dağıtılmasına hükmetti. Bu hüküm, Tevrat'ta aynen geçmekteydi. Bu hükümden çok memnun olan Peygamberimiz: "Onlar hakkında Allah ve Rasulü'nün vereceği hükmün aynını verdin." dedi.

ettiği saatlerde Hz. Cebrail, Peygamberimiz'e (sav) geldi ve "Bu gece ümmetinden ölen kimdir ki, bütün gök halkı ölümünden sevinç duydular." dedi.

Allah'ın Rasûlü (sav): "Benim haberim yok. Ancak akşam Sa'd bin Muaz'ın durumu ağırdı. O olmasın?" buyurdu. Bunun üzerinde ashâb: "Ya Rasûlullah! Vefat eden odur." dediler. Peygamber Efendimiz (sav), sabah namazını kılar kılmaz bir kısım ashâbla birlikte hemen yola çıktı. Allah'ın Rasûlü (sav), yolda o kadar hızlı gidiyordu ki, hem kendisinin, hem de sahâbîlerin ayakkabılarının tasmaları koptu ve ridaları da omuzlarından düştü. Sahâbîlerden birisi: "Ya Rasûlullah! Sen bizi çok yordun." dedi. Bunun üzerine Peygamber Efendimiz (sav): "Meleklerin bizden önce Hanzale'ye[14] yetişip onu yıkamaları gibi, Sa'd'a da yetişip yıkamalarından korktum." buyurdu.

Peygamberimiz'in (sav) Son Ziyareti ve Meleklerin Yeryüzüne İnmesi

Peygamberimiz (sav), sahâbîlerle Sa'd'ın kaldığı eve ulaştığında doğruca kaldığı odasına girdi. Odada Sa'd'ın cenazesinden başka kimse bulunmadığı halde Peygamberimiz (sav) sanki omuzlara basarak ilerledi. Peygamberimiz'in (sav) hemen arkasında bulunan ve bu farklı yürüyüş biçimini gören Seleme bin Eslem, ileriye doğru gidemedi. Peygamberimiz (sav), üstelik ona yerinde dur, diye işaret buyurdu. Esleme, Peygamberimiz'in (sav) dediğini hemen yaptı ve arkasındakilerine de ilerlememeleri için işaret verdi.

Peygamberimiz (sav), Sa'd bin Muaz'ın yanına gelince biraz başucunda durdu ve Sa'd bin Muaz'ın künyesini söyleyerek "Ey

---

14 Savaş çağrısını işittiğinde cünüp olduğu halde, sırf geç kalırım endişesiyle yıkanamadan Uhud Muharebesi'ne koşup orada şehit olan Hanzale bin Ebî Âmir'in bedeni, melekler tarafından yıkanmıştır.

Ebû Amr! Sen reislerin en iyisi idin. Allah sana saadet, bereket ve en hayırlı mükâfatı versin. Allah'a verdiğin sözü yerine getirdin. Allah da sana vaat ettiğini verecektir." buyurdu. Bu sırada Sa'd bin Muaz'ın annesi ağlayarak şu beyti okudu: "Nasıl dayanabilir, vah yazık annesine. Tahammül ister, ağlarım başıma gelene..." Oradakiler: "Sen Sa'd için mersiye mi söylüyorsun?" diye kınamak istediler. Peygamberimiz (sav): "Bırakın onu. Diğer şairler ondan daha çok yalancıdırlar." buyurdular.

Peygamberimiz (sav) odadan çıkınca Elsem sordu: "Ya Rasûlullah! Sanki sen omuzlara basarak ilerliyordun. Hâlbuki kimseyi görmedim ben." Peygamberimiz (sav), Eslem'e şu cevabı verdi: "Oturmak için boş bir yer bulamadım. Nihâyet meleklerden biri kanatlarından birini çekti de oturdum." Sa'd bin Muaz'ın vefatı, Rasûlullah (sav) ve ashâb-ı kirâmı çok üzmüştü. Hepsi gözyaşı döküp ağladılar. Cenazesinde bütün ashâb-ı kirâm toplandı.

Sa'd bin Muaz'ın cenazesini dışarıya çıkardılar. Dışarıda sahâbîlerin arasına meraklı münâfıklar da karıştı ve cenazeyi taşımak istediler. Münâfıklardan bir güruh, Sa'd'ın iri yarı bedenine atıfta bulunarak "Bu kadar hafif bir cenaze görmedik. Neden bu kadar hafiftir, biliyor musunuz? Bu, Benî Kureyza Yahudileri hakkında bilinen hükmü verdiği içindir." dediler. Münâfıkların bu sözleri Peygamberimiz'in (sav) kulağına ulaşır ulaşmaz, hemen cevap verdi: "Hayatım kudret elinde olan Allah'a yemin ederim ki, daha önce yeryüzüne ayak basmamış yetmiş bin melek gökten inmiştir ve onu şu anda taşımaktadır."

Sa'd'ın Kabrinden Misk Kokusu Gelmesi

Ebû Said'il-Hudri, dedesinin şöyle dediğini nakletmiştir: "Sa'd bin Muaz'ın kabrini kazanlardan biri de bendim. Ona kabir kazmaya başlayınca, biz kazdıkça etrafa kabirden misk kokusu yayıldı." Gerçekten de toprak misk kokuyordu. Buna Efendimiz (sav) de şahit olmuştu. "Subhanallah! Subhanallah!"

diyerek hayretlerini belirttiler. Esasen, kabir kazma esnasında her kazma vuruluşunda etrafa misk saçılmış, orada çalışanlar cennetten gelen bu güzel kokuyu duymuşlardı.

Sa'd bin Muaz defnedilirken birisi kabrinden bir avuç toprak almıştı. Aradan bir müddet geçtikten sonra bir gün toprağı açıp baktığında toprağın etrafa misk gibi güzel bir koku yaydığını gördü.

37 yaşında şehit düşen Sa'd bin Muaz gömülürken Peygamberimiz (sav) kabri başında oturdu, mübarek gözleri yeniden yaşardı ve sakalını eliyle tuttu. Çok üzgündü. Peygamberimiz (sav): "Allah ne yücedir. Eğer birisi kabrin sıkıştırmasından kurtulmuş olsaydı, Sa'd bin Muaz kurtulurdu." dedi ve şunu ilave etti: "Sa'd ibn-i Muaz'ın ölümünden dolayı arş titredi."

Hz. Aişe validemiz: "Sa'd bin Muaz'ın vefatı ashâb-ı kirâmı çok üzdü. Odamda olduğum halde Hz. Ebû Bekir'in ve Hz. Ömer'in onun için ağladıklarını işittim." buyurmuştur. Bir defasında Peygamberimiz'e (sav) çok kıymetli bir elbise hediye edilmişti. Sahâbîler, ne kadar güzel, dediklerinde "Sa'd bin Muaz'ın cennetteki mendilleri bundan daha güzeldir." buyurdu.

DÜŞÜNCE TURU

1. Sa'd bin Muaz'ın özel bir çadırda tecrübeli bir hemşire (hasta bakıcısı) sahâbî tarafından tedavi altına alınmasını tıbbî rehabilitasyon hizmetleri açısından değerlendiriniz.

2. Ağır yaralarından dolayı yatağa düşen Sa'd bin Muaz'ı Peygamberimiz (sav) niçin sık sık ziyaret etmiştir?

3. Tıbbî tedavi hizmetlerinin sonuç vermemesi sebebiyle Sa'd bin Muaz'ın evine kaldırılması, kişinin evinde ölme hakkının bir işareti olabilir mi?

4. Sa'd bin Muaz'ın cenazesinin kaldırılması esnasında binlerce meleğin hazır bulunması neyin göstergesidir?

5. Sa'd bin Muaz'ın kabrinden gelen güzel kokular sizce neye işarettir?

TALHA BİN UBEYDULLAH (r.a.)

Uhud Savaşı'nda Kalıcı Yaralar Alan ve Parmaklarını Kaybeden Kahraman

Kısa Biyografisi

Künyesi Ebû Muhammed, babasının adı Ubeydullah'tır. Annesi, es-Sa'be bint-i Abdillah b. Mâlik el-Hadramiyye'dir. Mekke'nin en mümtaz ailelerinden olan Talha, orta boylu, geniş göğüslü, geniş omuzlu ve iri ayaklı idi. Esmer benizli, sık saçlı; fakat saçları ne kısa ve kıvırcık, ne de düz ve uzundu. Güler yüzlü, ince burunlu idi. Saçlarını boyamazdı. Yürüdüğü zaman süratli yürür, bir yere yöneldiği vakit tüm vücudu ile dönerdi. İslâm tarihinin en dikkat çekici şahsiyetlerinden olan Talha, Peygamberimiz (sav) tarafından dünyada iken cennetle müjdelenen on kişiden biridir. İslâm'a giren ilk sekiz kişiden ve Hz. Ebû Bekir aracılığıyla Müslüman olan beş kişiden biridir. Talha, Peygamber Efendimiz'in (sav) bacanağıydı. Hanımlarından dört tanesi, Rasûlullah'ın (sav) zevcelerinin kız kardeşleriydi. Bunlardan Ümmü Gülsüm, Hz. Âişe'nin; Hamne, Zeynep bint-i Cahş'ın; el-Fâria, Ümmü Habibe'nin ve Rukiyye, Ümmü Seleme'nin kız kardeşi idi. Zenginliği kadar yiğitliği, cömertliği ve fedakârlığı ile ün yapmıştır. Hz. Muhammed (sav) sonrası dört halife devrinin önde gelen şahsiyetlerinden olup, şura meclislerinin en önemli üyesidir. Ayrıca, halife seçimini gerçekleştirmeleri için oluşturulan altı kişilik ashâb-ı Şûrâ arasında yer almış meşhur bir sahâbîdir.

Müslüman Oluşu

İslâm'a girmeden önceden ticaretle uğraşan Talha, yine ticaret için Basra'ya gitmişti. Orada bir rahiple tanıştı. Rivâyete göre, Talha, Basra panayırında bulunduğu bir sırada, oradaki bir manastırın rahibi: "Sorun bakayım, bu panayır halkı arasında, ehl-i Harem'den bir kimse var mı?" diye seslendi. Talha da: "Evet var! Ben Mekke halkındanım." diye cevap verdi. Bunun üzerine rahip: "Ahmed zuhur etti mi?" diye sordu. Talha: "Ahmed de kim?" dedi. Rahip: "Abdullah b. Abdulmuttalib'in oğludur. Bu ay, O'nun çıkacağı aydır. O, Peygamberlerin sonuncusudur. Harem'den çıkarılacak; hurmalık, taşlık ve çorak bir yere hicret edecektir. Sakın O'nu kaçırma." dedi.

Rahipten Hz. Muhammed'in (sav) peygamberlik ilan ettiği haberini alır almaz Talha, ticareti yarıda bırakarak alelacele Mekke'ye döndü ve duyduğu haberi hemen araştırmaya başladı. İlk Müslüman Ebû Bekir'le görüşerek onun vasıtasıyla Huzur-u Saadet'e çıktı. Rahipten duyduklarını Allah Rasûlü'ne (sav) anlattı.. Rasûl-ü Ekrem Efendimiz (sav) gülümsediler. Talha hemen orada kelime-i şehadet getirerek hidayete erişti ve Müslüman olarak ebedî kurtuluş kervanına katıldı.

Müslüman olduktan sonra bütün diğer Müslümanlar gibi o da Mekke müşriklerinin zulümlerinden kurtulamadı. Hatta annesi, kardeşi ve en yakın akrabaları bile onunla birlikte her çeşit işkenceye ve hakaretlere maruz kaldılar. Evine hapsedildiği gibi, aç ve susuz bırakıldı. Elleri boynuna bağlı olarak sokaklarda dolaştırıldı. Talha'nın kalbi Allah korkusuyla ve Rasûlünün muhabbetiyle dopdoluydu. Bu duygu, muhabbetin ötesinde aşk derecesinden de çok ötelerde idi. Bu zaten bütün sahâbîlerin ortak bir özelliği idi. Onun için Mekke'nin ilk Müslümanları, imanlarından aldıkları güçle bütün bu sıkıntıları sabırla göğüsleyebildiler. Hz. Talha, ticaret için gittiği Şam'dan dönerken, Peygamberimiz'in (sav) ve ashâbının Medine'ye hicret ettiklerini duyunca kervandaki mallarından vazgeçip derhal Medine'ye gitti.

Uhud Gününde Ağır Yaralar Alması

Talha, Bedir haricinde Peygamberimiz'in (sav) katıldığı bütün savaşlara katıldı ve cansiperane mücadele etti. Talha'nın Uhud Savaşı'ndaki kahramanlığı, her yiğide nasip olmayacak bir farklılıkta idi. Dillere destan mücadelesi, tarihin altın sayfalarında her zaman anılacaktır. Müşrikler, Allah Rasûlü'nü (sav) bir an evvel öldürmek için, bütün kuvvetleriyle hücuma geçtikleri bir sırada, Rasûlallah'a (sav) bir zarar gelmemesi için, canını hiçe sayıp etrafında etten ve kemikten bir set meydana getirenlerden birisi de o idi. Müşrikler üst üste Peygamberimiz'i (sav) hedef alan oklar fırlatıyorlardı.

Bu oklara engel olabilmek için, sahâbîler insanüstü gayret göstermekteydiler. Peygamberimiz'e (sav) bir zarar gelmemesi için, sahâbîler hayatlarını feda etmede âdeta yarışıyorlardı. Bunların başında Talha gelmekteydi. Talha, savaş meydanında diğer mücahitler gibi savaşan Peygamberimiz'e (sav) dönerek, "Kurbanın olayım ey Allah'ın Rasûlü, ne olur uzanıp bakma, düşmanın oku bir yerine değmesin! Oklar sana değeceğine bana değsin." diye yalvarıyordu. Atılan oklara, savrulan kılıçlara karşı gerektiğinde kollarını, bacaklarını kalkan yapması, eşine rastlanmayacak bir hâdiseydi.

Müşriklerden Mâlik bin Zübeyr adında keskin bir nişancı vardı ki, attığını vururdu. Sürekli olarak Peygamberimiz'i (sav) gözetleyen bu hain, fırsat yakalama peşinde idi. Maksadı, zehirli bir okla Peygamberimizi (sav) öldürüp en büyük ödülü almaktı. Bir boşluk anı yakalayan bu savaşçı, derhal yayını gerdi ve oku tam Peygamberimiz'in (sav) başına doğru fırlattı. Rasûlullah'ın (sav) başına doğru gelen bu oka, başka hiçbir şekilde karşı koyamayacağını anlayan Talha, elini açarak oka karşı tuttu. Ok elini param parça etti. Parmaklarının bütün sinirleri kesildi. Elinin kemikleri kırıldı. Rivâyetlere göre iki parmağı, aldığı yaralar yüzünden sakat kaldı. Bu parmakların koptuğuna dair rivâyetler de mevcuttur. Sonuçta birçok kılıç ve ok yarası almış, aldığı yara neticesi bir kolu çolak kalmıştır.

Peygamberimiz (sav): "Eğer Talha, beni korumak için oka elini tutarken 'Bismillah' deseydi, insanların gözü önünde cennete giderdi." diyerek onun bu yiğitliğini alenî bir şekilde övmüştür. Başka bir rivâyette Talha'ya yönelerek şöyle buyurmuştur sevgili Peygamberimiz (sav): "Eğer Bismillah deseydin, insanlar sana bakışırken, melekler seni göklere yükseltirdi." Yine bir gün Peygamberimiz (sav): "Uhud günü yeryüzünde sağımda Cebrail, solumda Talha'dan başka bana yakın bir kimse bulunmadığını gördüm." buyurmuşlardır.

Uhud Savaşı'nda, Talha'nın her yeri kılıç ve ok darbeleriyle delik deşik olmuş, vücudunda yaralanmayan ve kana bulanmayan bir yer kalmamıştı. Oğullarının ifadelerine göre, bedeninin 24 yerinde yara oluşmuştu. Kafasının ön ve arka taraflarından ağır bir şekilde yaralanmıştı. Bir ara aşırı kan kaybına dayanamamış ve bayılmıştı. Peygamber Efendimiz (sav) Hz. Ebû Bekir'e onunla ilgilenmesini söyledi. Hz. Ebû Bekir, yüzüne su serpince ayıldı. Peygamber aşığının ayılır ayılmaz ilk sorduğu soru, "Rasûlullah nasıl, ne yapıyor?" olmuştur. Böylece o, kendi canından ziyade Peygamberimiz'i (sav) sevdiğini bir kez daha gösterip, ona bağlılığın en güzelini sergilemişti.

Hz. Ebû Bekir: "Rasûlullah (sav) iyidir." deyince Talha: "Allah'a şükürler olsun. Peygamberim (sav) sağ olduktan sonra, bütün musibetler hafif gelir bana." dedi. Bu sırada Hz. Muhammed Mustafa (sav) oraya teşrif ettiler. Talha'nın bütün bedenini mübarek elleriyle mesh ettiler, sıvazladılar ve ellerini açıp "Allah'ım ona şifa ver, ona kuvvet ver." diye dua buyurdular. Rasûl-ü Ekrem Efendimiz'in (sav) bir mucizesi olarak, Talha sapa sağlam ayağa kalktı, güç buldu ve tekrar düşmanla savaşmaya başladı

Talha, bir ara Peygamberimiz'i (sav) sırtına alarak, Uhud

kayalıklarına kadar taşıdı. Kayalıklara gelince Peygamberimiz (sav), bir kayanın üzerine çıkmak istedi. Fakat savaş meydanında Peygamberimiz (sav) o kadar çok zor şartlar altında savaşmıştı ki, o kadar çok yorulmuştu ki, takat getirip kayanın üzerine çıkma gücü bulamadı kendisinde. Bunun üzerine Talha oturdu ve Peygamber Efendimiz (sav) onun omzuna basarak taşın üzerine çıktı. O zaman Peygamberimiz (sav): "Talha, Rasûlullah'a yardım ettiği zaman cennet ona vacip oldu." buyurdular.

Hz. Ebû Bekir'in Gözüyle Uhud Savaşı'nda Talha'nın Durumu

Hz. Ebû Bekir, Uhud gününü hatırladıkça şunları derdi:

"O günün bütün kahramanlıkları hep Talha'da toplanmıştı. Savaş alanını terk edenlerin ilk geri döneni ben oldum. Birinin kaçmayıp Allah yolunda kahramanca savaştığını görerek kendisine: 'Temenni ederim ki, sen Talha olasın. Ne yazık ki ben sebat etmek üstünlüğünü kaçırdım. Bari bunu elinden bırakmayan adam, benim akrabalarımdan biri olsun.' dedim. O sırada benimle düşman arasında tanıyamadığım bir adam da vardı. O adama nispetle Rasûlullah'a (sav) ben daha yakındım. Benim ilerleyemediğim bir hızla ilerliyordu. Bana yaklaştığı zaman Ebû Ubeyde b. El-Cerrah olduğunu fark ettim. Rasûlullah'ın (sav) yanına vardığımız zaman, arka dişi ile yanağından yaralandığını ve başındaki miğferden iki halkanın yanağına saplandığını gördük.

Peygamber Efendimiz (sav), Talha'yı kast ederek 'Gidin, arkadaşınıza bakın!' dedi ise de, onu dinlemeyip halkayı yanağından çekmek için, ona doğru ilerledim. Fakat bana yemin verdirerek, kendisine dokunmamamı söyledi. Bunun üzerine Ebû Ubeyde ilerledi ve onu incitmemek için, dişleri ile halkaları çekmeye başladı. Fakat birinci halkayı çekerken ön dişlerinden bir tanesi yerinden söküldü. Ben bunu görünce ikinci halkayı çekmek için, bir daha davrandım. Fakat yapmamam için, Ebû

Ubeyde dişleri ile ikinci halkayı da çekti ve bir dişi daha söküldü. Bundan sonra Ebû Ubeyde, ön dişleri düşük olanların en sevimlisi idi. Peygamber Efendimiz'in (sav) yarasını temizledikten sonra Talha'ya gittik. Onu bir çukurda bularak bakımına geçtik. Yetmiş küsur yerinden yara almış ve bir parmağı kesilmişti."

Kahramanlığından Dolayı Talha'ya Methiyeler

Peygamberimiz'e (sav) bir şey olmasın diye atılan oklara, indirilen kılıç darbelerine karşı vücudunu kahramanca siper etmiş olduğundan dolayı Peygamber Efendimiz (sav), daha Uhud Savaşı'ndan dönmeden Hassan bin Sabit'e[15], Talha hakkında bir methiye söylemesini emretti. Hassan da, aşağıdaki mealde bir şiir söyledi:

Talha, Akabe günü Muhammed'e, çok zor bir gün için
Her şeyini feda edeceğine söz verdi.
Mızraklara karşı iki elini siper yaptı.
Kılıç darbeleriyle parmakları kanlar içinde kaldı.
O, Muhammed'den başka herkesten ilerdeydi.
İslâm'ın değirmenini döndürmek için bütün gücüyle
çalıştı.
Ta ki, İslâm yükselip yeryüzünde hükümran oldu.

Hz. Ebû Bekir de şöyle bir şiir okudu:

---

15 "Rasûlullah'ın şairi" diye bilinen Hassan b. Sâbit, Müslüman olmadan önce de meşhur şairlerden olup, Şam ve civarında hüküm sürmekte olan Gassani hükümdarının sarayına mensuptu. Şiirleri ile bu devletin ileri gelenlerini methederdi. Müslüman olduktan sonra da İslâm hakkında şiirler yazıp söylemeye başlamıştır. Soyu, Neccaroğulları kabilesinden gelip Kâhtanî Araplarına ulaşır. Peygamberimiz'den (sav) yedi veya sekiz yıl önce dünyaya gelen Hassan b. Sâbit, yüz yirmi yaşını geçkin olarak Muaviye döneminde Medine'de vefat etmiştir.

Süvariler onun arkasında olduğu halde
Hidayet kılavuzu olan Peygamber'i himayeye çıktı
Düşmanlarla karşılaştığında dini, bütün gücüyle savundu.
Herkes kaçarken ve Müslümanlardan kiminin inancı
bozulmuşken
O, göğsünü oklara siper yapıp dayandı.
Ey Talha bin Ubeydullah, sen cenneti
Ve ceylan gözlü hurileri hak etmişsin.

Hz. Ömer de şu şiiri okudu:

Herkes kaçıp savaş alanını boş bırakmışken,
O, hidayet kılavuzu olan Peygamber'i
Yalın kılıcıyla müdafaaya devam etti.

Peygamber Efendimiz (sav) de: "Ey Ömer, sen doğru söyledin." buyurdu.

Cömertliği

Hz. Osman'ın halifeliği sırasında, Hz. Ali, ağabeyi Cafer'in oğlu Abdullah'ı, bir arazi davasında vekil olarak Hz. Osman'a yolladı. Dava, ikisi de "cennetle müjdelenen on sahâbî", yani "aşere-i mübeşşere" içerisinde yer alan Hz. Ali ile Talha arasındaydı. Aradaki anlaşmazlığın sebebi ise, birbirlerine komşu oldukları bir arazideki sulama kanalıydı. Hz. Ali bu sulama kanalının kalmasını, Talha ise kaldırılmasını istiyordu.

Abdullah b. Cafer, amcası Hz. Ali adına gidip durumu halife Hz. Osman'a dava edince, Hz. Osman ertesi gün Muhacir ve Ensar'dan bir grupla birlikte bineğine binip dava konusu araziye doğru yola koyuldu. Giderlerken, bir adam, iki güzide sahâbî arasındaki bu ihtilafın evveliyatı olduğunu, Hz. Ali'nin bu davayı halifeliği sırasında Hz. Ömer'e de götürdüğünü ve Hz. Ömer'in

Talha lehine bir hüküm verdiğini söyledi. Bunun üzerine, Hz. Osman: "Ben Ömer'in karara bağladığı bir davaya bakmam." diyerek geri döndü.

Abdullah b. Cafer de, gidip durumu Hz. Ali'ye anlattı. Hz. Ali, Hz. Osman'ın Hz. Ömer'in hakkında hüküm verdiği bir ihtilafta yeni bir hükümden kaçındığını öğrenince, yeğeni Abdullah'a "Git, Talha'ya 'Sulama kanalı senindir, ona dilediğini yap.' de!" diye emretti.

Abdullah b. Cafer gidip durumu Talha'ya aktarınca, Talha, Hz. Ali'yle yıllar süren bir ihtilafın nihayet sona ermiş olmasından dolayı çok sevindi ve Abdullah b. Cafer'le birlikte kalkıp Hz. Ali'nin yanına geldi. Hz. Ali, onu görünce, merhabalaştı ve "Sulama kanalı senindir, dilediğini yap!" dedi. Bunun üzerine Talha: "Kabul ettim ve teşekkür etmek için geldim. Fakat yerine getirilmesi gereken bir ihtiyacım var." dedi.

Hz. Ali: "Nedir o?" deyince, Talha: "Bu araziyi, içindeki hizmetçiler, hayvan ve âletlerle birlikte sana hediye ediyor ve senin kabul etmeni arzu ediyorum." dedi. Bu hareketiyle Talha'nın verdiği mesaj açıktı. Yıllar yılı bu ihtilafta kendi hak davasını koruması, "mal hırsı"ndan değildi. Bilakis, sulama kanalı üzerinde kimin söz sahibi olduğunun ortaya çıkması içindi. Bu hakkın kendisine ait olduğu ortaya çıktığına göre, hakkı olan bu sulama kanalı ve yine kendisinin olan arazi üzerinde dilediği şekilde tasarrufta bulunabilirdi. Ki bu tasarrufu da, araziyi sulama kanalıyla birlikte Hz. Ali'ye hediye etme şeklinde olacaktı.

Talha'nın bu cömert teklifi karşısında, Hz. Ali "Kabul ettim." karşılığını verince, Talha sevindi ve iki güzide sahâbî kucaklaşıp ayrıldılar. Bu tablonun şahidi olan Abdullah b. Cafer, olayı şöyle anlatacaktı: "Bilemiyorum, onlardan hangisi daha cömert? Sulama kanalını ikram eden Ali mi, önce sulama kanalını vermezken sonra bütün araziyi ikram eden Talha mı?" Bu ve buna benzer eşsiz fazilet ve cömertliklerinden dolayı Peygamberimiz (sav) bir kere ona "Ey Talha, sen çok feyizli ve cömertsin." demiştir. Bu iltifattan sonra artık o "el-Fayyâd" lakabıyla anılacaktı.

Şehit Olması

Sahâbîlerden bir zât, bir gün Rasûlullah'a (sav) "Müminler içerisinde öyleleri vardır ki, Allah'a vermiş oldukları ahde sadakat gösterirler. Onlardan kimi canlarını feda etti, kimi de bu şerefi beklemekteler." âyet-i kerimesindeki "şehit olmayı bekleyenlerin" kimler olduğunu sordu. Peygamberimiz (sav) hemen cevap vermedi. Sahâbî sualini üç defa tekrarladı, fakat yine cevap vermedi. O sırada, Talha, üzerinde yeşil bir elbise olduğu halde mescide girdi. Rasûlullah (sav) onu görünce "Sual soran nerede?" diye buyurdu. Sahâbî, "Buradayım, ya Rasûlullah!" deyince, Talha'yı göstererek, "İşte bu, şehit olmayı bekleyenlerdendir." buyurdu. Yine Rasûl-ü Ekrem Efendimiz (sav), onun hakkında, "Yeryüzünde, yürüyen bir şehide bakmak isteyen, Talha'ya baksın." demiştir. Başka bir rivâyette de o "Talha ile Zübeyr, cennette komşularımdır." hadis-i şerifi ile methedilmiştir.

Şehadeti, Hicretin 34. senesinde, Cemel vakıasında münafıkların eliyle oldu. Vefat ettiği zaman tahminen 60-64 yaşlarındaydı Hz. Ali, bu bahtiyar sahâbînin öldürülmesine derinden üzüldü. Na'şının yanına geldi ve şöyle dedi: "Ey Talha, yıldız dolu bu semanın altında seni toprağa serili görmek bana çok ağır geldi. Keşke ben yirmi yıl evvel ölseydim de, bu günü görmeseydim."

DÜŞÜNCE TURU

1. "Peygamberim (sav) sağ olduktan sonra, bana bütün musibetler hafif gelir." diyen Talha'daki Peygamber sevgisi, onun musibetlere bakışını nasıl etkilemiştir?

2. Talha'nın Uhud'da gösterdiği canhıraş kahramanlıklarının dillere destan olmasını neye bağlıyorsunuz?

3. Sahâbîler, şehit olmayı niçin çok arzulardı?

ÜMMÜ ÜMÂRE NESİBE (r.anha)
Yemame Savaşı'nda Kolunu Kaybeden Savaşçı Hanım Sahâbî

Kısa Biyografisi

Künyesi Ümmü Ümâre olan Nesibe bin Kaab, Hazrec kabilesine mensup olup, Mus'ab bin Umeyr vasıtasıyla ilk Müslüman olan Medineli iki hanımdan biridir. Akabe biatlerine eşi Zeyd bin Asım ile beraber katılmış ve Müslüman olmuşlardır. Babası Mâzin b. Neccar, annesi ise Rebâb bint-i Abdullah'tır. Miladî olarak 573 yılında dünyaya geldiği tahmin edilmektedir.

Nesibe, savaş meydanlarında gösterdiği kahramanlıklarıyla ün yapmış yiğit bir kadındır. Hicretten sonra meydana gelen Uhud, Hayber, Mekke'nin fethi ve Huneyn gibi savaşlara katılmış; Umretü'l-Kaza, Hudeybiye Antlaşması ve Veda Haccı'nda bulunmuştur. Nesibe, Bedir Savaşı'na katılamamış, ama oğulları Abdullah ve Habib'i bu cihada yolcu etmiştir. Bedir dışındaki bütün gazalara ise ailece iştirak etmişlerdir. Kocasının vefatından sonra, Nesibe Hatun, Guyeyye b. Amr'la evlenmiş, bu zâttan Temim adlı bir oğlu ve bir de kızı olmuştur.

Ömrünü Allah ve Rasûlü (sav) uğruna cihadlarla geçirmiş olan Nesibe Hatunun Hz. Ömer devrinden sonra Medine'de vefat ettiği ve Bakî kabristanlığına defnedildiği rivâyet edilmektedir.

Uhud Savaşı'na Aktif Olarak Katılması

Uhud, hakikat düşmanlarının İslâm nurunu söndürmek için savaşmaya geldikleri yerdir. Bir tarafta müşrikler, diğer tarafta bu can pazarında Allah ve Rasûlü (sav) için kendini feda etmeye hazır sahâbîler vardı. O mübarek topluluk yalnızca erkeklerden oluşmuyordu. Hanım sahâbîler de ellerinde sargı bezleri ve bellerinde mataralarla yaralı askerlere su vermek ve yaralarını sarmak için oraya gelmişlerdi. İslâm tarihçilerinin şerefle yâd ettikleri büyük kadın Nesibe Hatun da aynı maksat için orada hazır bulunuyordu. Ancak o, savaşta kocası ve oğulları ile birlikte bulunmaktaydı.

Bir an gelmişti ki, Müslümanlar çok zor duruma düşmüş, hatta bozguna uğramışlardı. Peygamber Efendimiz'in (sav) etrafında sahâbîlerden oluşan kale yavaş yavaş yıkılmaya başlamıştı. Etrafındaki bir avuç yiğit sahâbî, gerçi göğüslerini siper ederek, Allah'ın bu son elçisini (sav) korumaya çalışıyordu ama Peygamberimiz'i (sav) müdaafa etmek gittikçe zorlaşıyordu. Çünkü Peygamberimiz'i (sav) bir an evvel öldürmek isteyen müşrikler adım adım O'na yaklaşmaktaydılar. O kadar ki, Allah Rasûlü (sav), üzerine hızla hücum etmekte olan bir grup gözü dönmüş müşrikleri göstererek: "Bunlara karşı kim çıkacak?" deme ihtiyacı bile duymuştur. Bunu uzaktan duyan Nesibe Hanım, elindeki sargıları, belindeki matarayı hemen atarak: "Ben, Ya Rasûlullah!" cevabını vermiş ve müdafaa hattında yerini almıştı. Artık şimdi o, bir dişi aslan gibi elindeki kılıçla sağa sola saldırıyor ve Rasûlullah'a yaklaşanları biçip geçiyordu. Kılıç sallayarak, ok atarak O'nu korumak için çarpışırken birkaç yerinden yara da aldı.

O, Allah Rasûlü'nün (sav) önünde mücadelesini devam ettirirken, oğlunun kolunun bir kılıç darbesiyle yara aldığını gördüğünde hemen yanına koştu, kolunu sargı ile sardı ve elini sırtına vurarak: "Git, Rasûlullah'ın önünde savaş evlâdım!" dedi ve yine savaş mevkiine döndü. O kadar yakın savaşıyordu ki, âdeta Allah Rasûlü'nün (sav) fısıltısını duyuyordu. Sırtında, derin bir yara açılmış, kanlar içinde, o, Allah Rasûlü'nün fısıltılarını, Allah Rasûlü (sav) de onun fısıltılarını duyacak kadar birbirlerine yakındılar. O, çocuğunu savaşa gönderdikten sonra Allah Rasûlü (sav) ona şöyle buyurdu: "Senin şu yaptığına kim takat getirebilir ki, kim dayanabilir ki?" Bunu işiten büyük kadın: "Allah'a duâ et. Beni cennette seninle beraber eylesin!" dedi. Ve Allah Rasûlü (sav) ellerini kaldırarak, yüzünden, sırtından, kolundan kanlar akan bu kadına dua etti: "Allah'ım! Cennette onu benimle beraber kıl." Nesibe Hatun bu duayı işitince: "Gayri kıyamete kadar O'nun önünde savaşabilirim." dedi.

Nesibe Hatun'un Uhud Savaşı'ndaki bu kahramanlığı, ayrıntılarıyla birçok kaynakta anlatılmaktadır. Bunlardan bazıları şöyle:

İslâm ordusu bir ara bozguna uğradığı zaman, Ümmü Ümare Nesibe Hatun, kocası ve iki oğlu ile birlikte on iki sahâbî, Peygamberimiz'in (sav) önünde çarpışıyordu. Adeta etten bir duvar gibiydiler. Bu arada atlı bir müşrik, Ümmü Ümare'ye bir kılıç darbesi vurdu. O da kalkanı ile kendini koruyup süvarinin arkasından koştu ve kılıcı ile kâfirin ayağını biçerek onun yere düşmesine sebep oldu. Olayı gören Allah Rasûlü (sav), Ümmü Ümare'nin oğluna "Ey Ümmü Ümare'nin oğlu! Annene yardım et!" buyurdu. Ve oğlu hemen annesinin yardımına koşup kâfiri öldürdü.

Savaş esnasında Ümmü Ümare'nin oğlu da sol kolundan yaralandı. Onu yaralayan kâfir, çevik biriydi ve kaçma fırsatı buldu. Oğlunun yaralarının kanı bir türlü durmadı Hz. Peygamber (sav), hemen yaranın bağlanmasını emretti. O sırada Ümmü Ümare gelerek yarayı sardı ve "Ey Oğul, kalk savaşalım!" diye seslendi. Bu sözleri duyan Allah Rasûlü (sav): "Ey Ümmü Ümare! Senin katlandığın, dayanabildiğin şeylere herkes katlanabilir mi?" dedi.

Uhud Savaşı'nda Ümmü Ümare'nin eşi Abdullah bin Zeyd şehit düştü. Nesibe Hatun, Peygamberimiz'i (sav) korumak için düşmanlarla savaşırken, Hz. Peygamber (sav), kocasını şehit edeni gördü ve hemen Nesibe Hatun'a gösterdi. Ümmü Ümare, derhal o kâfirin üzerine hamle yaptı ve bir darbede yere serdi. Bu durumu gören Rasûlullah (sav) sevinçle tebessüm ettiler. Sonra da "Ey Ümmü Ümare, adamın canını yaktın. Hamd olsun Allah'a ki, seni düşmanına muzaffer kılıp gözünü aydın etti. Öcünü almayı sana gösterdi." buyurdular. Sonraları Medine'de Uhud Savaşı üzerine konuşulurken Allah Rasûlü (sav) şöyle diyeceklerdir: "Uhud günü sağıma soluma döndükçe hep Ümmü Ümare'nin yanı başımda çarpıştığını gördüm."

Nesibe Hatun'un Ağır Bir Şekilde Yaralanması

Uhud Savaşı'nda ünlü sahâbî Musab b. Umeyr'i şehit eden azılı müşrik İbn Kam'a, Peygamberimiz'in (sav) yanına kadar sokulabildi; O'nun mübarek yüzünü yaraladı ve iki dişini de şehit etti. Bir anda Peygamberimiz'in (sav) yüzünü kanlar içinde gören Nesibe Hatun, o müşrikin üzerine gitti ve birkaç darbe indirdi. Fakat müşrikin üzerinde iki zırh vardı, bundan dolayı vuruşlar fazla etkili olmadı. Bu arada o müşrik, Nesibe Hatun'u boynundan ağır bir şekilde yaraladı. Bu defa oğlu Abdullah, annesinin yarasını bağladı.

Nesibe Hatun'un yaralandığını gören Rasûlullah (sav): "Allah bu evin ahalisine bereket versin. Annenin mertebesi bir sürü kişinin mertebesinden daha yüksektir. Allah'ın rahmeti üzerinize olsun." diye duada bulunmuştur. Bunu duyan Nesibe Hatun o kadar sevinmişti ki, "Artık dünyada başıma gelen hiç bir şeye aldırış etmem." demiştir. Omzundan aldığı ağır yaranın tedavisi Medine'ye döndükten sonra başlatılmış ve ancak bir yıl sonra yara kapatılabilmişti.

Peygamberimiz (sav) zaman zaman Nesibe Hatun'un ailesine ziyarete giderdi. Bir gün "geçmiş olsun" demek için oraya varmıştı. Neisbe Hatun'a, yarasının ne durumda olduğunu sordu. Bir müddet onunla sohbet etti. Bu arada Nesibe Hatun, sofra hazırlayıp getirdi. Fakat kendisi sofraya oturmadı. Efendimiz: "Gel! Sen de ye." buyurdu. O da oruçlu olduğunu söyledi. Bunun üzerine Efendimiz (sav): "Bir oruçlunun yanında yemek yenildiği vakit, yemekten kalkasıya kadar, melekler oruçluya dua ederler." buyurdu. Onun ibadete gösterdiği hassasiyetten dolayı Peygamberimiz (sav) memnun olmuştu.

Yemame Savaşı'na Katılması ve Kolunu Kaybetmesi

Nesibe'nin savaşlara katılma arzusu, Peygamberimiz'in (sav) vefatından sonra da devam etti. Nitekim Hz. Ebû Bekir zamanında İslâm'dan dönme olayları baş gösterdiği gibi, Yemâme'de Müseylemetü'l-Kezzab adında yalancı biri, peygamberliğini ilan etmişti. Bunun üzerine müminlerin emiri ona elçiler gönderdi. Bu elçilerin içinde Ümmü Ümare'nin oğlu Habîb de bulunuyordu.

Müseyleme, Habib'i, kendisine gönderilmiş bir elçi olduğu halde işkence ederek öldürdü. Müslümanlar bu haberin Nesibe Hatun'u üzeceğini düşünerek, kendisine söylemeye cesaret edemediler. Ancak bir vesileyle bunu duyan Nesibe Hatun, metanetini kaybetmedi ve "Elhamdülillâh, ben de şehit anası oldum!" dedi. Bundan sonra da Nesibe Hatun, meşhur İslâm kumandanı Halid bin Velid ile birlikte Müseyleme'nin üzerine giden orduya katıldı. Hicrî 12 (Miladî 633) yılında vuku bulan Yemame Savaşı'nda beş yüz veya yedi yüz sahâbî şehit olmuştur. Bunlardan en az yetmişi Kur'ân hafızı idi.

Yaşı altmışı geçtiği halde "Müseyleme'nin ölümünü göreceğim!" diye yemin eden Nesibe Hatun ise, elinde kılıç, yanında öbür oğlu ile birlikte bu savaşa yine aktif olarak katıldı. Neticede Müseyleme, sahâbî Vahşî tarafından öldürüldü. Nesibe Hatun, bu savaşta da ön saflarda yer aldı. Kahramanca dövüştü, on iki yerinden yara aldı ve kolunun birini kaybetti. Ancak o, bunlara hiç aldırış etmedi ve Müseyleme'nin öldürüldüğü haberini alınca sevinçten şükür secdesine kapandı. Bugünleri gösterdiği için, Cenâb-ı Hakk'a hamd etti.

Nesibe Hatun, bundan sonra tek koluyla hayatına tevekkül ve sabır içinde devam etti. Ordu Medine'ye döndüğünde, Hz. Ebû Bekir bu kahraman kadını ziyaret etti ve ona geçmiş olsun., dileğinde bulundu. Halifeliği müddetince de, ona izzet ve ikramda bulundu.

Nasibe Hatun, Hz. Ömer'in halifeliği döneminde de her zaman sevilmiş ve sayılmıştır. Bu bahtiyar kadına özellikle Hz. Ömer büyük iltifatlarda bulunmuştur. Bir keresinde Hz. Ömer'e güzel bir elbise getirdiler. Hz. Ömer'e dediler ki: "Bu elbise gelinin Safiye'ye çok güzel olur. Bu ona lâyıktır." Hz. Ömer de "Ben bunu öyle bir kimseye vereceğim ki; o buna hepsinden daha lâyıktır. Ona Nesibe derler ki, Ümmü Ümâre'dir." buyurarak elbiseyi Nesibe Hatun'a göndererek onu bu gibi hediyelerle taltif etmiştir.

DÜŞÜNCE TURU

1. Nesibe Hatun'un savaşlara bilfiil olarak katılmasını nasıl karşılıyorsunuz?

2. Peygamberimiz'den (sav) özel dua aldıktan sonra "Artık dünyada başıma gelen hiçbir şeye aldırış etmem." sözlerindeki derin manayı tefekkür ediniz.

3. Halifeler, Nesibe Hatun'a neden önem verirlerdi?

ZAHİR İBN-Ü HARAM (r.a.)
Tek Başına Çölde Yaşayan Sakat Sahâbî

Bedeni Sakat Bir Sahâbî

Hz. Muhammed'i (sav) daha ilk gördüğünden beri çok seven Zahir ibn-ü Haram, daha çok kırsal alanda ve çölde yalnız başına yaşamayı tercih eden garip ve fakir bir sahâbîdir. Hakkında fazla bir bilgiye sahip değiliz. Ancak öyle anlaşılıyor ki, o büyük bir ihtimalle bedeninin anormal yapısından ve çirkinliğinden dolayı toplum içinde olmaktan rahatsızlık duymaktaydı. Belki onu Müslümanlar dışlamıyordu, ama belki de farklı görüntüsü başkalarını rahatsız eder, düşüncesiyle insanlardan mümkün mertebe uzak kalmayı tercih ediyordu. Onun için Zahir, doğuştan gelen bazı bedenî kusurları sebebiyle toplum içinde pek görünmez idi. Topluma karışmak mecburiyetinde kaldığı vakitlerde "Herkes bana bakıyor." kompleksi ile ezilirdi. Dış görünüşündeki bedenî arızalarına rağmen ruh ve karakter yapısı çok gelişmiş idi.

Sibel Eraslan Hanımefendi, Zahir'in durumunu ve günümüze bakan yönünü çok anlamlı bir şekilde yorumlamış:[16]

"Hz. Zahir, bedenî kusurları yüzünden insanları kaçındırmamak adına, çöle sığınmış, insanlardan kaçan, zahir olan ismining tersine hep saklayan, şehirleri değil, kuytuları tercih eden bir münzevidir aslında... Kim bilir neler yaşamış, hangi kırıcı tecritlere maruz kalmış da insanlardan sürekli kaçınmayı ve dağlarıntepelerin, kum yığınlarının, çöl harabelerinin ardında kalmayı

---

16 Eraslan; Sibel; "Bugün ne hediye alsam..."; Vakit Gazetesi; 14.02.2009.

seçmiştir? Bir insanın, çevresini tedirgin etmemek adına çöle kaçması, onun uzleti olduğu kadar, bizim de gerçek yüzümüz değil mi? Sahabe Zahir gibi, gözlerimizin acımasız elemesi yüzünden görünmez kıldıklarımızı düşünüyorum... Bugün Zahir olmak, heyhat dünkünden daha zordur ve çağımız Zahir'lerinin kaçacak bir çölü de yoktur ne yazık ki... Dün, görünmemeye mahkûm edilenler, çoğu kez bedenî engelliler iken, bugün görünmemesi gerekenler, çok daha keskin ve acımasız bir elekler çarkına tabidir. Zira günümüz güzellik algısı çok daha acımasız kriterlerle işlemekte, dayatılan "imaj" kavramı, sizi siz kılacak tüm detayları yok sayarak pürüzsüz bir tek tipliliğe davetiye çıkarmaktadır... Ne yazık ki; artık hiçbirimizin kaçacak bir çölümüz de kalmamıştır... Hepimiz, "büyük göz"ün o ağır denetim ve kontrolü altındayız."

Güzel ve utangaç huylu Zahir'in kendini toplumdan tecrit etmesi insanlık adına kabul edilir bir bu durum değildir elbette. Ama onun sorununu kim çözecekti? Onun psikolojik problemlerini çok iyi bilen Peygamberimiz (sav) onunla sürekli iletişim hâlinde olmayı düşünüyordu. Doğrusu Zahir de bundan fevkalade memnun oluyordu. Peygamberimiz'in (sav) sevgisini kazanmış olmak, ona bütün problemlerini unutturuyordu.

Hz. Muhammed (sav), Zahir'e çölden bazı bitki ve otlar toplayıp, bu siparişlerini de Medine pazarına getirmesini söylerdi. Peygamberimiz'in (sav) bunlara ihtiyacı olduğundan dolayı mıdır, Zahir'i topluma kazandırmak için midir veya toplanan bitkileri onun adına pazarda satıp kendisinin ekonomik yönden bağımsız olmasını sağlamak için midir, bilinmez... Zahir, denileni harfiyen yapardı. Belki de Peygamberimiz (sav) bu yolla onu bütünüyle topluma kazandırmayı ve onu maddî ve manevî yönden rehabilite etmeyi düşünüyordu.

"Zahir'i şehre ve insanlara yeniden çağıran davet, onun incinmiş ve örselenmiş, reddedilmiş ve uzaklaştırılmış kalbinde hangi izlere, hangi dalgalanmalara, hangi hayata yeniden dönüşlere vesile olmuştu?"

İslâm Peygamberi (sav) ona pazardaki alışverişlerde ayrıca yardımcı olurdu. Bundan dolayı Hz. Muhammed (sav): "Zahir bizim çölümüzdür, biz de onun şehriyiz." diyerek ona sürekli iltifatlarda bulunur ve onu rahatlatmak için buna benzer tatlı ve kaynaştırıcı sözler sarf ederdi. "... "Zahir bizim çölümüzdür, biz onun şehriyiz" dediği kişisi Efendimiz'in (s.a.v). "Birinin kişisi" olmak kadar yakınlık arz eden bir ifade olamaz, hele ki söz konusu Kâinatın Efendisi ise, onun şehri olabilmek mesela, nasıl bir yakınlıktır?"

Peygamberimiz'in (sav) Zahir'le Şakalaşması

Bir gün Zahir, alışveriş yapmak için, en kalabalık olduğu saatte Medine çarşısına gelmiş ve Peygamberimiz'i (sav) tenha bir köşede beklemekteydi. Zahir'i uzaktan gören Hz. Muhammed (sav), Zahir'e sessizce arkasından sokuldu ve elleriyle Zahir'in gözlerini yumarak, kendisine doğru çekti ve onu sımsıkı kucakladı. Önce, "Sen kimsin? Beni bırak!" diye bağıran Zahir'in burnuna güzel kokular gelmeye başladı. Kendisine bu şakayı yapanın, kokusundan Hz. Muhammed (sav) olduğunu anlayan Zahir, duyduğu mutluluktan âdeta kendinden geçmiş olarak vücuduyla Hz. Muhammed'e (sav) iyice yaslandı. Peygamberlerinin o güne kadar hiç kimseye bu denli mesafesiz davranmadığını bilen etraftaki Müslümanlar, hayretten büyüyen gözleriyle bu ilginç manzarayı seyrettiler. Kâinatın efendisi, tebessüm ederek yüksek sesle haykırdı: "Bir kölem var. Satıyorum. Onu benden kim alır?"

Zahir, bir yandan yaşadığı sürpriz iltifatın şokuyla, diğer yandan ise ömrü boyunca bütün bilincini doldurmuş olan o kompleksin etkisiyle, Peygamberinin şakasına biraz hüzün arışımı bir şakayla cevap verdi. "Yemin olsun ki ey Allah'ın Elçisi, beş para etmez bir sakat köleyi satmaya çalışıyorsun."

İşte Hz. Muhammed'in (sav) beklediği bir fırsat doğmuş oldu. Ümmetinin özürlü olsun veya olmasın bütün fertlerini içtenlikle seven son Peygamber (sav), herkesin içinde ancak sıkıla sıkıla dolaşabilen Zahir'e ulu orta öyle bir manevî terapi uygulayacaktır ki, o andan itibaren Zahir, hiç kimse karşısında en küçük bir sıkıntı hissetmeden, rahat ve başı dik olarak yaşayabilecektir. Allah'ın Rasûlü (sav), mizahı sadece saf gerçeğe dönüştürmek maksadıyla o anda şakayı kesti ve birden ciddileşiverdi. Zahir'i göstererek ve kendilerini sarmış olan kalabalığa seslenerek, şöyle dedi: "Hayır, ya Zahir, and olsun ki Allah ve Allah'ın Rasûlü katında senin değerin paha biçilmez! Bunun için biz de seni seviyoruz."

Şakada aşırıya kaçmayan, ölçüyü ve itidali her zaman koruyan Peygamberimiz'in (sav) mesajı açık ve etkileyici idi. Diğer Müslümanlar, özürlülerle olan beşerî münasebetlerini yeniden gözden geçirme fırsatı buldular ve Zahir de bu jestlerin tesiriyle öz güvenine kavuşmuş oldu. Özürlülerin de toplum içinde eşit şartlar içinde yer alabilecekleri, sevilip-sayıldıkları bir sosyal hayatın temeli böylece atılmış oldu. İslâm toplumlarında yaşayan özürlülerin her bakımdan saygın ve avantajlı bir konuma gelmelerini sağlayan o yüce Peygamber'in (sav) şefkatli ve insanî davranışları, aslında bütün dünya insanları için bir örnektir.

Özürlülerle ilgilenmek, onları sevmekten geçer. Peygamberimiz (sav) de korumaya muhtaç insanları sevdiği için, onlarla Allah rızası için ilgilendi ve bizlerin de ilgilenmesini teşvik etti. Üstelik bu ilgilenmenin, Allah katında karşılıksız kalmayacağını da müjdeledi. Bir keresinde Hz. Peygamber (sav), doğan her gün için sadaka[17] verilmesi gereğinden söz etti. Sahâbe, ken-

---

17 Sadaka, anlam itibariyle "Allah rızası için, sevap ve mükâfat umarak fakir-

dilerinin bu kadar mal varlıklarının bulunmadığını hatırlatınca Peygamberimiz (sav), sadakanın birçok çeşidinin bulunduğunu belirtti. Maddî boyutu olmayan sosyal dayanışmaya vurgu yaparak, özürlülerin de içinde bulunduğu dezavantajlı sosyal gruplara Allah rızası için destekte ve iyilikte bulunmanın manevî faydalarından bahsetti. Peygamberimiz (sav) bu bağlamda şunları hatırlattı:

"Âmâya (görme özürlüye) rehberlik etmen, sağır ve dilsize anlayacakları bir şekilde anlatman, ihtiyacı olanın hacetini tedarik etmesi için bildiğin yere delalet etmen, derman arayan dertliye yardım için koşuşturman, koluna girip güçsüze (bakıma muhtaç olana) yardım etmen, konuşmakta güçlük çekenin meramını ifade edivermen, bütün bunlar sadaka çeşitlerindendir."

Uzakları yakın eden, çölleri şehirlere bağlayan, bedensel özürlülerin topluma faydalı olmasını isteyen, engellilerle daha çok ilgilenmemizi isteyen Allah Resulü; Sen asırlar öncesinden bütün insanlığı verilmiş en büyük bir hediyesin. "Sen, çölü kuraklığından kurtaran, çölleşmiş kalpleri çiçeklerle bezeyen, gülümsemesi güneş, sımsıcak avuçları vuslat ve rahmet olan merhamet cevheri... Biz asrın çöllerinde yollarını yitirmişleri de çağırmaz mısın?"

---

lere verilen şeylerdir." Hadislerde "sadaka" kavramı sadece maddî yardım yönüyle değil, sosyal boyutuyla da ele alınmaktadır. Sadaka (maddî bir şey) verecek durumda olmayan bir kişi, insanlara sosyal faydası olan her çeşit iyilikte bulunabilir. Nitekim Hz. Peygamber'in (sav) "Her iyilik sadakadır." hadisi bunun en güzel örneklerindendir. Manevî ve sosyal boyutuyla iyilik, Allah'a yakınlaşmayı arzu ederek, muhtaç insanlara yapılan iyiliktir. Bu itibarla insanın yaptığı her iyilik, kendisine sadaka sevabı kazandırmaktadır. Dolayısıyla, özürlülere yapılan her türlü iyilik, Allah'ın hoşuna giden bir sosyal davranış biçimi olduğu için, sevaptır.

DÜŞÜNCE TURU

1. Peygamberimiz (sav) Zahir'le niçin sürekli diyalog kurma ihtiyacı duymuş olabilir?

2. Peygamberimiz'in (sav), Zahir'i topluma kazandırma adına uyguladığı yöntemleri değerlendiriniz?

3. Peygamberimiz'in (sav) Zahir'le uluorta şakalaşmasını nasıl değerlendiriyorsunuz?

4. Şakalaşma esnasında etrafta toplanan insanlar, Zahir hakkında acaba ne düşünmüş olabilirler?

5. Bu olaydan sonra insanlar, Zahir'e besledikleri duygu ve düşüncelerini yeniden gözden geçirmiş olabilirler mi?

6. Peygamberimiz'den (sav) çok özel bir muamele görmüş olan Zahir'in bu hadiseden sonra hayata bakışı nasıl değişmiş olabilir?

II. BÖLÜM
GÖRME ÖZÜRLÜ SAHÂBÎLER

ABBAS BİN ABDULMUTTALİB (r.a.)
Görme Özürlü Olduktan Sonra da
Güzel Alışkanlıklarını Devam Ettiren Sahâbî

Kısa Biyografisi

Ashâb-ı kirâmdan ve Peygamber Efendimiz'in (sav) amcalarından. Abdulmuttalib'in en küçük oğlu. Peygamber Efendimiz'in (sav) doğumundan iki veya üç yıl önce Mekke'de doğdu. 652 (H. 32) senesinde Medine'de vefat etti.

Abbas; beyaz tenli, güzel yüzlü, yakışıklı, iri yapılı ve uzunca boylu idi. Sesi pek kuvvetli ve gür idi. Peygamberimiz'e (sav) yakınlığı ve faziletlerinin çokluğundan dolayı herkes tarafından sevilir, sayılır ve hürmet edilirdi. Çok zengin ve cömert olup, ikram ve ihsanları boldu. Köleleri satın alıp hürriyetine kavuştururdu. Yakın akrabayı ziyaret etmeye dikkat eder, muhtaç olanlara yardımda bulunurdu.

Üç hanımından, üç kızından başka on erkek evladı vardı. Bunlardan Abdullah bin Abbas[18] ilimde çok yüksekti. Onun adıyla anılan Abbasi Devleti'nin halifeleri, oğlu Abdullah'ın soyundan gelmiştir.

İslâm Öncesi Peygamberimiz'le (sav) Dostane Münasebetleri

Abbas çocukluk yaşlarında iken bir gün evinden çıktı ve ortalıktan kayboldu. Annesi her tarafı aradı ama bir türlü onu

---

18 Abdullah bin Abbas, babası gibi hayatının son dönemlerinde gözlerini kaybetmiştir. Hayat hikâyesi, bu kitabımızda yer almaktadır.

bulamadı. "Eğer Abbas'ı bulursam, Kâbe'yi ipek kumaşla süsleyeceğim." diye adakta bulundu. Abbas bulunduktan sonra annesi sözünü yerine getirdi. Maddî durumu, buna müsaitti. Böylece Kâbe, ipek kumaşla tarihte ilk kez Abbas'ın annesi tarafından örtülmüş oldu. Ailesinin bu güzel âdetini devam ettiren Abbas, Kureyş'in ileri gelenlerinden ve reislerinden olduğundan dolayı Müslüman olmadan önce de Kâbe'yi ziyarete gelen hacılara su dağıtma (sikaye), onlara yemek verme (rifade) ve Kâbe'nin tamiri vazifelerini yapardı. Müslüman olduktan sonra ise bu sefer Allah rızasını kazanmak ümidiyle bu vazifelerini devam ettirdi. Abbas ve kardeşleri, hac mevsiminde zemzem kuyusu önünde dururlar, isteyenlere, kuyudan su çekip verirlerdi. Peygamberimiz (sav) de Veda Haccı'nda Zemzem kuyusunun başına gelip amcası Abbas'tan su istemiştir.

Peygamber Efendimiz (sav), annesinin vefatından sonra dedesi Abdulmuttalib'in yanında kaldığı sırada, Abbas ile birlikte büyüdü. Abbas, gençlik zamanında ticaretle uğraştı ve çok zengin oldu. Kardeşlerinin içinde en zengini oydu. Abisi Ebû Talip'in ise malî durumu çok kötü idi. Rasûlullah Efendimiz'in (sav) teklifi ile Ebû Talip'in oğlu Ukayl'in yetişmesine yardımcı oldu ve abisinin yükünü hafifletti. Peygamber Efendimiz (sav), İslâm'ı anlatmaya başlayınca, karşı çıkmayıp, akrabalık gayretiyle O'na (sav), duruma göre gizli veya açık bir şekilde yardımda bulundu. Peygamberimiz'in (sav) faaliyetlerine engel olmuyordu, hatta destek veriyordu; ancak nedense imana gelmiyordu. İnanç boyutuyla tamamen tarafsız olan Abbas, sosyal koruma yönüyle her zaman yeğeninin yanında yer aldı.

Müslüman olmadığı halde yeğeni Hz. Muhammed'i (sav) çok severdi ve onu her zaman kollardı. Hatta Akabe biatında Peygamber Efendimiz'in (sav) yanında bulunup, orada Medineli Müslümanların huzurunda çok tesirli bir konuşma yaptı. Biat etmek için gelen Ensar'a şöyle hitap etti:

"Ey Medineliler! Bu, kardeşimin oğludur. İnsanların içinde en çok sevdiğim O'dur. Eğer, O'nu tasdik edip, Allah'tan getirdiklerine inanıyor ve beraberinizde alıp götürmek istiyorsanız, beni tatmin edecek sağlam bir söz vermeniz lazımdır. Bildiğiniz gibi, Muhammed (sav) bizdendir. Biz, O'nu, O'na inanmayan kimselerden koruduk. O, bizim aramızda izzet ve şerefiyle korunmuş olarak yaşamaktadır. Bütün bunlara rağmen, herkesten yüz çevirmiş ve sizinle beraber gitmeye karar vermiş bulunmaktadır. Eğer siz, bütün Arap kabileleri birleşip üzerinize hücum ettiğinde, onlara karşı koyacak kadar savaş gücüne sahipseniz, bu işe karar veriniz! Bu hususu aranızda iyice görüşüp konuşunuz. Sonradan ayrılığa düşmeyiniz! Verdiğiniz sözde durup, O'nu düşmanlarından koruyabilecek misiniz? Bunu lâyıkıyla yapabilirseniz ne âlâ. Yok, Mekke'den çıktıktan sonra O'nu yalnız bırakacaksanız, şimdiden bu işten vazgeçiniz ki, yurdunda şerefiyle korunmuş hâlde yaşasın!"

Buna karşılık Medineli Müslümanlar; "Biz, Rasûlullah'ı (sav) malımız ve canımız pahasına koruyacağız. Biz, bu sözümüzde sadığız." dediler ve Rasûlullah Efendimiz'e (sav) biat ettiler. Sonra Abbas, henüz Müslüman olmamasına rağmen şöyle dua etti: "Allah'ım! Sen onların, yeğenim hakkında verdikleri sözü, O'nu korumak için ettikleri yemini işiten ve görensin. Kardeşimin oğlunu sana emanet ediyorum ya Rabbi!" Kim bilir belki de Peygamberimiz'e (sav) karşı içinde beslediği o tarifsiz sevgiden dolayı çok yakında, kalbinde İslâm güneşi doğacaktı.

Müslüman Olması

Abbas, Bedir Savaşı'na istemeyerek, Mekke müşriklerinin baskısı ile katıldı. Henüz Müslüman olmamıştı veya Müslüman olmuştu da bunu gizleme ihtiyacı duyuyordu. Abbas'ın kerhen müşriklerle Bedir Savaşı'na katıldığını bilen Rasûlullah (sav), mücahit sahâbîlerine şöyle dedi: "Abbas'a her kim rast gelirse sakin onu öldürmesin. O, müşriklerin zoru ile yurdundan gönülsüz çıkmıştır." Savaşta Müslümanlar zafer kazanınca Abbas esir edilip Medine'ye götürüldü. Peygamber Efendimiz (sav) kendisine buyurdu ki: "Ey Abbas! Kendin, kardeşinin oğlu Ukayl bin Ebû Talib ve Nevfel bin Hâris için kurtuluş akçesi öde! Çünkü sen zenginsin." Abbas: "Ya Rasûlullah, ben Müslüman'ım. Kureyşliler beni zorla Bedir'e getirdiler." dedi.

Peygamberimiz (sav) bunun üzerine, "Senin Müslümanlığını Allah bilir. Doğru söylüyorsan Allah sana elbette onun ecrini verir. Fakat senin hâlin, görünüş itibariyle, aleyhimizedir. Bunun için sen kurtuluş akçesi ödemelisin!" dedi. "Ya Rasûlullah, yanımda 800 dirhemden başka param yoktur." diyen Abbas'a bu sefer Peygamberimiz (sav): "Ya Abbas! O altınları niçin söylemiyorsun?" dedi. Şaşkınlığını gizlemeye yeltenen Abbas, şok bir vaziyette "Hangi altınları?" dedi. Peygamberimiz (sav) teferruatlı bir şekilde bilgi vererek, şunları söyledi: "Hani sen Mekke'den çıkacağın gün, Hâris'in kızı olan hanımın Ümmü'l-Fadl'a verdiğin altınlar. Onları verirken, yanınızda sizden başka kimse yoktu. Sen, Ümmü'l-Fadl'a, 'Bu seferde başıma ne geleceğini bilmiyorum. Eğer bir felâkete duçar olup da dönemezsem, şu kadarı senindir. Şu kadarı Fadl içindir. Şu kadarı Abdullah içindir. Şu kadarı Ubeydullah içindir. Şu kadarı da Kusem içindir.' dediğin altınlar?"

Artık şaşkınlığını açığa vurmakla birlikte hayranlığını da ortaya seren Abbas: "Allah'a yemin ederim ki, ben bu altınları hanımıma verirken yanımızda kimse yoktu. Bunları sen nereden biliyorsun?" diye sordu. "Bana bunları Allah haber verdi." dedi Peygamberimiz (sav). Artık kalbine belki de yeniden iman nurunun girdiğini hisseden Abbas: "Senin, Allah'ın Rasûlü olduğuna şimdi gerçekten inandım. Doğru söylediğine şehâdet ederim." diyerek hemen orada Peygamberimiz'in (sav) huzurunda alenî olarak kelime-i şehâdet getirdi ve Müslümanlığını kalben ve resmen tescillendirdi.

Müslümanlığını Mekke'de Bilinçli Olarak Gizlemesi

Abbas, Müslüman olunca, Rasûlullah (sav) ona Müslümanlığını gizli tutmak şartıyla Mekke'de gizli bir görev verdi. Abbas da bunun üzerine, belki de daha önce yaptığı gibi, Müslüman olduğunu kimseye söylemedi ve Mekke'de olup bitenleri, gizlice Peygamber Efendimiz'e (sav) bildirirdi. Diğer taraftan bu taktikle Mekke'de kalan diğer Müslümanlar, onun itibarlı ve güçlü himayesinde biraz olsun daha rahat ettiler. Bir zaman sonra Peygamber Efendimiz'in (sav) hasretine dayanamayıp, Medine'ye gelmek istediğini mektupla bildirdiğinde, Peygamber Efendimiz (sav) buyurdu ki: "Senin bulunduğun yerdeki cihadın, daha güzel ve faydalıdır."

Abbas, Mekke'de istihbarat görevine devam ederken, Hayber Gazası'ndan dönen Haccâc bin İlât isminde bir kişi, Mekke müşriklerini sevindiren ve fakat Abbas'ı yataklara düşüren bir haber yaydı. Haber, Peygamber Efendimiz'in (sav) esir alındığı ve öldürülmesi için Mekke'ye getirileceği yönündeydi. Kendini toparlar toparlamaz Abbas, işin aslını öğrenmek için, kimsenin bulunmadığı bir zamanda, Haccâc'ı evine çağırdı. Abbas'ın perişan hâlini gören Haccâc dedi ki:

"Ya Abbas, boşuna üzülme. Ben de Müslüman'ım. Sana müjde! Rasûlullah (sav), Hayber'de zafere ulaştı. Peygamberimiz'e (sav) ben dedim ki: 'Ya Rasûlullah, benim Mekke'de çoluk çocuğum, mallarım var. Bunları buraya getirmek istiyorum. Fakat benim Müslüman olduğumu öğrenirlerse, bunları vermezler. Mekke'ye gittiğimde, sizin hakkınızda uygun olmayan sözler söylesem, uygun olur mu?' O da bunun üzerine bana izin verdi. Onun için ben, mallarımı kurtarmak için Rasûlullah'tan (sav) izin alarak böyle söyledim. Ben buradan ayrıldıktan üç gün sonra, yaptığım hileyi onlara söyleyebilirsin." Gerçek durumu öğrenince Abbas o kadar mutlu oldu ki, Allah'a hamd-ü senalarda bulundu ve Peygamberimiz'e (sav) kavuşabilmenin sevincini yaşadı.

Nitekim Abbas, Mekke'nin fethine dair yapılan hazırlıkların son safhada olduğunu haber alınca, artık Mekke'de kalmayı gerekli görmeyip, fetihten az bir zaman önce Medine'ye hicret için yola çıktı. Zül-huleyfe denilen yerde Rasûlullah'a kavuştu. Ailesini Medine'ye gönderip, Mekke'nin fethinde Peygamber Efendimiz'in (sav) yanında bulundu. Peygamber Efendimiz (sav) ona: "Ey Abbas! Ben Peygamber'lerin sonuncusu olduğum gibi sen de muhacirlerin sonuncususun." buyurdu.

Savaşlara Katılması

Abbas, Peygamberimiz'le (sav) birlikte, Mekke'nin fethinden sonra yapılan Huneyn Gazası'nda bulunmuştur. İslâm ordusu, sabah vakitlerinde çukur ve geniş bir vadiden aşağı inip -düşman ordusu, önceden oraya geldiği için- vadinin her iki yanında gizlenip pusu kurmuştu. Mücahitler, tam oraya geldiklerinde, düşman etraftan saldırmaya başladı. Mücahitler, neye uğradıklarına şaşırdıkları için, bir an karışıklık oldu. Abbas, Hz. Ebû Bekir ve birkaç kahraman, ölümü göze alıp, Rasûlullah'la (sav) birlikte bir adım gerilemediler.

Bunun üzerine Peygamber Efendimiz (sav) buyurdu ki: "Ya Abbas! Sen onlara, 'Ey Medineliler! Ey Semüre ağacının altında biat eden sahâbîler!' diye seslen!" Abbas, iri yapılı ve heybetli idi. Bağırdığı zaman sesi çok uzaklardan duyulduğu için, bütün gücüyle bağırdı: "Ey Medineliler! Ey Semüre ağacının altında Peygamberimiz'e (sav) söz veren ashâb! Buraya toplanınız! Dağılmayınız!"

Bunu işiten ashâb-ı kirâm, geri dönmek istedi. Fakat binek hayvanları öyle ürkmüşlerdi ki, bazıları hayvanlarını geri döndüremediler. Binek hayvanlarından kendilerini atmak mecburiyetinde kaldılar. Müslümanlar toparlandılar ve şiddetli bir muharebeden sonra zafer elde ettiler.

Rasûlullah Efendimiz (sav) Tâif'e gittiğinde, oradaki halka, elçi olarak Hanzala bin Rebî'i göndermişti. Hanzala, Tâiflilerle görüşürken, kendisini yakalayıp kaleye hapsetmek istediler. Bunu gören Peygamberimiz (sav): "Kim bunların elinden Hanzala'yı kurtarır? Bu işi başarana bütün gazilerin sevabı verilecektir."

Abbas bin Abdulmuttalib yerinden fırlayıp, yıldırım gibi koştu. Hanzala'yı kaleye sokmak üzere olan Tâiflilere yetişerek, ellerinden aldı. Kaleden Abbas'a taş atıyorlardı. Bu sırada Rasûlullah Efendimiz (sav) de, Abbas'a dua ediyordu. Abbas yaralanmadan Hanzala'yı Peygamberimiz'e (sav) getirdi.

Peygamberimiz'in (sav) İltifatlarına ve Dualarına Mazhar Olması

Hz. Peygamber (sav), kendisinden sadece iki veya üç yaş büyük olmasına rağmen, "İnsanın amcası, babası gibidir." diyerek ona sevgi ve saygı gösterirdi.

Peygamber Efendimiz (sav), onun üstünlüğüyle ilgili olarak bir gün şöyle buyurdu: "Abbas bendendir. Ben Abbas'tanım. Abbas amcamdır. Beni korumuştur. Ona eziyet eden, bana eziyet etmiş olur. Bu, Abdulmuttalib oğlu Abbas'tır. Kureyş'te en cömert ve akrabalık bağlarına en saygılı olandır. Abbasoğullarından melikler olacak, ümmetimin başına geçecekler; Allah, dini onlarla aziz ve hâkim kılacaktır."

Yakın akrabayı ziyaret etmeye, onların haklarına riayete çok dikkat eden Abbas, bu yönüyle de Peygamber Efendimiz'in (sav) iltifatlarına mazhar olmuştur. Bir defasında Peygamberimiz (sav) Abbas ve oğullarına şöyle duada bulundu: "Allah'ım, Abbas'ı ve oğullarını mağfiret eyle ve bağışla! Öyle ki, hiç günahları kalmasın! Ya Rabbi, onu ve oğullarını, meydana gelecek âfet ve belâlardan koru!"

Bir gün Rasûlullah Efendimiz (sav) ashâb-ı kirâmı ile oturuyordu. Yanında Hz. Ebû Bekir ile Hz. Ömer vardı. O esnada Abbas içeri girdi. Hz. Ebû Bekir ona yer verdi. Abbas, Rasûlullah'la (sav) Ebû Bekir arasına oturdu. Peygamberimiz (sav) bu hareketinden dolayı Hz. Ebû Bekir'e şöyle buyurdu: "Büyüklerin kıymetini büyükler bilir." Böylece Peygamberimiz (sav), her iki sahâbîsinin manevî büyüklüğünü teyit etmiş bulundu.

İşte Peygamberimiz (sav) tarafından övülen ve O'nun örnek hayatından esinlenen büyük sahâbî Abbas'ın şu vecizesi ise, güzel ahlâk sahibi olmak isteyenler için âdeta bir yol haritasıdır: "Kendisine iyilik yaptığım hiç kimsenin kötülüğünü görmedim. Kendisine kötülük yaptığım hiç kimsenin de iyiliğini görmedim. Onun için herkese iyilik ve ihsanda bulunun. Çünkü bunlar sizi kötülüğün zararlarından korur."

Hz. Peygamber (sav), Veda Hutbesi'nde, faizin her türlüsünün ayağı altında olduğunu ve ilk kaldırdığı faizin, amcası Abbas'a ait olan faiz borçları olduğunu söyledi. Abbas çok zengindi ve faizle borç para veriyor, yani tefecilik yapıyordu; ancak faizin kaldırılmasından sonra günaha girmemek için bir daha faiz alışverisiyle uğraşmadı. Ticaretini helal kazanç esaslarına uygun olarak devam ettirdi ve kazandıklarından yoksullara ve muhtaçlara bol bol dağıttı.

Peygamberimiz'in (sav) Vefatındaki Vakarlığı

Abbas, Rasûlullah'ın (sav) yakını olması sebebiyle, ashâb-ı kirâm arasında onun ayrı bir yeri vardı. Sözü dinlenirdi. Peygamber Efendimiz (sav) vefat edince, ashâb-ı kirâmın adeta aklı başından gitti. Mescidde ağlaşmaya başladılar. Hiç kimsenin inanası gelmiyordu. Hele Hz. Ömer, tamamen kendinden geçmiş bir hâlde idi. Peygamber Efendimiz'in (sav) mübarek yüzüne bakıp, "Rasûlullah bayılmış, fakat baygınlığı çok ağır." diyordu. Ölüm sözünü ağzına almadığı gibi, kimsenin de söylemesini istemiyordu. Dışarı çıkıp dedi ki: "Kim, 'Rasûlullah öldü.' derse, kılıcımla boynunu vururum!"

Hz. Ebû Bekir ile Abbas'ın ashâb-ı kirâm arasında bir ağırlığı vardı. Ashâb-ı kirâmı ancak bunlar teskin edebilirdi. Bunun için beraber mescide gittiler. Abbas buyurdu ki: "Ey insanlar! Rasûlullah'ın, "Ben vefat etmeyeceğim." dediğini içinizde duyan var mı?" "Hayır, böyle bir söz duymadık." dediler. Sonra Hz. Ömer'e dönüp sordu: "Ya Ömer, bu hususta sen bir şey duydun mu?" "Hayır, duymadım." dedi. Sonra ashâb-ı kirâma dönüp buyurdu ki: "Hiç kimse Rasûlullah'ın (sav) vefat etmeyeceğini söyleyemez. Cenâb-ı Hakk'a yemin ederim ki, Rasûlullah (sav) ölümü tatmış bulunmaktadır. Allah-ü Teâlâ Kur'ân-ı Kerim'de, "Muhakkak, sen de öleceksin, onlar da ölecektir." buyurmaktadır. Rasûlullah Efendimiz (sav), İslâmiyet'in bütün hükümlerini tamamladıktan sonra aramızdan ayrıldı. Artık kendimize gelip, defin işlerini tamamlayalım." Sonra, Hz. Ebû Bekir de buna benzer konuşmalar yaptı. Böylece ashâb-ı kirâmın aklı başına geldi.

Abbas daha sonra, cenaze tekfin ve gasl (yıkama) işleriyle ilgilendi. Hz. Ali O'nu yıkadı, Abbas ve oğulları su döküp, Peygamber Efendimiz'i (sav) sağa, sola döndürdüler. Peygamber Efendimiz'i (sav), gömleği üzerinde olduğu hâlde yıkamaya başladılar. Yıkadıkça, evin içine eşine rastlanmamış çok güzel bir koku yayıldı. Üç parça kefen ile kefenlendikten sonra, vefat ettiği yere kabr-i şerifi kazılıp, lahd şekline getirildi ve Rasûlullah Efendimiz'i (sav), kabr-i şerifine koydular.

Halifeler Dönemi

Hz. Ebû Bekir, Ömer ve Osman, halifelik zamanlarında Abbas'a büyük ilgi ve hürmet gösterdiler. Medine'ye yerleştikten sonra yapılan bütün muharebelerde ve özellikle, Bizans'a karşı gerçekleştirilen seferde, İslâm ordusunun teçhizi için çok yardım etti. Hz. Ömer de fetihlerden elde edilen ganimetlerden Abbas'a her zaman hisse ayırırdı. Hz. Ömer, Mescid-i Nebevi'yi genişletmek isteyince, Abbas genişletme sahasında olan evini ve yerini hediye etti.

İbni Şihâb'dan bildirildiğine göre; Hz. Ebû Bekir ve Hz. Ömer'in hilâfetleri sırasında, kendileri bir binek üzerinde iken Abbas'a rastlarlarsa, bineklerinden inerler, onunla beraber gideceği yere kadar yürürler, sonra dönerlerdi.

Hz. Ömer'in halifeliği zamanında Medine'de kuraklık olunca, Hz. Ömer, "Ya Rabbi! Rasûlullah'ın amcası hürmetine sana yalvarıyor ve onun hürmeti için senden mağfiret ve ihsan diliyoruz." diye Abbas bin Abdulmuttalib'i vesile ederek dua etti. Halifenin emriyle o da dua edip, Allah'a şöyle niyazda bulundu:

"Allah'ım, her şeyi gözeten, gören Sensin. Ne çaresiz mahlûku kendi hâline bırakır, ne de bacağı kırık devenin bakımsızlıktan helakine meydan verirsin. Yüce Rabbim, çocuklar iyice güç ve kuvvetten kesildi. Yaşlılar iğne ipliğe döndü. Feryatları gökleri tuttu. Sen gizliyi de, en gizliyi de bilensin. Bu zayıf kullarının imdadına yetiş. Merhamet ve yardımını esirgeme. Rasûlüne (sav) olan yakınlığım itibariyle bana tutunup, Sana yalvarıyorlar. Yağmur ver Ya Rabbi." Bu yalvarışlar ve yakarışlar, Dergâh-ı İzzet'e derhal ulaştı. Bulutlar kümelendi, sema karardı, gök gürledi. İlahî rahmet, yağmur damlaları hâlinde Medine ve etrafına indi. Yağmur neticesinde meydana gelen seller sebebiyle Medine sokaklarından geçilemez oldu.

Gözlerini Kaybetmesi ve Vefatı

Abbas, ömrünün sonuna doğru göremez oldu. Bu durum, onun cömertliğine ve akrabalık bağlarına riayet etmesine hiçbir surette engel teşkil etmedi. Bilakis, görme özürlü olduğu hâlde sosyal sorumluluğun bir gereği olarak maddî nüfuzunu hep hayırlı işler için kullanmaya devam etti. Güzel alışkanlıklarını şuurlu bir şekilde son nefesine kadar sürdürdü.

Hz. Osman'ın şehit edilmesinden yaklaşık iki sene evvel, Hicrî 32 yılında 88 yaşında iken Medine'de vefat etti. Cenaze namazını Hz. Osman kıldırdı. Cennet'ül-Bakî kabristanına defnedildi.

DÜŞÜNCE TURU

1. Abbas'ın imana gelmesindeki en büyük etken sizce ne idi?

2. Abbas'ın büyüklüğünün sırrı sizce ne idi?

3. Yağmur duasının etkili olmasındaki sebep sizce neydi?

4. Sizce Abbas, görme özürlü olduktan sonra alışkanlıklarını niçin değiştirmedi?

ABDULLAH BİN ABBAS (r.a.)
Hz. Hüseyin'in Şehit Edilmesinden Dolayı Gözlerini Kaybeden İslâm Bilgini

Peygamberimiz'le (sav) Birlikte Mesut Günler Geçirmesi

Peygamberimiz'in (sav) amcası Abbas bin Abdulmuttalib'in oğlu olan ve daha çok İbn-i Abbas olarak tanınan Abdullah, Medine'ye hicretten dört-beş sene önce, Müslümanlar Kureyş'in ablukası altındayken, Mekke'de dünyaya geldi. Doğduğu zaman babası Abbas tarafından Hz. Peygamber'e (sav) götürülmüş ve O'ndan (sav) dua alınmıştı. Hz. Peygamber (sav) nur topu gibi çocuğu kucağına aldı ve ona Abdullah ismini verdikten sonra ağzına biraz hurma ezmesi koydu ve şöyle bir duada bulundu: "Allah'ım! Ona Kitab'ı, Kitab'ın tefsirini ve hikmeti öğret. Allah'ım! Onu dinde ince anlayış sahibi kıl."

Küçük Abdullah'ın teyzesi Meymune, Rasûlullah'ın (sav) mübarek hanımlarındandı. Hz. Peygamber'in (sav) ailesinin bir ferdi olarak Rasûlullah'ın (sav) evine sık sık gider, O'ndan ders alırdı. Çalışkanlığı, pratik zekâsı ve dürüstlüğü ile kısa zamanda Peygamber'in (sav) sevgisini kazandığı için, birlikte geceleri ibadet bile ederlerdi. Küçük Abdullah, Peygamberimiz'in (sav) yanından hiç ayrılmak istemezdi. Bir keresinde, aynı hizada namaz kılmanın Peygamberimiz'e (sav) saygısızlık olacağı düşüncesiyle, O'nun arkasında namaz kılarken, biraz uzakta durmuştu. Peygamberimiz (sav), başından hafifçe tutup onu sağına çekmiş ve tek kişi olduğundan, cemaatin, imamın sağında durması gerektiğini söylemişti.

Yine bir gün birlikte iken Rasûlullah (sav), küçük Abdullah'a hayata kaderî bakış ile ilgili olarak çok önemli bir mesaj verdi: "Sen Allah'ın emir ve yasaklarına riayet et ki, O'nun yardım ve inayetini daima yanında bulasın. Bir şey isteyeceğin zaman Allah'tan iste. Bir yardım dileyeceğim zaman Allah'tan yardım dile. Ve şunu da bil ki, bir konuda yardım etmek maksadıyla bütün millet bir araya gelse, Allah'ın senin için takdir etmiş olduğundan öte bir yardımda bulunamazlar. Sana zarar vermek maksadıyla hepsi bir araya gelseler, yine Allah'ın senin hakkında takdir ettiğinden öte bir zarar veremezler. Kalemler kaldırılmış, sahifeler kurumuştur (Meydana gelecek her şey, önceden tespit ve takdir olunmuştur.)."

Bir gün Peygamberimiz (sav) Abdullah'a dönerek şöyle duada bulundu: "Allah'ım! Abbas'ı ve Abbas'ın çocuklarını, aşikâr ve gizli olarak işledikleri günahlarından mağfiret eyle ve çocuklarını ona hayırlı halef kıl."

Peygamber (sav) Sonrası Dönem

Allah'ın son Peygamberi (sav) vefat ettiğinde, 14-15 yaşlarında olan Abdullah'ın gözlerinden damla damla gözyaşları aktı. Hayatında babasından ve annesinden daha çok onu sevmişti. Artık o, mahzun ve yalnız kalmıştı. Dünyanın en müşfik insanı ile birlikte dört-beş sene, ne kadar güzel günler geçirmişti.

O'nun yolundan gitmek, sünneti ihya etmek anlamına geldiği için, kendisinden büyük âlim sahâbîlerle görüştü ve usanmadan onlardan dersler almaya devam etti. Yaşının küçük olmasına rağmen büyük ilmî meclislere katıldı ve zamanla en zor konuları bile Peygamber'den (sav) aldığı derslerin ilhamı ile çözebildi. Peygamberimiz'in (sav), kendisine yaptığı duasının kabul olduğu artık açıkça görülmeye başladı. Sahâbîler arasında o artık "Kur'ân Tercümanı" ve "Hadis Denizi" unvanıyla anılmayı hak etti. Yaşının küçük olmasına rağmen Hz. Ebû Bekir ve Hz. Ömer'in ilmî danışmanlığını başarılı bir şekilde yürüttü.

Saygın Bir İslâm Âlimi Olması

Tefsir ve fıkıh ilimlerinde büyük bir âlim ve erken dönem Müslüman toplumunun en iyi Kur'ân otoritelerinden olan Abdullah'ın ilmine herkes hayran kalırdı. Babası gibi iki metreye varan uzun boyu ve çekici endamıyla Haşimi soyunu en güzel bir şekilde temsil eden bu kutlu sahâbînin ders halkaları ve sohbet meclisleri çok zengin ve bereketli geçerdi. O, büyük bir âlim olmanın ötesinde ihlâs ve takva sahibi birisi olduğu için, çok alçak gönüllü bir karaktere sahipti. Meseleleri herkesin anlayacağı, çok tatlı bir dille anlatırdı. Peygamber'in (sav) güzel ahlâkı ile ahlaklanmış olan Abdullah, gurura kapılmadan, "Bu nimeti bana veren yüce Allah'tır. Rasûlullah (sav) benim için ilim ve hikmet niyazında bulundu. Cenâb-ı Hakk da ihsan etti." derdi.

Kendisinden büyük sahâbîlere her zaman azamî saygı gösterirdi. Bir seferinde sahâbîlerden Zeyd bin Sabit ata binerken, Abdullah, atın üzengisini tuttu. Bunun üzerine Zeyd: "Ey Rasûlullah'ın (sav) amcası oğlu, rica ediyorum bunu yapma. Beni mahcup ediyorsun." dedi. Abdullah da boynunu bükerek "Biz âlimlerimize böyle davranmakla emrolunduk." dedi. Zeyd dayanamayarak, Abdullah'ın elini öperek "Biz de Âl-i Beyt'e (Peygamberimiz'in (sav) soyuna) böyle davranmakla emrolunduk." karşılığını verdi.

Kendi döneminde yaşan sahâbîler ve tanıştığı ilim adamları onu çok takdir ederlerdi. O, yetmiş sahâbînin üzerinde fikir beyan edip halledemediği bir meseleyi, kendi başına çözecek kadar ilim sahibi idi. O, rivâyet ettiği 1660 hadisle, en çok hadis rivâyet eden yedi sahâbîden beşincisi oldu. Bir kısmını bizzat Peygamber'den (sav) duydu; çoğunu ise Hz. Ömer, Hz.

Ali, Muaz, babası Abbas ve Ebû Zer gibi büyük sahâbîlerden öğrendi.

Abdullah, Halife Hz. Osman devrinden itibaren çeşitli vesilelerle Arap Yarımadası'nın dışına çıktı. Taberistan'a ve İstanbul'a kadar geldi. Hicretin yirmi yedinci senesinde Abdullah bin Sa'd ile Afrika fetihlerine katıldı. Karşılaştığı Kuzey Afrika Kralı Cercir (Cürcan), kendisine değişik bilim dalları ile ilgili birçok soru yöneltti. Aldığı cevaplar karşısında tatmin olan Kral, Abdullah hakkında, "O bir Arap dâhisidir." demekten kendini alıkoyamadı. Dinî ilimlerin yanında savaş ve Arap tarihine ait bilgileri de takdire şayandı. Arap edebiyatı ve ensab ilmi (geneloji) alanlarında da derin bilgiye sahipti. Bu alanlarla ilgili olarak İbn-i Abbas, birçok eser yazmıştı.

Ünlü İslâm âlimi ve sahâbî Abdullah ibn-i Mes'ud'un İbn-i Abbas hakkında sarf ettiği cümleler, bu meyanda dikkat çekicidir: "Eğer Abbas'ın oğlu bizim yaşımıza varırsa, hiçbirimiz onun onda biri kadar olamayacağız." Bilgisinin çokluğundan ve isabetli görüşlerinden dolayı ona artık herkes "Deniz" lakabı takmıştı. Halk, onun bilgisinden çok faydalanmıştı. Kimisi ona şiir ve edebiyattan, kimisi tarihten, kimisi fıkıhtan, kimisi kıraatten sorar ve ondan istediğini alırdı.

Artık İbn-i Abbas, ümmetin tartışılmaz ilim önderi durumuna gelmişti. Yanında oturup da ona boyun eğmeyen âlim ve ona soru sorup da onda aradığını bulamayan kimse yoktu. Keskin bir kavrayış ve büyük bir anlayış ile en zor ilmî meseleleri dahi kısa zamanda çözerdi. Hz. Ömer, onu bu yüzden herkesten üstün tutmuştu. Hz. Ömer, önemli ve çözümü zor bir meseleyle karşılaştığı zaman, İbn-i Abbas'a danışır ve ona "Ey becerikli, çöz bakalım." derdi. Bir gün İbn-i Abbas sıtmaya yakalandığında, Hattab oğlu Ömer, onun ziyaretine giderek, "Senin hastalığın bizi perişan etti. Allah bize yardım etsin." dedi.

Bir gün İbn-i Abbas, daha çok yaşlılardan oluşan "Meşveret Meclisi"ne Emir-ül'Müminin Hz. Ömer tarafından çağrılmıştı. Yaşlı sahâbîler genç yaşta bir delikanlının meclise çağrılmasını garip karşıladılar. Bunun üzerine Hz. Ömer, Nasr Sûresi'ni okudu ve ne manaya geldiğini oradakilere sordu. "Allah'ın nusret ve fethi gelince kitleler İslâm'a dehalet ederler. O zaman, Rabb'ine tespih, hamd ve istiğfarda bulun." manasına gelir, dediler. Hz. Ömer bunu beğenmedi ve aynı soruyu genç Abdullah'a sordu. O da şu cevabı verdi: "Bu sûre, Allah Rasûlü'nün (sav) vefatını haber vermektedir. İnsanlar, fevc fevc İslâm'a girince, insanlara İslâm'ın mesajını getiren Peygamber'in (sav) vazifesi bitmiş demektir." Bu cevap üzerine Hz. Ömer: "İşte ben, bunun için onu aranızda bulunduruyorum." dedi.

Kendisine Söven Bir Adama Verdiği Cevap

Adamın biri İbn-i Abbas'a alenî olarak sövdü. İbn-i Abbas hiç istifini bozmadan ona şu cevabı verdi:

"Sen bana sövüyorsun, ama benim üç vasfım vardır:

Ben, Allah'ın Kitabı'nı okurken, herhangi bir âyeti okuduğumda 'Keşke benim bildiğim kadar bütün Müslümanlar da bunu bileydiler.' diyorum.

İslâm devleti hâkimlerinden herhangi birinin adaletle hükmettiğini öğrendiğimde seviniyorum; oysa o hâkime belki hayatımda muhtaç olmam.

Herhangi bir İslâm ülkesine bol miktarda yağmur yağdığını öğrenince seviniyorum; oysa o ülkede ne bir karış toprağım, ne de otlayan bir hayvanım vardır.

Rüyasında Peygamberimiz'i (sav) Görmesi

Bir öğle vaktinde İbn-i Abbas, Peygamberimiz'i (sav) rüyasında gördü. Allah'ın Rasûlü'nün (sav) üstü başı tozlu, saçı darmadağınıktı. Elinde bir şişe tutuyordu. İbn-i Abbas: "Ya Rasûlullah, bu ne şişesidir? diye sordu. Peygamberimiz (sav): "İçinde Hüseyin ve arkadaşlarının kanları vardır. Sabahtan beri yerden topluyorum." dedi. İbn-i Abbas diyor ki: "Soruşturduk; Hz. Hüseyin o gün şehit olmuştu."

Görme Yeteneğini Kaybetmesi

İbn-i Abbas, Kerbela faciası ile ilgili haberler kendisine ulaştığında tarifsiz bir üzüntüye boğuldu. Peygamberimiz'in (sav) torunu Hz. Hüseyin'e yapılan o hunharca muamele ve onun şehit edilmesi, İbn-i Abbas'ı can evinden vurdu. Yaşlı kalbi hüzne boğuldu. Rivâyetlere göre gözlerini kaybedecek derecede içi yanarak ağladı. Ömrünün son demlerinde gözleri, görme yükünü kalbine emanet etti. O haliyle bile eğitim ve insanları irşad hizmetlerine devam etti. Birçok büyük fakih yetiştirdi. İbn-i Kuteybe'den nakledildiğine göre; İbn-i Abbas, gözlerini kaybedince bir şiir terennüm etti: "Allah, gözlerimin nurunu aldıysa da kalbim, kulaklarım ve dilim nursuz kalmadı."[19]

Namazdan Dolayı Gözlerini Tedavi Etmekten Vazgeçmesi

İbn-i Abbas'ın gözlerine karasu indiği zaman, göz hekimlerinden biri yanına gelerek şöyle dedi: "Eğer bir hafta sırt üstü yatıp hiç kalkmamaya ve namazlarını işaretle kılmaya dayanırsan, bu, senin gözlerini tedavi eder ve Allah izin verirse bir hafta içinde iyileşirsin." dedi. İbn-i Abbas bunun üzerine Hz. Aişe, Hz.

---

[19] Hz. Ebu Bekir'in torunu el-Kasım b. Muhammed'in gözleri kör olduğunda bir adam: "Yüzünün en güzel kısmı alındı." dediğinde Kasım, İbni Abbas'ın sözlerine benzer anlamlı bir cevap vermişti: "Doğru söyledin. Ancak gözlerimin kör olmasının benim için anlamı şudur ki, bana faydası olmayan şeylere bakmaktan men edilmeme karşılık, faydalı ameller hakkında düşünme imkânına kavuşturuldum."

Ebû Hureyre ve diğer ashâba haber göndererek, danıştı: Hepsi: "Ya eğer bu hafta içinde ölürsen, kılmadığın namazlar nasıl olur?" diye cevap verdiler. Zaten namaza düşkünlüğü ile bilinen İbn-i Abbas, bunun üzerine "Peygamber Efendimiz'den (sav) 'Kim namazı bırakırsa, Allah kendisine dargın olarak Allah'ın huzuruna girer.' diye buyurduğunu işittim." dedi ve namazlarını terk etmemek için, gözlerini tedavi ettirmekten vazgeçti.

Her ne kadar bu gibi zarurî durumlarda namazı bu şekilde kılmak uygun olup, namazı terk etme anlamına gelmiyor ise de, sahâbînin normal bir şekilde ifa edilen namaza karşı olan müthiş bağlılığından dolayı tedaviye şüpheli bakmaları yadırganmamalıdır. Hz. Peygamber'in (sav) tavsiyelerine harfiyen uyabilen sahâbîlerin başında İbn-i Abbas gelmekteydi. O da şahsî tercihini bu yönde kullanıp, namazlarını terk etmektense kör kalmayı âhiret boyutuyla daha uygun görmüştü. İbn-i Abbas, kalbin Allah'a karşı kör olmasına yol açabilecek her türlü teşebbüse yeltenmekten ziyade, dünya gözünün kör olmasını tercih etmişti. Allah'ın rızasını kazanmak uğruna her türlü musibete katlanmayı, Müslümanlığın bir düsturu olarak gören İbn-i Abbas, bu yönüyle de en önde giden sahâbîlerden kabul edilebilir.

İbn-i Abbas'ın, tedavi edilmekten kaçınıp, körlüğe rıza göstermesinde bir başka sebep daha bulunmaktadır. Peygamberimiz'in (sav) saralı bir hasta kadına tavsiyelerde bulunduğu bir ortamda o da hazır bulunmuştu. Onun için İbn-i Abbas, yaşadığı bu hadisenin etkisi altında kalarak, bir gün, tabiinden olup kendisi de özürlü olan Atâ b. Ebî Rabah'a[20] (belki de teselli

---

20 İlim ve takva bakımından ileri boyutta olan Atâ b. Ebî Rabah, bir dönem Mekke müftüsü olarak görev yaptı. Yaklaşık olarak iki yüz sahâbî ile görüştü ve pek çok hadis rivâyet etti. Kaynaklarda verilen bilgilere göre bir ayağı topal, bir eli sakattı (Eli, 73/692 yılında Abdullah b. Zübeyr'in yanında Haccac'a karşı savaşırken kesildi.). Ayrıca bir gözü de kördü (Ömrünün sonuna doğru diğer gözü de görmez oldu.); kamburdu, burnu çok basıktı ve derisinin rengi kapkaraydı.

olması düşüncesiyle), "Ey Atâ! Sana cennetlik bir kadın göstereyim mi?" dedi. O da "Evet!" deyince İbn-i Abbas, şöyle devam etti:

"Şu gördüğün esmer kadın, bir gün Rasûlullah'ın (sav) yanına geldi ve şöyle dedi: "Ben saralıyım. Sara nöbetim tuttuğunda (yere düşüyorum ve) üstüm başım açılıyor. Benim için Allah'a dua etseniz de bu hastalıktan kurtulsam." Bunun üzerine Rasûlullah (sav): "İstersen sabret. Zira karşılığında senin için cennet var. Dilersen, Allah'a seni afiyete kavuşturması için dua edeyim." buyurdu. Kadın: "Sabrederim. Yalnız, yere düştüğümde üzerim açılıyor. Üzerimin açılmaması için Allah'a dua edin." dedi. Bunun üzerine Rasûlullah (sav), onun için (üstü başı açılmaması için) dua etti."

Peygamberimiz'in (sav) tavsiyesine uyup, sara hastalığından kurtulmak yerine, sabrın mükâfatı olarak cenneti tercih eden bir kadının bu olağanüstü davranışından etkilenmiş olan İbn-i Abbas da yeniden iyileşmenin fizikî kazancından çok uhrevî mükâfatı önemsemiştir.

Ölümü, Cenazesinde Yaşananlar ve Hakkında Söylenenler

İbn-i Abbas, hicrî 68, miladî 687 yılında âmâ olarak ruhunu Taif'te teslim etti. Yüce Mevlası'na ve O'nun sevgili Peygamberine (sav) kavuştuğunda yetmiş yaşlarına gelmişti. Cenaze namazını Hz. Ali'nin oğlu Muhammed b. Hanefiyye kıldırdı.

Said bin Cübeyir, İbn-i Abbas'ın cenaze merasiminde yaşanan ilginç bir olayı şu şekilde nakletmektedir: "İbn-i Abbas'ın cenazesinde ben de bulundum. Hiç görülmemiş bir cins kuş gelip, tabutunun içinde girdi ve dikkat ettik; bir daha çıkmadı. Gömüldüğü zaman kabrin kenarında birisi: 'Ey huzur içinde olan kişi! Sen Rabbinden hoşnut, Rabbin de senden hoşnut olarak

Rabbine dön, kullarım içine katıl ve cennetime gir.'[21] âyet-i kerimelerini okudu. Fakat okuyanın kim olduğu bilinemedi."

Yaşanan bu olağanüstü hadiseyi Meymun bin Mihran da şu sözleriyle teyit etmektedir: "İbn-i Abbas'ı kefenledikten sonra beyaz bir kuş, kefenin içine girdi. O kuş, ne kadar arandıysa da bulunamadı. İbn-i Abbas'ın azatlısı Irkime: 'Siz ahmak mısınız? Bu kuş, Rasûlullah'ın (sav), vefat ettiği gün kendisine tekrar verileceğini vaat ettiği gözüdür.' dedi. Üstüne toprak atıldıktan sonra da bir ses işittik. Fakat sesin sahibini göremedik."

Vefat haberini duyanlar, hüzne boğuldu ve şu cümleleri sarf ettiler:

"İnsanların en bilgilisi ve en genişi öldü. Allah'a yemin ederim ki, onun ölümü bu ümmete öyle bir boşluk bıraktı ki, artık o boşluk doldurulamaz." (Cabir bin Abdullah)

"Bugün Doğu ile Batı arasındaki bütün insanların bilgisine muhtaç olduğu kişi öldü." (Rafi bin Hadic)

"Bugün, bu ümmetin takva sahibi olan âlimi öldü." (İbnü'l-Hanefiyye)

"Ben İbn-i Abbas'tan daha çabuk kavrayışlı, daha keskin zekâlı, daha bilgin ve huyu daha uysal bir kimse görmedim." (Sa'd bin Ebî Vakkas)

İbn-i Abbas'tan Vecizeler

"Bilir misiniz ilmin ortadan kalkması nedir? Yeryüzünde âlimlerin tükenmesidir."

"Arkadaşlar! Kim ilmin nasıl ortadan kalktığını öğrenmek istiyorsa, işte görsün ki, ilim böylece ortadan kalkar. Bugün çok

---

21 Fecr Sûresi; Âyet: 27-30.

miktarda ilim, toprak altına gömüldü." (Zeyd bin Sabit'in toprağa verildiği gün söylediği söz)

"İslâm dininin kaynakları, Allah'ın kitabı ile Peygamberi'nin sünnetidir. Bu iki şey dışında kim kendi görüşü ile hükmederse; bu davranışını kendi iyilikleri içinde mi görecektir, yoksa kötülüklerinde mi bilmiyorum."

"Allah'ım! Beni, rızkına kanaat edenlerden eyle; bana verdiğin rızkı bereketli kıl ve arkada bıraktığım her şeyimi gözet."

"Ey günah işleyen kimse! İstediğin günahın kötü sonucundan emin olma! İşlenen hiçbir günah yoktur ki, ardından daha büyüğü onu takip etmesin. Zira senin günah işlerken, sağında ve solunda duran meleklerden utanç duymaman, işlediğin günahtan daha büyüktür."

"Hiçbir mümin veya fasık kimse yoktur ki, Allah ona helalden rızk yazmış olmasın. Şayet sabreder, rızkını helalden beklerse; helal olan rızkını bulur. Yok, sabretmez de el uzatırsa; Allah onun helal olan rızkını azaltmış olur."

"Size, Allah'tan takva üzere bulunmayı tavsiye ederim. Ve sakın Rasûlullah'ın (sav) ashâbından kötülükle söz etmeyiniz. Zira onlar hakkında Cenâb-ı Allah'ın ne takdir buyurduğunu bilemezsiniz."

DÜŞÜNCE TURU

1. *"Allah, gözlerimin nurunu aldıysa da kalbim, kulaklarım ve dilim nursuz kalmadı."* sözlerinin manasını değerlendiriniz.

2. Gözlerini kaybeden İbn-i Abbas, yaşlı haliyle niçin inzivaya (emekliliğe) çekilmedi de hocalığa devam etti?

3. *"Kim namazı bırakırsa, Allah kendisinden dar-*

gın olarak Allah'ın huzuruna girer." hadis-i şerifinin önemini açıklayınız.

4. İbn-i Abbas'ın şahsî tercihinden yola çıkarak ibadetler ile özürlülük arasındaki bağı kurunuz.

5. Cenaze namazında yaşanan mucizevî olaylardan hareketle musibetlere karşı sabrın mükâfatının alametlerinin dünyada iken de görülebileceğini tartışınız.

ABDULLAH BİN AMR BİN AS (r.a.)
Ağlamaktan Ötürü Gözlerini Kaybeden Züht ve Takva Sahibi

Kısa Biyografisi

Ashâb-ı kirâmın büyüklerinden Amr bin As'ın oğlu. Annesi Rayla binti Münebbih'tir. Miladi 616 yılında, hicretten yedi sene kadar önce Mekke'de doğdu. Aralarında on iki yaş fark olduğu söylenen babasından önce Müslüman oldu. İman etmeden önce ismi As idi. Peygamberimiz (sav) ismini Abdullah olarak değiştirdi. Birçok seriyyede süvari olarak bulundu. Yermük Gazası'na da katıldı. Bu gazada babası Amr bin As, ordu kumandanlarındandı. Uzun boylu, yakışıklı bir zât idi. Ziraatla meşgul olurdu. Son derece cömert olup, eline geçeni dağıtır ve herkesi memnun ederdi. Muaviye döneminde Kûfe'ye ve daha sonra babasının vefatı üzerine Mısır'a bir müddet için vali olarak tayin edildi.

Hadisleri Not Etmesi

Abdullah bin Amr bin As, Peygamber Efendimiz'in (sav) yanında devamlı bulunup, ondan bizzat işiterek çok ilim öğrenmiştir. Peygamberimiz'den (sav) işittiği her şeyi unutmamak ve bunları yazmak için izin istemiş ve aldığı müsaade üzerine çok hadis-i şerif yazmıştır. Yedi yüzün üzerinde hadis-i şerif rivâyet etmiştir. Rasûlullah'tan bizzat işiterek rivâyet ettiği hadis-i şerifleri "Sahife-i Sadıka" adı verilen bir mecmuada (küçük kitapta) toplamıştır. Günümüze kadar müstakil olarak gelmeyen Sahife'nin büyük bir bölümü, Ahmed bin Hanbel'in "Müsned"inde yer almıştır.

Abdullah bin Amr'ın, Rasûlullah'tan (sav) her işittiğini yazdığını gören ashâb-ı kirâmın ileri gelenleri, ona "Sen Rasûlullah'tan (sav) olan her şeyi yazıyorsun. Hâlbuki Rasûl-ü Ekrem (sav) bazen gazap, kızgınlık halinde, bazen da sevinçlilik halinde bulunup söz söyleyebilir." demek suretiyle her söyleneni yazmamasını gerektiğini vurgulamak istediler. Bunun üzerine Abdullah, işittiklerini yazı ile kaydetmek hususunda tereddütte kalmış ve meseleyi Rasûl-ü Ekrem'e (sav) arz etmişti. Rasûlullah Efendimiz (sav), onu dinledikten sonra, buyurdu ki: "Yazmaya devam et! Çünkü Allah-ü Teâlâ'ya yemin ederim ki, ağzımdan hak olandan başka bir şey çıkmamıştır."[22]

Rivâyet ettiği hadis sayısı bakımından en önde gelen Ebû Hureyre, kendisinden fazla hadis bilen tek kişinin Abdullah bin Amr olduğunu ifade etmiş; bunun sebebini onun Peygamberimiz'den (sav) duyduğu hadisleri yazmasına bağlamıştır.

Sıffin Savaşı'na Pasif Olarak Katılması

Abdullah, babasıyla birlikte Şam'ın fethinde ve Yermük Savaşı'nda bulunmuştur. Sıffin Savaşı'na katılması için, babasının ısrar etmesi üzerine, onunla beraber Muaviye ordusunda yer almıştır. Ancak, Müslümanlara silah çekmekten kaçınmıştır. Bir keresinde Muaviye'nin huzurunda bu konu açıldığında, Peygamberimiz'in (sav) kendisine hayatta olduğu müddetçe babasına itaat etmesini tavsiye ettiğini belirtmiş ve bu sebepten dolayı savaşa katıldığını, ancak savaşmadığını itiraf etmiştir.

Yabancı Dilleri Bilmesi ve Muallimliği

Arapçadan başka İbranice ile Süryaniceyi de bilen Abdullah bin Amr bin As, Tevrat'ı okuyan nadir sahâbîlerdendi. Yazısı

---

22 Şu âyet-i kerime de aynı mealdedir: "O, kendisine vahyedilenden başkasını söylemez." (Necm 3,4).

da gayet güzeldi. Kendisinden Şuayb bin Muhammed, Said bin Müseyyib, Urve bin Zübeyr, Tavus bin Keysan, Atâ, İkrime ve Hasan Basri gibi âlimler hadis-i şerif öğrenmişlerdir.

Kendisine bir sual sorulduğunda, yazdıklarına bakarak cevap verirdi. Bir gün kendisine, Kostantiniyye (İstanbul) ve Roma şehirlerinden hangisinin daha evvel fethedileceği soruldu. Abdullah suali dinledikten sonra bir sandık getirtmiş, içinden bazı yazıları çıkartmış ve şu cevabı vermişti: "Bir gün Rasûlullah'ın etrafında oturmuş, hadis-i şerif yazıyorduk. Derken Rasûl-ü Ekrem'e şöyle soruldu: "Kostantiniyye veya Roma şehirlerinden hangisi daha evvel fethedilecektir?" Rasûlullah (sav) buyurdu ki: "En önce Herakliyus'ün şehri olan Kostantiniyye (İstanbul) fethedilecektir."

Peygamberimiz'in (sav) Kendisini İbadetlerde İtidale Davet Etmesi

Abdullah bin Amr, çok ibadet yapardı. Bütün hayatını ibadet etmeye vakfetmişti. Hatta bu hâli sebebiyle evlendiği zaman, günlerce hanımının yanına varmadı. Babası Amr bin As, bu durumu Rasûlullah'a (sav) arz ederek, evlilikten de nasibini almasını istemişti. O kadar ibadet yapma arzusu vardı ki, hayatta bulundukça her gün oruç tutmak ve her gece namaz kılmak üzere Allah'a yemin ederek nezirde (adakta) bulundu. Onun bu hâlini Rasûlullah Efendimiz'e (sav) haber verdiklerinde, Peygamberimiz (sav) ona şu tavsiyede bulundu:

"Ey Abdullah! Böyle yapma! Bazı günlerde oruç tut; bazı günlerde iftar et, oruç tutma! Gecenin bir kısmında uyu, bir kısmında da namaz kıl! Çünkü şu bedeninin senin üzerinde hakkı vardır; gözünün de bir hakkı vardır, hanımının da bir hakkı vardır, komşunun da bir hakkı vardır. Binaenaleyh, bu hakların hepsini yerine getirerek her ayda üç gün oruç tutmak sana kâfidir. Her yapılan iyiliğe ve her hayır ve ibadete karşılık olarak on misli sevap ve mükâfat verileceğine göre, her ayın üç gün orucu, bütün sene orucu demektir." buyurdu.

Abdullah da: "Ya Rasûlullah! Ben bundan daha fazla ibadet etmek için kendimde kuvvet buluyorum." dedi. Rasûlullah (sav): "Öyle ise Davud aleyhisselâmın orucu gibi oruç tut, fazla tutma!" buyurdu. O da: "Davut Peygamber'in orucu ne kadardır?" diye sordu. Rasûlullah Efendimiz (sav) buyurdu ki: "En makbul oruç, kardeşim Davut aleyhisselâmın orucudur. Bir gün yer, bir gün tutardı."

Abdullah, Allah-ü Teâlâ'ya yemin vererek adak verdiği için, ömrünün sonuna kadar böyle ibadet yapmıştır. Ancak yaşlandığında Peygamberimiz'in (sav) kendisine gösterdiği kolaylıklardan yeterince yararlanmadığı için, pişmanlık duymuştur. Her gece namaz, her gün oruç tutma ile ilgili yemini ve ihtiyarlığındaki şu itirafı ilginçtir: "Keşke Hz. Peygamber'in (sav) bahsettiği ruhsatı kabul etseydim."

Kendini İbadetlere Vermesi ve Dünya Işığını Kaybetmesi

Kur'ân-ı Kerim'i tamamen ezberlemişti. Hep Kur'ân-ı Kerim okurdu. Haramdan son derece sakınır, hatta mubahların çoğunu da terk ederdi. Gündüzleri oruç tutmaya ve geceleri de sabaha kadar namaz kılmaya devam etti. Zühd ve takva hususunda ileri bir noktada olan Abdullah, artık kendini tümüyle ibadetlere vermişti. Hatta o kadar ki, geceleri bazen lambayı söndürür ve Allah korkusundan gizlice sabaha kadar ağlardı.

Bir gün, "Çok ağlayın! Ağlayamazsanız, ağlamaklı bir halde bulunun. Eğer hakikati bilseydiniz, sesiniz kesilinceye kadar ağlar ve beliniz kırılıncaya kadar namaz kılardınız." buyurdu. Söylediklerini ise bizzat kendisi fazlasıyla yapardı; denebilir ki, hayatı hep hüzün ve gözyaşı içinde geçmiştir.

Onun için, çok ağlamaktan dolayı ömrünün sonuna doğru

gözleri rahatsızlanmış ve en sonunda görmez olmuştu. Oğlunun bu hâline üzülen annesi, Abdullah bin Amr için göz ilacı ve sürme yapar, ona verirdi. 684 (Hicrî 65) tarihinde, yetmiş iki yaşlarında Mısır'da vefat etti ve Amr ibn-i As Camii yanındaki evine defnedildi.

DÜŞÜNCE TURU

1. Abdullah bin Amr, hakikat karşısında kendini ağlamaktan niçin kurtaramamıştır?

2. İbadetlere, ileri züht ve takva derecesinde düşkün olmasının sebebi sizce ne idi?

3. Abdullah bin Amr, gözlerinin kör olabileceği ihtimaline karşı, niçin yoğun ibadetlerinden ve ağlamaktan vazgeçmedi?

ABDULLAH BİN CAHŞ (r.a.)
Görme Problemlerine Rağmen Yiğitliğin Zirvesine Ulaşan Mücahit

Kısa Biyografisi

Peygamberimiz'in (sav) halası Ümeyme ile Cahş'ın oğludur. Kız kardeşi Zeyneb, Peygamber Efendimiz'in (sav) hanımlarındandır. Künyesi, Ebû Muhammed'dir. Peygamber Efendimiz'i (sav) çok sevdiği ve bu muhabbet uğruna canını feda etmekten çekinmediği için El-Mücahidü fi'llah, yani "Allah Yolunun Fedaisi" lakabıyla anılırdı. Hz. Ebû Bekir'in vasıtasıyla, kelime-i şehâdet getirerek, ilk Müslümanlardan olmak şerefine kavuştu. Abdullah bin Cahş, diğer sahâbîler gibi, imanı heyecanla yaşamaktaydı. İlk Müslüman olduğu yıllarda, kâfirler kendisine her türlü eza ve cefayı yapmışlardı. Hepsine de imanının verdiği güç ile mukabele etmiş, eza ve cefalara katlanmıştı.

Peygamberimiz'in (sav) emri ile iki defa Habeşistan'a hicret etti. Dönüşte bir müddet Mekke'de kaldı. Sonra ailesiyle birlikte Medine'ye hicret etti. Medine'de, Ensar'dan Asım bin Sâbit ile kardeş oldu.

Peygamber Efendimiz (sav), kendisi için buyurmuştur ki: "Abdullah, açlığa ve susuzluğa en çok dayanan ve katlananınızdır." Abdullah bin Cahş, Peygamberimiz'e (sav) çok bağlı idi. Rasûlullah Efendimiz (sav), onu emir tayin ettiği vakit, kendisine sormuştu: "Ey Abdullah! Dünyada en çok arzu ettiğin, özlediğin nedir?" Bunun üzerine, "Allah ve Rasûlüne muhabbettir." diye arz etmişti. 40 yaşlarındayken 625 (Hicrî 3)'te Uhud Muharebesi'nde şehit oldu.

Görme Özürlülüğü Hicrete ve Savaşlara Katılmasına Engel Değildi

Günümüzde bilinen şekliyle Abdullah bin Cahş'ın, ya hipermetrop ya da ağır bir miyop olması gerekmektedir. Netice itibariyle görme kapasitesi sınırlı idi. Herhalde sadece karartıları ancak hissedebiliyordu. Buna rağmen hemen hiçbir savaştan da geri kalmamıştı. Abdullah bin Cahş, birkaç kere kumandan yapıldı. Bedir ve Uhud Gazalarında büyük kahramanlıklar gösterip destanlaştı.

Gözlerinin iyi görmemesi, hicret öncesi döneme rastlamaktadır. Kör olmasına rağmen Mekke'nin altını üstüne getirerek, kılavuzsuz olarak kendi başına gezebiliyordu. Mekke sokaklarında şiir okumakla ünlenmişti. İbn-i Abbas'a göre, Abdullah bin Cahş, Mekke'de kalan muhacirlerin sonu idi. Hicret etmek istedikçe, Ebû Sufyan'ın kızı olan karısı, buna engel oluyordu. Karısı: "Eğer hicret etmek gerekiyorsa Medine'ye değil, başka yere hicret et." diyordu. Ancak o, karısını dinlemedi ve Kureyşlilerden habersiz olarak çoluk çocuklarını alıp çıktı ve kör hâliyle Medine'ye Peygamberimiz'in (sav) yanına geldi. Bunun üzerine Ebû Sufyan da kalkıp onun Mekke'deki evini sattı.

Askeri Birliğin Başına Getirilmesi

Peygamber Efendimiz (sav), Abdullah bin Cahş'ı Miladî 624 (Hicrî 2)'te, bir Recep ayında, Kureyş müşriklerini gözetlemek üzere gönderdiği ilk seriyyeye, yani düşman üzerine gönderilmek üzere oluşturulan süvari müfrezesine kumandan tayin etti. Bu sebeple İslâm tarihindeki ilk birlik kumandanı olmakla meşhur oldu. Bu sefere memur edildiği zaman, ilk defa Emir'ül-Mü'minin sıfatı verildi.

Aslında Peygamberimiz (sav) Kureyş müşriklerini gözetlemek üzere, ilk önce Ebû Ubeyde bin Cerrâh'ı göndermek istemişti. Hz. Ebû Ubeyde, Peygamber Efendimiz'den (sav) ayrılmaya dayanamayarak ağlamaya başlayınca Peygamberimiz (sav), onu göndermekten vazgeçti ve yatsı namazını kıldıktan sonra Abdullah bin Cahş'a şöyle buyurdu: "Sabahleyin yanıma gel! Silahın da yanında bulunsun! Seni bir tarafa göndereceğim."

Ondan sonraki gelişmeleri, Abdullah bin Cahş'ın ağzından dinleyelim: "Sabah olunca mescide gittim. Kılıcım, yayım, ok ve çantam üzerimde, kalkanım da yanımda idi. Rasûlullah Efendimiz (sav), sabah namazını kıldırdıktan sonra, Muhacirlerden benimle birlikte gidecek birkaç sahâbî buldu. Birliğe katılanlara hitaben Peygamberimiz (sav): 'Sizin üzerinize birini tayin edeceğim ki, o en hayırlınız değildir. Fakat açlığa, susuzluğa en çok dayanan, katlananınızdır.' dedi."

Müslümanlardan oluşan sekiz kişilik bir birlik, bunun üzerine Abdullah'ın kumandasında Nahle vadisine yola çıktı. Rasûl-ü Ekrem (sav), kumandan tayin ettiği Abdullah bin Cahş'a bir de mektup verdi. Bu mektubu iki gün yol aldıktan sonra açıp okumasını ve ona göre hareket etmesini emir buyurdu. İki günlük yolculuktan sonra Abdullah bin Cahş, emir gereğince mektubu açıp okudu. Mektupta şunların yazılı olduğunu gördü: "Bu mektubumu gözden geçirdiğin zaman Mekke ile Tâif arasındaki Nahle vadisine kadar yürüyüp, oraya inersin. Oradaki Kureyş'i gözetler, alabildiğin haberleri gelip bize bildirirsin."

Kahraman sahâbî Abdullah bin Cahş, Hz. Rasûlullah'ın (sav) mektubuna karşılık, "Semi'nâ ve ata'nâ" (dinledik ve itâat ettik) dedikten sonra, mücahitlere de, "Hanginiz şehit olmayı ister ve makamı özlerse, benimle gelsin. Kim de ondan hoşlanmazsa, geri dönsün. Ben ise Rasûlullah'ın (sav) emrini yerine getireceğim." diye hitap etti. Fedakâr mücahitler, tereddütsüz, kumandanlarının emrine amade olduklarını bildirdiler.

Mücahitler nöbetleşe bindikleri develerle Nahle vadisine vardılar. Orada konakladılar. Bu arada, yükleri kuru üzüm ve yiyecek maddeleri olan Kureyş'in bir kervanı göründü. Kervan, gelip onlara yakın bir yerde konakladı. Mücahitler bunlara karşı nasıl davranmaları gerektiği hususunda konuştular. Hücum etmeyeceklerine dair, önce bir karara varamadılar. Çünkü içinde kan dökmenin haram olduğu Recep ayının, girip girmediğinde tereddüt ediyorlardı. Sonunda henüz Recep ayının girmesine bir gün var olduğu kanaatine varınca, ittifakla kervanı ele geçireceklerine dair karar aldılar. Tam o esnada Vâkıd bin Abdullah'ın attığı bir okla kervanın reisi Amr bin Hadremî öldü. Mücahitler, diğerlerinin üzerine yürüdüler. İki kişiyi esir alıp kervanı da ele geçirdiler.

Kurtulanlar, Kureyşlileri hadiseden haberdar etmek için Mekke'ye doğru kaçmaya başladılar. Mücahitler ise iki esir ve kervanla birlikte Medine'ye döndüler. Seriyyenin başkanı Abdullah bin Cahş, olanları anlatınca Fahr-i Kâinat Efendimiz (sav) hiddetle: "Ben size, haram olan ayda çarpışmayı emretmemiştim." dedi ve ganimetten herhangi bir şey almaktan kaçındı. Seriyyeye iştirak etmiş bulunan mücahitler, Rasûl-ü Ekrem'in (sav) bu hareketi karşısında neye uğradıklarını şaşırdılar. Diğer sahâbîler de onların bu hareketlerini tasvip etmeyince büsbütün üzüldüler.

Rasûl-ü Kibriya'ya (sav) durumu izah ettiler: "Ya Rasûlullah! Biz, onu Receb'in ilk gecesinde ve Cemâziyelâhir ayının son gecesinde öldürdük! Recep ayı girince kılıçlarımızı kınına soktuk!" Buna rağmen Rasûlullah (sav), kendisi için ayrılan ganimeti almadı. Çünkü ortada bir şüphe söz konusu idi. Nitekim Mekkeli müşrikler de bu hareketi dillerine doladılar ve dedikodu yapmaya başladılar: "Muhammed ve ashâbı haram ayı helâl saydı; onda kan döktüler, mal aldılar, adam esir ettiler."

Bu dedikodular Medine'den duyuldu. Diğer taraftan Medine'de bulunan Yahudiler de ileri geri konuştular. Bir taraftan seriyyeye iştirak etmiş bulunan mücahitler, bu hareketlerinden dolayı üzüntü duyuyorlardı. Diğer taraftan Mekkeli müşrikler ve

Medineli Yahudiler ileri geri konuşuyorlardı. Peygamber Efendimiz (sav) ise kendisine ayrılan ganimeti kabul etmiyordu.

Bir müddet sonra Efendimiz'e (sav) vahiy geldi ve meseleyi halletti. İlgili âyette şöyle buyuruldu: "Sana haram ayda savaşmanın hükmünü soruyorlar. De ki: O ayda savaşmak büyük günahtır. Fakat insanları Allah yolundan çevirmek, O'nu inkâr etmek, Mescid-i Haram'ı ziyaretten men etmek, oranın ahâlisini Mescid-i Haram'dan çıkarmak, Allah katında daha da büyük günahtır. Fitne ise katilden daha büyük bir cinayettir. Onların elinden gelse, dininizden döndürülünceye kadar sizinle savaşmaktan geri durmazlar." (Bakara Sûresi, Âyet: 217)

Seriyyeye iştirak etmiş olan mücahitler bu âyet üzerine sıkıntı ve manevî ıstıraptan kurtuldular. Peygamber Efendimiz de (sav) kendisi için ayrılmış bulunan ganimet hissesini kabul etti. Müşrikler ise esirleri için kurtuluş bedeli gönderdiler. Esirlerden sadece Osman bin Abdullah, Mekke'ye gitti. Diğer esir Hakem bin Keysan ise Müslüman olup Medine'de kaldı.

Uhud Savaşı'nda Şehit Olması

Abdullah bin Cahş, Uhud Gazası'nda şehit olmak istiyordu. Ordu yola çıkmış, Şeyheyn denen mevkiye gelmişlerdi. Müminlerin annesi Ümmü Seleme, Peygamberimiz'e (sav) bir kapta üzüm suyu getirmişti. Peygamberimiz (sav), bir miktar içtikten sonra geriye kalanını Abdullah bin Cahş'a uzattı. Abdullah, şıranın tamamını içip bitirdi. O anda bir arkadaşı yaklaşarak, ona sordu: "Sabahleyin içeceğin suyun nerede olduğunu biliyor musun?" Şehit olmayı kafasına koymuş olan Abdullah: "Ben, ancak Rabbime kavuşunca şerbete kanarım. O'na kavuşmak, benim için; iyice susadığımda, suya en mükemmel şekilde kanmaktan daha hoştur." dedi.

Büyük sahâbîlerden olan Sa'd bin Ebî Vakkas, Uhud Harbi'nde Abdullah bin Cahş'la arasında geçen ilginç diyalogu şöyle anlatır:

"Uhud'da, savaşın çok şiddetli devam ettiği bir andı. Abdullah bin Cahş yanıma sokuldu, elimden tuttu ve beni bir kayanın dibine çekti. Bana şunları söyledi: 'Şimdi burada sen dua et, ben âmin, diyeyim. Sonra ben dua edeyim, sen de âmin, de!' Ben de: 'Peki!' dedim ve şöyle dua ettim: 'Allah'ım! Bana çok kuvvetli ve çetin kâfirleri gönder. Onlarla kıyasıya vuruşayım. Hepsini öldüreyim. Gazi olarak, geri döneyim.'

Abdullah bin Cahş, benim yaptığım bu duaya, bütün kalbiyle "âmin" dedi. Sonra kendisi: 'Ya Rabbi! Allah'ım, bana zorlu kâfirler gönder. Kıyasıya onlarla vuruşayım. Cihadın hakkını vereyim. Hepsini öldüreyim. En sonunda bir tanesi de beni şehit etsin. Dudaklarımı, burnumu ve kulaklarımı kessin. Kıyamette böylece huzuruna geleyim. Bana, 'Abdullah! Kulaklarını, burnunu ne yaptın?' diye sorduğun vakit, 'Senin ve Rasûlün'ün yolunda toza ve toprağa bıraktım da huzuruna öyle geldim.' diye cevap vereyim. Sen de, 'Doğru söylüyorsun.' diyesin.' diye dua etti.

Gönlüm böyle bir duaya "âmin" demeyi arzu etmiyordu. Fakat o istediği ve önceden söz verdiğim için mecburen "âmin" dedim. Daha sonra, kılıçlarımızı çektik, savaşa devam ettik. İkimiz de önümüze geleni öldürüyorduk. O, son derece bahadırâne savaşmaya başladı; düşman saflarını tarumar ediyordu. Düşmana hamle üstüne hamle yapıyor, şehit olmak için derin bir iştiyakla hücumlarını tazeliyordu. "Allah Allah!" diye çarpışırken, kılıcı kırıldı. O anda sevgili Peygamberimiz (sav), ona bir hurma dalı uzatarak, savaşa devam etmesini buyurdu. Bu dal, bir mucize olarak kılıç oldu ve önüne geleni kesmeye başladı. Birçok düşmanı öldürdü."

Savaşın sonuna doğru Abdullah bin Cahş, Ebû'l-Hakem isminde bir müşrikin attığı oklarla arzu ettiği şahadete kavuştu.

Şehit olunca, kâfirler, bu mübarek şehidin cesedine hücum ederek burnunu, dudaklarını ve kulaklarını kestiler. Her tarafı kana boyandı. Dua ettiği gibi kulakları, dudakları ve burnu müşrikler tarafından kesilip bir ipe dizildi. Şehit olduğunda 40 yaşlarındaydı. Muharebe bittikten sonra, Abdullah bin Cahş'ı şehit edilmiş bulan Sa'd bin Ebî Vakkas, durumu ve onun yaptığı duayı Peygamber Efendimiz'e (sav) anlattı. Rasûlullah Efendimiz (sav) de, onun duasının kabul edildiğini ve bu dünyada istediğine kavuştuğunu, âhirette de istediğine kavuşacağının anlaşıldığını bildirdi. Abdullah bin Cahş ve dayısı; "Şehitlerin Efendisi", "Allah'ın Aslanı" Hz. Hamza, aynı kabre koyuldular.

DÜŞÜNCE TURU

1. Bütün tehlikelere rağmen Mekke sokaklarında serbestçe dolaşan ve imanını gizlemeyen bir sahâbînin bu tutumundan ne dersler çıkarılmalıdır?

2. Görme sorunları yaşayan bir sahâbînin, hangi sebeplerden dolayı askeri bir birliğin başına getirilmiş olduğunu bir düşünün.

ABDULLAH BİN EBÎ EVFA (r.a.)
Ebû Hanife'nin Gördüğü Son Görme Engelli Sahâbî

Savaşlarda Yara Alması

Abdullah bin Ebî Evfa, "Abadile-i Seb'a", yani "Yedi Abdullah" olarak meşhur olan âlim sahâbîler arasına girmeye hak kazanmış; hem cihada, hem de ilme önem veren bir sahâbîdir. Rahmet Peygamberi (sav) ile birlikte yedi gazaya katıldı. Huneyn ve Hayber savaşlarında gösterdiği kahramanlıklar dikkate şayandır. Huneyn'de birçok kimsenin sıkışıp kaçtığı bir sırada Abdullah, sarsılmadan canını Peygamberimiz'e (sav) siper eden az sayıdaki sahâbîlerdendi. Rasûlullah'a (sav) gelebilecek tehlikelere karşı o, her zaman teyakkuz hâlinde olup göğsünü geriyordu. Savaşın dehşetinden ve şiddetinden korkmadı, yılmadı; yiğitçe savaştı ve bedeninde birçok yara meydana geldi. Ancak bu yaraların izleri, hayatının sonuna kadar bir inanç abidesi olarak vücudunda kaldı.

Musibetlere Karşı Sabırlı Olması

Bir Müslüman olarak, başına gelen her türlü bela ve sıkıntılara karşı Abdullah, son derece sabırlı idi. Meydana gelen musibetler karşısında ailesine, sosyal çevresine daima sabır ve sükûnet tavsiye ederdi. Bir defasında çok sevdiği kızı küçük yaşlarda Allah'ın rahmetine kavuşmuştu. Hanımı yana yakıla ağlıyordu. Abdullah, hanımının bu şekilde sesli ağlamasını hoş karşılamadı ve ikaz etti: "Kalben üzülebilirsin, gözyaşı dökebilirsin; fakat seslice ağlama!" Peygamberimiz'i (sav) örnek alan bir sahâbî olarak, O'nun sünnetini aynen tatbik ediyordu. Zira Peygamberimiz'in (sav) oğlu İbrahim vefat ettiğinde O, hüzünlenmiş, hatta sessizce gözyaşı dökmüştü. Görüldüğü gibi Abdullah, sadece ibadetlerde değil, beşerî münasebetlerde ve sosyal hadiselerde de Peygamberimiz'i (sav) taklit ederdi.

Medine'yi Terk Etmesi ve Gözlerinin Kör Olması

İnsanlığın yıldız şahsiyetlerinden olan Abdullah, Peygamberimiz'in (sav) vefatına kadar Medine'de kalıp, O'nun feyizli sohbetlerine hep katılmış ve nübüvvet nurundan doyasıya istifade etmiştir. Ancak Peygamberimiz (sav) âhirete göç ettikten sonra Peygamber'siz bir Medine'de yaşamak istememiş ve Kûfe'ye gitmiştir. Küçük yaşta Kur'ân'ı ezberlemiş olan İmam-ı Azam Ebû Hanife, bu büyük sahâbînin devrine yetişmiş ve ondan hadis dinlemiştir. Kûfe'de vefat eden en son sahâbî unvanını alan Abdullah, Hicrî 86 yılında vefat ettiğinde yüz yaşında ve Ebû Hanife de altı yaşındaydı. Ebû Hanife'nin görebildiği dört sahâbîden biri olan Abdullah, vefatından birkaç yıl önce gözlerini kaybetmişti. Muhtemel ki, bu sahâbî, Ebû Hanife'yi dünya gözüyle görememişti. Abdullah bin Ebî Evfa'dan rivâyet edilen hadislerden doksan kadarı zamanımıza kadar ulaşmıştır.

DÜŞÜNCE TURU

1. Abdullah bin Ebî Evfa'nın musibetlere karşı bakışı nasıldı?

2. Bedeninde yara izlerinin kalması ve ahir ömründe de kör olması, Abdullah bin Ebî Evfa'yı sizce nasıl etkilemiştir?

ABDULLAH İBN-İ ÜMMÜ MEKTÛM (r.a.)
Körlerin Efendisi

Soyu

Abdullah İbn-i Ümmü Mektûm, Peygamberimiz'in (sav) ilk eşi Hz. Hatice validemizin dayısı Kays İbn-i Zâide'nin oğludur. Annesinin adı Atike bint-i Abdullah'tı. Kendisi, annesine nispetle Ümmü Mektûm'un oğlu anlamında, İbn-i Ümmü Mektûm ismiyle meşhur olmuştur. Abdullah, daha çocukken gözlerini kaybetmiştir.

Hakkında Âyet İnmesi ve Peygamber'e (sav) Gelen İlahî İkaz

Bir Kur'ân aşığı olan Abdullah, Peygamberimiz'in (sav) huzurunda bulunmak, onun manevî atmosferinden istifade etmek ve ondan Kur'ân'dan âyetler öğrenmek için, sık sık Rasûlullah'ın (sav) yanına giderdi. Bir gün Abdullah, bu niyetlerle Peygamberimiz'in (sav) huzuruna geldi. Bu esnada da Rasûlullah (sav), belki içlerinden birkaçı imana gelir ümidiyle Kureyş müşriklerinin ileri gelenlerine canla başla İslâm'ı anlatmaktaydı.[23]

Abdullah, meclise gelerek Peygamberimiz'e (sav) hitaben, "Ya Rasûlullah, bana Kur'ân okut! Allah'ın sana öğrettiğinden

---

23 Rasûl-ü Ekrem (sav), o gün, Utbe b. Rebia, Şeybe b. Rebia, Ebu'l-Hakem bin Hişâm (nâm-ı diğer Ebu Cehil), henüz iman etmemiş olan amcası Abbas bin Abdulmuttalib, Ümeyye b. Halef, Velid b. Muğîre gibi Mekke'nin ileri gelen kişileriyle oturmuştur.

bana da öğret!" dedi. Aslında İslâm öncesi dönemlerde Kureyş geleneğinde, kabile büyüklerinin yanlarında fakir ve zavallı kişilerin bulunması ve söze karışması düşünülemezdi. Onun için, Kureyş'in ileri gelenleri, İbn-i Ümmü Mektûm'un bu tutumunu yadırgadılar. Gözleri görmediği için, oradaki toplantının önemini İbn-i Ümmü Mektûm tabiî ki bilemezdi. İbn-i Ümmü Mektûm'un elinden tutup getiren kimseye, Hz. Peygamber (sav): "Daha sonra geliniz!" anlamında bir işaret yapmıştı; fakat Abdullah, o kadar istekli idi ki, onun elinden tutanları da iterek sesin geldiği yöne doğru yürüyordu.

Yanındakiler tarafından uyarıldı ise de o, isteklerini tekrarlıyor ve tartışmanın ortasına giriyordu. Kim bilir, nasıl bir istek ve inanma aşkı onu böyle ısrarlı kılmıştı? Allah'ın elçisi ne yapmalıydı? Bir yanda, neredeyse yeni dini kabullenecek kabile büyükleri, bir yanda da etrafını göremeyen, fakat Kur'ân'ı dinlemeye hazır bir dostu. Rasûlullah (sav), Müslüman olacaklarını düşündüğü yabancılar üzerinde daha fazla durma gereği duyduğundan, o anda Abdullah'la yeterince ilgilenemedi veya ilgilenmek istemedi. Abdullah, mecliste bulunanları göremediği ve Rasûlullah'tan (sav) cevap alamadığı için, talebini birkaç defa tekrar etti. Rasûlullah, ona aldırmayıp yüzünü buruşturup döndü; sözünün kesilmesini istemedi ve misafirlerle sohbet etmeye devam etti. Fakat çok sürmedi, tam sözünü bitirip kalkacağı sırada ilâhî ikaz geldi:

"Yanına âmâ (görme özürlü) geldi diye, yüzünü ekşitip döndü. Nerden bileceksin, belki de o, günahlarından arınacaktı. Yahut o, öğüt alacak ve o öğüt, kendisine fayda verecekti. Öğüde ihtiyaç duymayan kimseye gelince, sen ona yöneliyorsun (onu kurtarmaya özeniyorsun). Onun inkâr ve isyan pisliği içinde kalmasından sen mesul değilsin (Onun Müslüman olmayıp temizlenmemesinden sana ne?). Sana koşarak gelen ve Allah'tan korkan kimseyi ise ihmal ediyorsun (Sen ondan yüz çevirip başkası ile oyalanıyorsun.). Sakın! (Bir daha öyle yapma!) (Abese Sûresi; 80: 1-10).

Allah'ın Elçisi'nin (sav), yüzünü, kör ve fakir sayılan kişiden öteye çevirmesi ve gelen misafirlerle ilgilenmesi, İbn-i Ümmü Mektûm'un duygularının incinmesine sebebiyet verdi. Bunun için Allah'ın Rasûlü (sav), aldığı ilahî ikazın etkisiyle çok geçmeden onun gönlünü aldı ve ona Kur'ân'ı anlattı. Bundan böyle İbn-i Ümmü Mektûm ve diğer özürlü sahâbîler hiçbir surette dışlanmadıkları gibi, Peygamberimiz'in (sav) hep yanında görüleceklerdi. Bu hadiseden sonra Rasûlullah, özellikle özürlü sahâbîlere ve tabiî ki İbn-i Ümmü Mektûm'a daha çok iltifatta ve ikramda bulunmuştur. Ne zaman onu görse, hem espri olması, hem de o hadiseyi hatırlatması babında "Ey Rabbimin beni ikazına sebep olan kardeşim, merhaba!" diye onun gönlünü alırdı.

Gözlerini Kaybedenlere Verilen İlahî Müjde

Bir gün Allah-ü Teâlâ, Hz. Cebrail'e: "Ey Cebrail, iki gözü kör olan bir mümin, bu hâline sabrederse, mükâfatının ne olacağını bilir misin?" buyurdu. Cebrail: "Allah'ım! Seni noksan sıfatlardan tenzih ederim. Biz ancak bize bildirdiğini bilebiliriz." dedi. Allah-ü Teâlâ da: "Onun mükâfatı, ebedî olarak cennette kalmak ve Benim Cemâlime doya doya bakmaktır." buyurdu.

Hz. Enes'in rivâyet ettiğine göre, bir defasında Hz. Cebrail, Peygamberimiz'in (sav) huzuruna insan şeklinde geldiğinde İbn-i Ümmü Mektûm orada bulunmaktaydı. Cebrail, "Gözünü ne zaman kaybettin?" diye sorunca o da "Çocukken." cevabını vermiştir. Bunun üzerine Cebrail, kendisine şu müjdeyi vermiştir: "Allah, buyuruyor ki: 'Ben bir kulumun gözünü aldığım zaman ona cenneti mükâfat olarak veririm.' Bu hadis-i kudsî sayesinde Abdullah İbn-i Ümmü Mektûm, "dünyada iken cennet müjdesini almış ilk kör sahâbî" unvanına sahip olmuştu.

Müezzinlik ve İdarecilik Yapması

Abdullah, ilk Müslümanlardan olduğu gibi, ilk Muhacirlerden olma şerefine de nail olmuştu. Peygamberimiz'den (sav) önce, Medine'ye Mus'ab b. Umeyr ile ilk hicret edenlerdendi. Peygamberimiz'den (sav) Kur'ân âyetlerini ezberleyen ve bu şekilde hâfız olan Abdullah, Mus'ab ile birlikte Medineli Müslümanlara Kur'ân öğretmiştir. Görme özürlü olmasına rağmen, Hz. Peygamber (sav) onu Bilal ve Ebû Mahzûre ile birlikte Mescid-i Nebevî'de müezzinlikle görevlendirmiştir. Bilal olmadığı zaman Ebû Mahzûre, o da bulunmadığı zaman Abdullah ezan okurdu. Ramazan aylarında ise sahurun bittiğini ilan etmek için ayrıca ezan okurdu Abdullah. Bunun için Rasûlullah (sav) müminlere "İbn-i Ümmü Mektûm, ezanı gece okuyor; o ezan okuyuncaya kadar yiyip içiniz." buyurmuştur.

İbn-i Ümmü Mektûm, imanı kuvvetli ve dinî emirlere harfiyen uymayı seven bir sahâbî idi. Evi, Mescid-i Şerif'e uzak olduğu hâlde ve kendisine, namazını evinde kılabileceğine dair ruhsat verilmesine rağmen o, her namaz vakti Peygamberimiz'le (sav) ve cemaatle namaz kılmaya itina gösterirdi. Çok zaman Hz. Ömer ona rehberlik eder, gidip gelirken yardımcı olurdu.

Rivâyete göre İbn-i Mektûm, bir gün Hz. Peygamber'in (sav) yanına geldi ve "Ey Allah'ın Rasûlü! Elimden tutup beni mescide getirecek bir kimsem yok." dedi ve namazını evinde kılması için izin istedi. Peygamberimiz (sav), onun özel durumunu bildiği için, ona hemen izin verdi. İbn-i Mektûm dönüp giderken Hz. Peygamber ona dönerek "Ezanı işitiyor musun?" diye sordu. İbn-i Mektûm: "Evet!" deyince, Hz. Peygamber: "Öyleyse davete icabet et!" dedi.

Hz. Peygamber'in (sav), görme engelli başka bir sahâbî olan Itbân bin Mâlik'e, kendi evinde namaz kılmasına ve kıldırmasına izin verdiği halde, İbn-i Mektûm'a bu hususta izin vermemesi, evinin mescide ezanı işitecek kadar yakın olmasıyla açıklanmalıdır. Diğer taraftan da İbn-i Mektûm gibi sesi gür ve güzel olan bir sahâbîsini, mutlaka aralarında görmeyi arzulamış olmalıdır. İbn-i Ümmü Mektûm, ayrıca bir Kur'ân hafızı idi. Medine'ye geldikten sonra Ensar'ın (Medinelilerin) birçoğuna Kur'ân-ı Kerim kıraatini öğretmeye başlamıştı. Bu arada sohbetlerinde bulunduğundan dolayı Rasûlullah'tan (sav) duymuş olduğu hadis-i şerifleri de unutmamaya çalışırdı. Zaman zaman etrafına toplanan kimselere hadis-i şerif rivâyeti yapardı.

Hz. Peygamber (sav), Ebvâ, Buvât, Zu'l-Uşeyre, Suveyk, Gatafân, Uhud, Necrân, Zâtu'r-Rikâ gibi sefer ve savaşlara giderken, Medine'de yerine vekâlet etmek üzere Abdullah İbn-i Ümmü Mektûm'u tam 13 defa görevlendirmiştir. Devlet başkanlığı görevini üstlenmiş olması hasebiyle namazları da İbn-i Ümmü Mektûm kıldırmıştır. Medine'de idarecilik ve imametle vazifelendirilmesi, görme özürlülüğüyle sefer ve savaşlara katılmasının zor ve tehlikeli olmasındandır.

Cihada Katılmak İstemesi Üzerine İnen Âyet

İlahî emirler karşısında fevkalade duyarlı olan Abdullah, özürlü Müslümanlar için örnek bir şahsiyetti. Meselâ, cihadın ve mücahitlerin fazileti ile ilgili âyetler indirildiğinde, sanki bu âyetlerin kendisini muhatap kıldığı inancını ve bu ağır sorumluluğu yerine getirememe kaygısını içinde taşırdı. Bir gün gözyaşları ile Peygamberimiz'in (sav) yanına geldi ve:

"Ya Rasûlullah! Vallahi, cihad etmeye imkânım ve gücüm olsa, ederdim." diyerek Cenâb-ı. Hakk'a yöneldi ve "Ya Rab! Özrümü beyan eden âyet indir! Özrümü beyan eden âyet indir!" diye dua etmeye başladı. Peygamberimiz'in (sav) kâtibi, Zeyd bin Sabit bu hadiseyi şu şekilde rivâyet etmektedir:

"İbn-i Ümmi Mektûm, Rasûlullah bana vahyi yazdırırken gelmiş ve bu sözleri söylemişti. Bu sırada Rasûlullah'ın dizinin bir kısmı dizimin üzerine geliyordu. Birden dizi ağırlaşmaya başladı. Vahiy başlamıştı. Dizim ezilecekti, zannettim. Biraz sonra hafifledi. Bana dönerek: "Zeyd, yazdığını oku!" buyurdu. Okudum: "Müminlerden savaşa katılmayıp oturanlarla, malları ve canlarıyla Allah yolunda cihad edenler bir değildir." Rasûlullah (sav) ilâve etti ve yazmamı söyledi: "Özürlü olanlar hariç."[24]

Anlaşıldığına göre; herhangi bir yönden özür sahibi olanlar, sağlıklı olanların bizzat yaparak elde edecekleri mükâfatları, sadece niyet etmekle elde edebileceklerdir. Enteresandır; bu âyet-i kerimeyle, mazereti ve özrü olan insanların fiilî cihada, yani savaşa ve sıcak çatışmalara katılmaları şart görülmediği hâlde, Abdullah ibn-i Ümmü Mektûm, birkaç savaşa katıldı ve sancak taşıdı. "Sancağı bana verin. Çünkü ben körüm, kaçamam. Beni düşman safları ile aranıza dikin." derdi. Savaşlarda bağıra-çağıra askerleri teşci eder, onlara cesaret verir ve düşmana korku salardı. Ancak, Rasûlullah (sav) döneminde Abdullah her sefere katılamazdı. Rasûlullah (sav), onu Medine'de vekil bırakarak, imamlığı ona verirdi.

İslâm'da özürlülerle ilgili çeşitli hükümlerin belirlenmesi, Abdullah Bin Ümmü Mektûm sayesinde mümkün olmuştur. Özürlülerin vekil bırakılmaları, imamlık yapmaları, talep edilmesi hâlinde savaşa iştirak etmeleri, farz namazlara katılmaları, korunma maksadıyla köpek beslemeleri gibi konular açıklık kazanmıştır. Rasûlullah (sav), özürlüleri kendileri için zor olan işlerden muaf tutmakla beraber; onları, okumaya, meslek öğrenmeye, ticaret yapmaya ve çalışmaya yönlendirmiştir. Kur'ân da özürlülerin, durumlarına göre bütün alanlarda aktif olmaları

---

24 Âyetin tam metni şu şekildedir: "Müminlerden -özürlü olanlar hariç- savaşa katılmayıp oturanlarla, malları ve canlarıyla Allah yolunda cihad edenler bir değildir. Allah, malları ve canlarıyla cihad edenleri, derece bakımından daha üstün kıldı. Gerçi Allah, hepsine de güzel mükâfat vaadetmiştir. Ancak, mücahitleri, çok daha büyük bir ecirle, oturanlardan üstün kılmıştır. Onlara, kendi katından dereceler, mağfiret ve rahmet lütfetmiştir. O, çok bağışlayıcı ve esirgeyicidir." (Nisâ -4 /95-96).

yönünde kolaylaştırıcı hükümler getirmiştir. Buna paralel olarak zaten Kur'ân-ı Kerim'de, sorumluluğun kişinin gücü ile orantılı olduğunu, kişilere güçlerinin üstünde sorumluluk yüklenemeyeceğini ifade eden genel hükümlü âyetlerin (Bakara, 286; En'am, 152; A'raf, 42) yanında; özürlülerin, mazeretleri sebebiyle bir kısım yükümlülüklerden muaf tutulacaklarını konu edinen özel hükümlü âyetler (Fetih, 17; Nur, 61) de mevcuttur.

Ümmü Mektûm, Veda Haccı'na iştirak etmiştir. Veda hutbesi okunurken, hutbenin duyulması için yüksek sesle hutbeyi tekrarlamıştır. Hz. Ebû Bekir devrinde İbn-i Ümmü Mektûm'a müezzinlik dışında pek çok görev verilmiştir.

Şehit Olması

Cihad ruhunu ve arzusunu içinde sürekli olarak yaşayan bir sahâbî olarak Abdullah, Hicrî 14. senesinde (Miladî 636), Hz. Ömer'in halifeliği döneminde, o dönemin iki dev imparatorluğundan biri olan Pers İmparatorluğu'na karşı cihad etmek için yollara dökülmüştü. Sa'd bin Vakkâs'ın komutanlığı altında toplanan İslâm ordusu, Kâdisiye meydanına vardığında, İslâm bayrağını, zırhını giymiş olarak Abdullah İbn-i Ümmü Mektûm taşımaktaydı. İbn-i Ümmü Mektûm, Kâdisiye Meydan Muharebesi'nde, sancak elinde, yüksek bir tepeye çıkmış olduğu hâlde etrafa bağırıp çağırarak, İranlıların maneviyatını bozmaya uğraşmakla meşgul idi.

Üç gün kıran kırana süren bu savaşta, Pers İmparatorluğu, fillerle ve modern teçhizatla donatılmış ve sayıca üstün olmasına rağmen, mağlup edilebilmişti. İslâm ordusu ise, savaşa katılan mücahitlerinin yaklaşık olarak beşti birini şehit vermişti. Şehitlerin arasında, İslâm sancağını kucaklamış olarak yerde kanlar içinde yatan, canını bu uğurda veren bir kimse daha vardı: körlerin efendisi, ilk şehit görme özürlü, şanlı sahâbî Abdullah İbn-i Mektûm.

DÜŞÜNCE TURU

1. Peygamberimiz'in (sav) Abdullah İbn-i Ümmü Mektûm ile ilişkilerini belirleyiniz.

2. "Ben bir kulumun gözünü aldığım zaman ona cenneti mükâfat olarak veririm." hadis-i kudsî çerçevesinde, genelde musibetlerin, özelde bedenî rahatsızlıkların manevî boyutunu ve akıbetini ele alınız.

3. Abdullah İbn-i Ümmü Mektûm'a verilen değişik sosyal, idarî ve dinî görevlerin önemini belirleyiniz.

4. Abese Sûresinin 1-10 arasındaki âyetlerinin mahiyetini ve önemini, insanların özürlülerle kuracakları münasebetler açısından değerlendiriniz.

5. "Müminlerden -özürlü olanlar hariç- savaşa katılmayıp oturanlarla, malları ve canlarıyla Allah yolunda cihad edenler bir değildir." âyetini değerlendiriniz.

6. Kendisine fiilî cihada katılmak farz olmadığı hâlde Abdullah İbn-i Ümmü Mektûm niçin Kadisiye Savaşı'na katıldı?

EBÛ KUHAFE (r.a.)
İleri Yaşında Kalp Gözü Açılan Kör Sahâbî

Ebû Kuhafe'nin Hanımı Müslüman Oluyor

Ebû Kuhafe, Hz. Ebû Bekir'in babasıdır. İlk Müslümanlardan olan oğlu Hz. Ebû Bekir, iman ettikten sonra Mekke'de İslâm'ı başta aile fertlerine gizli gizli anlatıyordu. Ancak bazen de bütün tehlikeleri yok sayarak imanın verdiği cesaretle dinini alenî bir şekilde anlatıyordu. Hâlbuki babası Ebû Kuhafe başta olmak üzere bütün aile efradı kendisine, Hz. Muhammed'in (sav) yolundan vazgeçmesi yönünde telkinde bulunuyorlardı. Hz. Ebû Bekir, müşrikleri açıktan açığa İslâm'a davet ettiği bir günde Mekkeli müşrikler, onun üzerine saldırdılar ve onu dövdüler. Kanlar içinde bayılan Hz. Ebû Bekir kendisine geldiğinde kendi hâlini düşünmekten ziyade Peygamberimiz'in (sav) akıbetini soruyordu. Peygamberimiz'in (sav) sevgi ve muhabbeti, Hz. Ebû Bekir'in hücrelerine kadar işlemişti. Onun için ayılır ayılmaz, "Rasûlullah (sav) nasıl?" diye sordu. Peygamberimiz'i (sav) görmeden onun huzur vermeyeceğini anlayan aile fertleri, Peygamberimiz'e (sav) haber verdiler.

Nihâyet Peygamberimiz (sav) teşrif etti; onu bu hâliyle görünce çok üzüldü ve tesellî olsun diye alnından öptü. Bunu gören annesi Ümmü'l-Hay'ın gözleri doldu. İçini annelik şefkati kapladı. Hz. Ebû Bekir de annesine işaret ederek, "Ya Rasûlullah, işte bu benim annemdir. Allah bereket ihsan kılsın; dua buyurun da benim annem İslâm yolunu tutsun. Kendisini İslâm yoluna davet edin, olur ki sizin nefesinizin bereketiyle imana gelip de cehennem ateşinden kurtulur." diye arz etti. Peygamberimiz (sav), dua ettiler ve Allah'ın kudreti ile annesi kelime-i şehadet getirerek, hemen küfrün ve delaletin karanlığından kurtuldu. Annesi Ümmü'l-Hay'dan sonra karısı Ümmü Ruman ve kızı Esma da iman ettiler. Daha sonra oğulları Abdullah ve Abdurrahman da Müslüman oldular.

Ebû Kuhafe Müslüman Oluyor

Mekke'nin fethinden sonra nihâyet Ebû Kuhafe de İslâm'ın nuru ile aydınlandı; hak ve hakikate yanaşıp, Müslüman oldu. Müslüman olduğu gün, gözleri görmüyordu. Hz. Ebû Bekir, başı bir kuşun tüyleri gibi kıvırcık kıvırcık bembeyaz olmuş, yaşlı ve kör babasını ikna ettikten sonra onu Peygamberimiz'in (sav) yanına götürdü.

Ebû Kuhafe'nin yaşlı ve kör olmasından dolayı Peygamberimiz (sav), onun yorulmasını ve zahmet edip getirilmesini hoş karşılamadı. Hz. Ebû Bekir'e, "Allah sana merhamet etsin. Babanı evinde bıraksaydın, buraya kadar yormasaydın. Ben onun yanına giderdim." buyurdu. Bunun üzerine Hz. Ebû Bekir: "Ya Rasûlullah, Sizin ona kadar gitmenizden, onun Size kadar yürüyüp gelmesi daha uygundur." dedi.

Peygamberimiz (sav) tebessüm ederek Ebû Bekir'in babasına yöneldi ve, "Ey Ebû Kuhafe, Müslüman ol; huzura kavuş!" dedi. Ebû Kuhafe da Müslüman olmak ve biat etmek için, Efendimiz'in (sav) dizlerinin dibine oturdu ve elini Peygamberimiz'in (sav) eline doğru uzattı. Bu manzara karşısında Hz. Ebû Bekir ağladı. Peygamberimiz (sav): "Ey Ebû Bekir, niçin ağlıyorsun? Baban artık hidayete erdi ya?" dedi. Hz. Ebû Bekir: "Ya Rasûlullah, eğer bu el şimdi amcan Ebû Talib'in eli olup da senin gözün amcanın Müslümanlığı ile aydın olsaydı, ben daha çok sevinirdim. Çünkü Ebû Talib, Sizi himaye edenlerin başında idi." dedi. Her zaman babasının Müslüman olmasını arzu eden Hz. Ebû Bekir, o anda bile Peygamberimiz'in (sav) amcasını düşünüp, onun da Müslüman olmasını istemişti. Netice itibariyle Hz. Ebû Bekir'in ailesinden Müslüman olmayan kalmamıştı.

Ebû Kuhafe, Mekke'de kaldı. Peygamberimiz'in (sav) vefatından sonra oğlu Hz. Ebû Bekir'in Müslümanların halifesi olduğunu öğrenince, "Şu bir hakikattir ki, Allah'ın verdiğine engel olabilecek yoktur. Allah'ın vermediğini de verebilecek yoktur." diyerek Allah'a şükretti. Ebû Kuhafe, oğlu Ebû Bekir'in halifeliğini ve ölümünü de görmüştür. Hicretin 14. yılında, 97 yaşında iken Mekke'de vefat etmiştir.

DÜŞÜNCE TURU

1. Peygamberimiz'in (sav), yaşlı ve kör olan Ebû Kuhafe'nin, yanına kadar getirilmesi karşısındaki tutumunu değerlendiriniz.

2. "Şu bir hakikattir ki, Allah'ın verdiğine engel olabilecek yoktur. Allah'ın vermediğini de verebilecek yoktur." sözünü özürlülük ve sağlık açısından değerlendiriniz.

EBÛ SUFYAN (r.a.)
İslâm Düşmanlığından Sonra İslâm Davası için Bir Gözünü Kaybeden Sahâbî

Kısa Biyografisi

Kureyş kabilesinin ileri gelenlerinden olan Ebû Sufyan'ın dedesi, Peygamberimiz'in (sav) dedesinin dedesi oluyordu. Diğer taraftan Peygamberimiz (sav), Ebû Sufyan'ın kızı Ümmü Habibe validemiz ile evli idi. Peygamberimiz'in (sav) kayınpederi olan Ebû Sufyan, Muaviye'in de babasıdır.

Ebû Sufyan, Peygamberimiz (sav) İslâm davasını üstlenmeden önce, Hz. Muhammed'i (sav) bir insan olarak pek çok severdi. Rasûlullah Efendimiz (sav), Allah'ın emri ile tebliğe ve irşada başlayınca Peygamberimiz'e (sav) azılı düşman kesilmişti. Peygamberimiz'i ve Müslümanları hicveden şiirler söyledi. Ebû Sufyan, İslâm'a 20 yıl boyunca sürekli olarak düşmanlıkta bulunduktan sonra Mekke Fethi'nde İslâm'a teslim oldu.

Ebû Sufyan, Huneyn Muharebesi'nde gösterdiği fevkalade kahramanlığı dolayısıyla, Rasûlullah'ın (sav) iltifatlarına mazhar oldu. Miladi 644 (Hicrî 20) senesinde, hacdan dönerken hastalandı ve vefat etti. Vefat edeceğini anladığında aile efradını yanına topladı ve şu vasiyette bulundu: "Benim için ağlamayın. Çünkü ben Müslüman olduktan sonra günah işlediğimi hatırlamıyorum." Ebû Sufyan'ın cenaze namazı, Hz. Ömer tarafından kıldırıldıktan sonra Medine'deki Bakî kabristanına defnedildi.

Bizans Kayseri ile Görüşmesi

Peygamberimiz (sav), Hicret'in 7. yılında değişik devletlerin emir ve hükümdarlarına mektup göndererek, onları İslâm'a davet etti. Dihye bin Halife de bu maksatla Bizans İmparatoru Herakliyus'a Peygamberimiz'in (sav) davet mektubunu götürdü. Mektubu dikkatle okuduktan sonra İmparator'un kalbi İslâm'a meyletti ve gizlice Müslüman oldu. O günlerde içlerinde Ebû Sufyan'ın da bulunduğu bir ticaret kervanı civarda bulunmaktaydı. Bizans İmparatoru Herakliyus, Peygamberimiz'le (sav) akrabalığı olan Ebû Sufyan'ı yanına çağırttı ve Peygamberimiz (sav) hakkında daha çok malumat sahibi olmak istedi. Henüz Müslüman olmamış Ebû Sufyan, Bizans Kayseri'nin şu sorularına muhatap oldu:

"Sen kimlerdensin?"

"Ben, Ebû Sufyan bin Hâris bin Abdülmuttalib'im!"

"Sen, Muhammed bin Abdullah bin Abdülmuttalib'in amcasının oğlu musun!"

"Evet! Ben, O'nun amcasının oğluyum."

"Soyu, nesebi nasıldır?"

"İçimizde O'nun nesebi kadar şerefli bir sülale yoktur."

"Öyle ise bu, peygamberliğin delilidir. O, doğru birisi midir?"

"Yalan söylediği duyulmamıştır."

"İşte, bir peygamberlik alameti daha! O'nun dinine girdikten sonra ayrılanlar oldu mu?"

"Hayır! O'na iman edenlerin hepsi O'na tama sadakat gösterirler."

"Bu da, peygamberliğin başka bir delilidir. O'na tâbi olanlar, halkın zenginleri mi yoksa fakirleri midir?"

"Bilhassa fakirler."

"Artıyorlar mı, azalıyorlar mı?"

"Devamlı artıyorlar."

"İşte, bir peygamberlik delili daha! Savaşırken cepheyi terk ettiği olu mu?"

"Hayır! Savaştan korkmaz. Bazen yener, bazen yenilir."

"Demek öyle! İşte size bir delil daha! Sizi neye davet ediyor?"

"Bir olan Allah'a ibadet etmeye, putları terk etmeye ve iffetli olmaya."

Bu cevaplar, Herakliyus'u son derece memnun etti. İmanı bir kat daha arttı. Emin bir sesle Ebû Sufyan'a şunları söyledi:

"Senin bu söylediklerine bakılırsa, bu zât gerçekten bir peygamberdir. Ben bu sıralarda bir peygamberin çıkacağını biliyordum. Ama sizden olacağını zannetmiyordum. İnanıyorum ki, ayağımın bastığı yerler onun olacaktır. Eğer ona ulaşabileceğimi bilseydim, kendisiyle karşılaşmak için bütün güçlüklere katlanırdım. Eğer yanında olabilseydim, ayaklarına su dökerdim."

Kalbine İslâm Sevgisi Girmesi

Ebû Sufyan, bu konuşmadan sonra İslâm'a meyletmeye başladığını itiraf eder. Bundan sonraki gelişmeleri kendi ağzından dinleyelim:

"Bizans Kayseri'nin yanında, ne İslâm'dan kaçıldığını, ne de Muhammed'den başkasının tanındığını gördüm! Bunun üzerine, kalbime, İslâmiyet sevgisi girdi. İçinde bulunduğum müşrikliğin bâtıl ve boş olduğunu anladım. Ne çare ki; biz, akılları başlarında olmayan bir kavimle birlikte bulunuyorduk. İnsanların, akıllarına ve görüşlerine göre yaşadıklarını sanıyordum. Onlar, bir yol tutup gittiler. Biz de, o yolu tutup gittik. Şerefli ve yaşlı kişiler, putlarından yardım dileyerek Muhammed'e karşı ayaklandıkları ve ataları yüzünden ona kızdıkları zaman, onlara uyduk! Bir gün, kendi kendime, 'Ben, kimlerle arkadaş oluyorum? Kimlerin yanında bulunuyorum? İslâm yolu, belli olmuş ve kararlaşmış bulunuyor.' dedim. Zevcemle oğlumun yanına vardım. Onlara dedim ki: 'Yola çıkmak için hazırlanınız! Muhammed'in yanınıza gelmesi, çok yaklaşmıştır!' Karım ve oğlum dediler ki: 'Canımız sana feda olsun! Arapların ve Arap olmayanların Muhammed'e tâbi olduğunu görüyorsun da, hâlâ, ona karşı düşmanlık mevkiinde bulunuyor, düşmanlıkta direnip duruyorsun! Hâlbuki O'na yardım etmek, herkesten çok sana düşerdi. O'na yardım edenlerin ilki, sen olmalı idin!'

Uşağım Mezkur'a dedim ki: 'Bir deve ile atımı, acele yanıma getir!' Rasûlullah (sav) ile buluşmak maksadıyla Mekke'den yola çıktık. Yanımızda Abdullah bin Ebî Ümeyye de vardı. Ebva'ya varıp indiğimiz zaman, Rasûlullah'ın (sav) öncü birliği oraya gelmiş ve Mekke'ye yönelmişti. Rasûlullah (sav), görüldüğüm yerde öldürülmemi emretmişti. Bunun için, öldürülmekten korktum ve gizlendim.

Oğlum Cafer'in elinden tuttum; yaya olarak bir mil kadar gittik. Sabahleyin Rasûlullah'ın (sav) yanına vardık. Halk, takım takım geliyordu. Peygamberimiz (sav), hayvanına bineceği zaman, kendisiyle görüşmek istedim. Yüzünü, bizden başka tarafa çevirdi. Yüzünü çevirdiği tarafa geçtim. Tekrar tekrar benden yüzünü çevirdi. O'na erişemedikçe bir ölü olduğumu, O'nun iyiliğini, merhametini ve bana olan yakınlığını düşündükçe, beni tutar, diye ummuştum. Rasûlullah'ın (sav) akrabası olduğum için, benim Müslüman olmama, Rasûlullah'ın (sav) ve ashâbının son derecede sevineceklerini sanıyor ve şüphe etmiyordum.

Rasûlullah Efendimiz'in (sav) benden yüz çevirdiğini görünce, bütün Müslümanlar da, benden yüz çevirdiler. Hz. Ebû Bekir, bana rastladı ve benden yüzünü çevirdi. Ensar'dan birisi beni Hz. Ömer'in yanına yanaştırdı. Ona baktığımda bana dedi ki:

'Ey Allah'ın düşmanı! Rasûlullah Efendimiz'i (sav) ve ashâbını inciten sensin, ha! O'na düşmanlığını, yeryüzünün doğularına, batılarına kadar ulaştırdın, ha!'

Hemen amcam Abbas'ın yanına vardım. Ona dedim ki: 'Ey Abbas! Ben, Rasûlullah'ın yakını ve asaletli oluşum sebebiyle Müslümanlığımın, Rasûlullah'ı (sav) sevindireceğini ummuştum. Kendisinden, umduğum iltifatı göremedim. Beni kabul etmesi için O'nunla konuş!' 'Hayır! Vallahi, O'nun, senden yüz çevirdiğini gördükten sonra, O'nunla bir tek kelime bile konuşamam! Rasûlullah Efendimiz'i (sav) üzmüş olmaktan korkarım!' 'Ey Amca! Bari gidip başvuracağım bir kimseyi bana söyle?' Bunun üzerine Hz. Abbas: 'İşte, o!' diyerek Hz. Ali'yi gösterdi. Hz. Ali ile buluşup konuştum. O da, bana Abbas'ın sözlerinin tıpkısını söyledi."

Ebû Sufyan, Peygamberimiz'in (sav) huzuruna girme çarelerini araştırdıkları ve kendilerinden yüz çevrildiği sırada, Peygamberimiz'in (sav) zevcesi Hz. Ümmü Seleme de, onlar hakkında Peygamberimiz'le (sav) konuşarak dedi ki: "Ya Rasûlullah! Biri amcanın oğlu ve sütkardeşindir. Diğeri de, halanın oğludur ve hısımındır. Allah, bunları, sana Müslüman olarak gönderdi. Bunlar, senin katında halkın en yaramazı olamazlar!"

Bunun üzerine Peygamberimiz (sav) buyurdu ki: "Bana, onların ikisi de gerekmez. Amcamın oğlu, benim haysiyet ve şerefimi, dili ile lekelemek istedi! Halamın oğlu ve hısımım olan kişi ise, Mekke'de bana söylememesi gereken sözleri söylemiştir!"

Gerçekten de, Peygamberimiz (sav) Mekke'de iken, bir gün, Kureyş müşriklerinin azılıları toplanıp, Peygamberimiz'e (sav) ileri-geri tekliflerde bulunduktan sonra, Hz. Muhammed'in (sav) peygamberliğini reddetmişlerdi. Peygamberimiz (sav), onların yanlarından çok üzgün olarak ayrılmışlardı.

Abdullah bin Ebî Ümeyye ise, Peygamberimiz'in (sav) peşini bırakmamış, yolda O'na demişti ki: "Ey Muhammed! Kavmin, sana yapacakları teklifleri yaptılar. Sen, onların tekliflerinden hiçbirini kabul etmedin! Sonra, dediğin gibi; Allah katındaki mevkiini anlamak, sana inanmak, uymak üzere kendileri için istedikleri şeyleri de yapmadın! Vallahi ben, sana bakıp dururken, sen, göğe bir merdiven kurarak ona tırmanıp göğe çıkmadıkça ve oradan, yanında senin dediğin gibi peygamber olduğuna şahitlik edecek dört melek getirmedikçe, sana hiçbir zaman inanmam! Yemin ederim ki, sen, bunu yapmış olsan bile, yine seni tasdik edeceğimi sanmıyorum!"

Peygamberimiz (sav), Hz. Ümm-ü Seleme'ye, Abdullah bin Ebî Ümeyye ve sütkardeşi hakkında nazil olan âyet-i kerimeyi de (İsra 93) okudu. Hz. Ümm-ü Seleme dedi ki: "Ya Rasûlullah! Bu kişi, senin kavmindendir. Onların söylediği şeyi, bütün Kureyş müşrikleri de söylemişler ve onların haklarında da onun gibi âyetler inmiştir. Sen, onun suçundan daha ağırını da affetmiştin. O, amcanın oğludur ve onun sana akrabalığı vardır. Sen de, onun suçunu bağışlamaya halkın en layığısın!"

Gelişmeleri yine Ebû Sufyan'dan dinleyelim:

"Cuhfe'ye varıncaya kadar, ne Rasûlullah Efendimiz (sav) , ne de Müslümanlardan biri benimle konuştu. Her konaklanılan yerde, kendim Rasûlullah'ın (sav) kapısında duruyordum; oğlum Cafer de ayakta dikiliyordu. Rasûlullah (sav) beni gördükçe, yüzünü benden çeviriyordu. Ezahir yokuşundan Mekke'nin Ebtah vadisine inince, Rasûlullah'ın (sav) çadırının kapısına yaklaştım. Bana baktı. Bu bakış, O'nun bana ilk yumuşak bakışı idi. Kendisinin gülümseyeceğini de ummaya başladım."

Ebû Sufyan, Peygamberimiz'in (sav), "Bana, onların ikisi de gerekmez." buyurduğunu haber aldığı zaman demişti ki: "Vallahi, ya yanına girmeme izin verecektir; ya da şu oğlumun elinden tutup yeryüzünde açlıktan, susuzluktan ölünceye kadar çekip gideceğiz! Sen ki benim hem akrabam, hem de halkın en uslusu, yumuşak huylusu, en iyiliksever ve cömerdi bulunuyorsun." Peygamberimiz (sav), Ebû Sufyan'ın bu sözlerini işitince, her ikisine de acıdı ve kalbi onlara karşı yumuşadı.

Tam bu sırada Hz. Ali, Ebû Sufyan'a dedi ki: "Rasûlullah Efendimiz'e (sav), arka tarafından var! Yusuf aleyhisselamin kardeşlerinin, Yusuf aleyhisselama söylediği şu sözü söyle: 'Allah'a yemin ederiz ki, Allah, seni, gerçekten bizden üstün kılmıştır! Biz, doğrusu, sana karşı yaptıklarımızda suçlu idik, dediler.' (Yusuf, 91) Bundan daha güzel bir söz bulunabileceği kabul edilemez." Ebû Sufyan böyle yapınca, Peygamberimiz (sav), Hz. Yusuf'un kardeşlerine söylediğini bildiren, "Size, bugün hiçbir başa kakma ve ayıplama yoktur! Allah, sizi bağışlasın. O, merhametlilerin en merhametlisidir." (Yusuf, 92) mealindeki âyet-i kerimeyi okudu ve kendilerinin huzurlarına girmelerine izin verdi. Onlar da büyük bir sevinçle içeri girdiler ve derhal Müslüman oldular.

Ebû Sufyan'ın Müslüman oluşu ile ilgili ayrıca şu bilgiler de kaynaklarda geçmektedir: Mekke'nin fethi gecesi Peygamberimiz'in (sav) askerleri Mekke'ye girerken, sabaha kadar tekbir getirdiler. Bunun üzerine Ebû Sufyan, karısı Hind'e, "Ne diyorsun, bu Allah tarafından mıdır?" dedi. Karısı: "Evet, vallahi Allah tarafındandır." dedi. Sabah olunca Ebû Sufyan, Peygamberimiz'in (sav) yanına geldi. Peygamberimiz (sav) ona hemen, "Sen Hind'e, 'Ne diyorsun, bu Allah tarafından mıdır?' dedin, o da teyit ederek şunu söyledi: 'Evet, vallahi Allah tarafındandır.' dedi." Ve arkasından Ebû Sufyan: "Şahitlik ederim ki, sen Allah'ın kulu ve elçisin. Zira ben bunu Hind'e söylerken, Allah'a yemin ederim ki bunu Hind'den başka kimse işitmedi." dedi.

Ebû Sufyan, Müslüman olduktan sonra, utancından, başını kaldırıp Peygamberimiz'in (sav) yüzüne bakamazdı. Geçmişteki tutum ve davranışlarından dolayı özür diledi ve Peygamberimiz (sav) de onu bütünüyle affetti ve birkaç defa kendisine duada bulundu.

Bir Gözünü Kaybetmesi

Ebû Sufyan artık İslâm'ın kahramanı olmaya aday idi. Nitekim Mekke'nin fethinden sonra ilk katıldığı Huneyn Savaşı'nda üstün kahramanlıklar gösterdi. İleriki yıllarda da artık "Allah'ın ve Rasûlullah'ın aslanı" olarak anılacaktı.

Hz. Peygamber (sav), daha sonra Halid bin Velid'i bin kişilik öncü kuvvetle Taif'i muhasara için gönderdi. Daha sonra Ebû Sufyan da Peygamberimiz'le (sav) birlikte Taif seferine katıldı. Hz. Peygamber (sav), Mugire bin Şu'be ile kendisini barış için Taiflilere gönderdi. Taifliler, duvarlar üzerindeki siperlerden ok atarak, kaleyi savundular. Atılan oklarla 12 Müslüman şehit oldu ve birçok mücahit de yara aldı. Bunlardan biri de Ebû Sufyan'dı.

Ebû Sufyan, Taif günü Ebû Yala'nın damında oturup yemek yerken, birisi kendisine ok attı. Ok, gözüne isabet etti. Ebû Sufyan, hemen Peygamberimiz'in (sav) yanına koştu ve "Ya Rasûlullah! Benim gözüm Allah yolunda kör oldu." dedi. Peygamberimiz (sav): "Ey Ebû Sufyan! İstersen Allah'a dua edeyim de gözün iyileşsin; istersen öyle kalsın da senin için cennet semeni olsun." dedi. Ebû Sufyan, kısa bir müddet düşündü ve "Benim için cennet semeni olsun Ya Rasûlullah!" dedi.

DÜŞÜNCE TURU

1. Neticede Müslüman olabilmenin ve Müslüman kalabilmenin önemini vurgulayınız.

2. Bir gözünü kaybeden Ebû Sufyan, niçin hemen Rasûlullah'ın (sav) yanına koştu?

3. Peygamberimiz (sav), gözünün iyileşmesi için niçin hemen dua etmeyip de Ebû Sufyan'a âhiret odaklı bir alternatif gösterdi?

4. Ebû Sufyan, dua ile iyileşme imkânına sahip olduğu hâlde, niçin birden o hâline rıza gösterdi?

5. Âhiret ve cennet inancının insan psikolojisi üzerindeki olumlu etkilerini değerlendiriniz.

HARİSE BİN NUMAN (r.a.)
Görme Özürlülüğüne Rağmen Cömertliğinden Vazgeçmeyen Sahâbî

Medine'de Peygamberimiz'e (sav) Komşu Olması

Harise, Medine'de suffe medresesinde bir müddet kaldıktan sonra bir yuva kurdu. Çoluk çocuk sahibi olduğunda Peygamberimiz'in (sav) evinin bitişiğine bir ev yaparak, O'nun komşusu oldu. Bundan böyle Medine'de, Rasûlullah'ın (sav) komşusu denildiğinde, akla ilk isim olarak Harise bin Numan gelirdi.

Bir keresinde Peygamberimiz'in (sav) bir eve ihtiyacı oldu. Harise, evini derhal boşaltıp Peygamberimiz'e (sav) hediye etti ve o evin bitişiğine yeni bir ev yaptı. Maksadı, Peygamberimiz (sav) ile komşuluğunu devam ettirmekti. Bu arada Hz. Ali, Hz. Fâtıma ile evlenince, Rasûlullah (sav), Hz. Ali'ye bir ev bulmasını söyledi. Gerçi Hz. Ali bir ev buldu, ancak bu ev, Peygamberimiz'in (sav) kaldığı eve çok uzaktı. Peygamberimiz (sav), bir gün kızının yanına gitti ve "Üzülmeyin, sizi yakınıma almak istiyorum." dedi. Hz. Fâtıma: "Canım babacığım, isterseniz Harise ile konuş, belki yakınınızdaki evi bize boşaltır." dedi. Bunun üzerine Peygamberimiz (sav): "Sevgili kızım, Harise evini bir kere bize verdi; ikinci defa isteyemem." dedi.

Bu konuşma, bir vesile ile Harise'ye ulaştığında, Harise hemen Rasûlullah'ın (sav) yanına koştu ve "Ya Rasûlullah! Duydum ki, Fâtıma'nın sizin yakınınızda bulunan bir eve ihtiyacı varmış. Benî Neccar'ın en sağlam evlerinden olan evimi boşalttım, gelip otursunlar. Ben ve malımın hepsi Allah ve Rasûlü'nündür. Yemin ederim ki, ya Rasûlullah, benden aldığınız mal, benim yanımda, bana bıraktığınız maldan daha hayırlıdır." dedi. Harise'nin bu içten gelen samimî beyanı üzerine Peygamberimiz (sav) çok memnun oldu ve şöyle buyurdu: "Hakikaten doğru söylüyorsun, ya Harise! Allah'ın bereketi üzerine olsun." Daha sonra Harise'nin evine Peygamberimiz'in (sav) kızı ve damadı taşındılar.

Benî Kureyza Kuşatmasında Cebrail'i Görmesi

Harise, birçok savaşa katıldı. Bunların başında, savaş seyri sırasında kendilerine Allah tarafından gönderilen meleklerin de katıldığı Bedir Savaşı'dır. Hendek Savaşı'ndan hemen sonra başlatılan Benî Kureyza kuşatmasında ise Harise, Cebrail'i, sahâbî Dihye'nin suretinde gördü.

Olay şu şekilde gelişmişti: Hendek Savaşı'ndan hemen sonra, Cebrail, mescidin kapısında, cenazelerin konulduğu yerin yanında durdu. Başından tozları silkti. "Ey Allah'ın Rasûlü! Sen silahını çıkardın mı?" dedi. Peygamberimiz (sav): "Evet!" buyurdu. Cebrail: "Vallahi biz, daha silahlarımızı çıkarmadık." Düşman, sana geleliden beri melekler, silahlarını çıkarmadılar ve müşrikleri takip etmedikçe de dönmediler. Allah seni yarlığasın! Kalk, silahını kuşan! Onların üzerine yürü!" dedi. Peygamberimiz (sav): "Nereye, kimlerin üzerine?" diye sordu. Cebrail: "İşte oraya!" dedi ve eliyle Müslümanları arkadan hançerlemeye yeltenen Benî Kureyza Yahudileri'ne doğru işaret etti. Peygamberimiz (sav): "Ashâbım çok yorulmuşlardır. Birkaç gün, onların dinlenmelerini beklesen olmaz mı?" dedi. Cebrail: "Ya Muhammed! Yüce Allah, Benî Kureyza üzerine hemen yürümeni sana emrediyor! Şimdi ben yanımdaki meleklerle, onların kalelerine gidiyorum. Allah onları düz ve sert taş üzerine çarpar gibi çarpacaktır. Bu atımı, onların kalelerinin üzerlerine sürüp onları perişan ve darmadağın edeceğim." diyerek dönüp gitti. Peygamberimiz (sav), bunun üzerine silahlanıp hemen yola çıkmaya başladı.

Peygamberimiz (sav), miğferini, zırhını getirtti, zırhını giydi; kılıcını beline bağladı; kalkanını arkasına çevirdi; mızrağını eline aldı; atına bindi. Hz. Ali'yi çağırdı. Sancağını ona verdi ve onu önden yola çıkardı. Görme özürlü Abdullah bin Ümmü Mektûm'u Medine'de yerine imam bıraktı. Müslümanlar silahlandılar, süvariler atlarına bindiler. Süvariler ve piyadeler Peygamberimiz'i (sav) ortalarına aldılar. Peygamberimiz (sav), Cebrail'in izi sıra yola çıktı.

Peygamberimiz (sav), Benî Kureyza yurduna erişmeden önce Savreyn'de ashâbından bazı kişilere rastlamıştı. Peygamberimiz'in (sav) rastladığı kişiler, mescit komşusu Ganmoğulları idi. Harise b. Numan da onların içlerinde bulunuyordu. Hepsi silahlanmış ve dizilmişlerdi. Peygamberimiz (sav), onlara "Yanınızdan bir kimse geçip gitti mi?" diye sordu. "Evet ya Rasûlullah! Eyerinin üstüne atlas kadife örtülmüş, ak bir at üzerinde Dihye, yanımızdan geçip gitti. Silahlanmamızı bize emretti. Silahlarımızı yanımıza aldırdı. Bizi iki saf yaptı ve 'Şimdi size Rasûlullah gelecektir.' dedi." dediler. Peygamberimiz (sav): "O, Cebrail'di! Kalelerini sarsmak için Benî Kureyzalılara gönderilmişti." buyurdu.

Peygamberimiz'le (sav) Birlikte Cebrail'i Görmesi

Harise bir gün, Peygamberimiz'in (sav) huzuruna vardı. Gizlice birisiyle konuştuğunu düşünerek selam vermeyi uygun bulmadı. Az sonra Cebrail, Rasûlullah'a (sav), "O, niçin selam vermedi?" diye sordu. Peygamber Efendimiz (sav), Harise'ye "Geldiğinde neden selam vermedin?" deyince Harise: "Ya Rasûlullah, sizi birisi ile konuşurken gördüm, konuşmanızı kesmemek için, selam vermedim." dedi. Bunun üzerine Peygamberimiz (sav): "Sen onu gördün mü?" diye sordu. Harise, "Evet!" cevabını verdi. Efendimiz (sav): "O, Cebrail idi." dedi. Cebrail; "Şayet bana selam verseydi, selamını alırdım." dedi.

Bunu dedikten sonra Cebrail, Harise hakkında şu tespitte bulundu: "O, seksenlerdendir." Peygamberimiz (sav), seksenlerin kimler olduğunu sorunca, Cebrail şöyle cevap verdi: "İnsanların kaçıştığı bir sırada canını, evladını ve rızkını Allah'a havale ederek, senin çevrende kenetlenip sarsılmadan sabredenlerdir." Cebrail bu ifadeleriyle, Huneyn'de Peygamberimiz'i (sav) yalnız bırakmayan sahâbîlere işaret ediyordu. Çünkü Harise, o savaşta en ön sıralarda hazır bulunacaktı. Huneyn Muharebesi'nde, Müslümanların mağlup olduğu haberinin yayılıp tehlikeli bir durumun başladığı bir anda Peygamberimiz'in (sav) yanından hiç ayrılmayan, bedenini ona siper eden cesaret timsali, ender rastlaan kahraman sahâbîlerdendi.

Peygamberimiz'den (sav) Hadis Nakletmesi

Harise bin Numan, Peygamber Efendimiz'in (sav) şöyle buyurduklarını rivâyet etmiştir: "Üç kötü huy vardır ki, ümmetim bundan kurtulamayacaktır: suizan, hased ve bir şeyi uğursuz saymak. Bir zanna kapıldığında, o zanla hüküm verip öyle hareket etme. Haset ettiğinde, Allah'tan affını dile. Bir şeyi uğursuz saydığında, ona itibar edip de işinden geri kalma."

Gözleri Görmediği Halde Hayırda Ön Planda Olmak İstemesi

Harise, hayatının son yıllarında göz nurunu tamamen kaybetti. Gözleri görmeyen Harise bin Numan, namaz kıldığı hücrede kapıya kadar uzanan bir ip germişti. Herhangi bir dilenci geldiği zaman kalkıp, vermek istediği şeyi sepetten çıkardıktan sonra ipi tuta tuta kapıya varır ve kendi eliyle o şeyi dilenciye verirdi. Çocukları ona: "Sen niçin yoruluyorsun? Senin yerine bu işi biz yapabiliriz." derlerdi. İki Cihan Güneşi'nin (sav) ders halkasından yetişmiş, O'nun talim ve terbiyesinden geçmiş kahraman ve bir o kadar da cömert sahâbî, oğullarına şu ibret verici cevabı verdi: "Peygamberimiz'den (sav) 'Kişinin kendi eliyle fakirlere vermesi, onu kötü durumlara düşmekten korur.' diye buyurduğunu işittim."

Diğer taraftan Harise bin Numan, gözleri görmediği son dönemlerinde evinin önüne hurma dolu bir zembil koyuyor ve fakirlerin gelip oradan ihtiyaçları kadarını alıp gitmelerini temin ediyordu. Harise, gözleri görmediği bir halde, Muaviye devrinde vefat etti.

Harise'nin cennet ehlinden olacağına dair en önemli ipucu, kendisi henüz hayattayken Peygamberimiz (sav) tarafından verilmişti. Şöyle ki; bir gün Hz. Muhammed (sav): "Cennette bir Kur'ân sesi duydum. 'Bu kimin sesidir?' diye sorduğumda 'Harise bin Numan'ın okuyuşudur.' dediler." şeklinde bir hadis-i şerifte bulunmuştur.

DÜŞÜNCE TURU

1. Sahâbîlerin, meleklerin en büyüklerinden olan Cebrail'i görebilmelerini nasıl yorumluyorsunuz?

2. Görme özürlü olmadığı dönemlerde İslâm davası için cihadlara katılıp birçok hayırlı hizmetlerde bulunduğu hâlde, yaşlı ve kör olduğu dönemlerde hayırseverliğini ve cömertliğini devam ettirmesini nasıl değerlendiriyorsunuz?

3. "Kişinin kendi eliyle fakirlere vermesi, onu kötü durumlara düşmekten korur." hadis-i şerifi, özürlüler için ne anlam taşır?

4. Harise bin Numan'in ikamet ettiği evin içinde, yürümeyi kolaylaştıran bir ipin gerilmiş olması gerçeğinden yola çıkarak, engellilerin ulaşılabilirliği konusunun önemini belirleyip değerlendiriniz.

ITBAN BİN MÂLİK (r.a.)
Evinde İmamlık Yapma İzni Alan Görme Engelli Sahâbî

Mahallesinde İmamlık Yapması

Medineli Müslümanlardan olup, gözleri zor gören bir sahâbîdir. Buna rağmen Bedir Savaşı'na katılıp, önemli fedakârlıklarda bulunmuştur. Bilindiği üzere Rasûlullah (sav), Muhacir ve Ensar arasında bir kardeşlik bağı oluşturmuştu. Medine'ye hicret eden Muhacir Ömer b. Hattab da, Ensar'dan Itban b. Mâlik'le kardeş olmuştu. Itban, kabilesi olan Sâlimoğullarına namaz kıldıracak kadar ehliyetli idi. Ancak, evi ile onların yaşadığı mahalle arasında bir vadi olduğundan, özellikle seller geldiğinde onların mescidine geçebilmesi iyice zorlaşmaya başlamıştı.

Gözleri iyice görmemeye başlayan Itban, bu müşkülünü gidermek maksadıyla Peygamberimiz'e (sav) gelerek bir ricada bulundu ve "Ey Allah'ın Rasûlü, gözlerim görmez oldu. Hâlbuki mahallemiz halkına namaz kıldıran benim. Yağmur yağdığı vakit onlarla aramızda olan dere akıyor; mescitlerine gidip namaz kıldıramaz oluyorum. Gönlüm ister ki, bana gelip evimde namaz kıldırasın da senin namaz kıldığın yeri namazgâh edineyim." dedi.

Peygamberimiz (sav): "İnşallah bunu yaparım." diye söz verdi. Ertesi sabah Peygamberimiz (sav) beraberinde Hz. Ebû Bekir olduğu halde gün yükseldiği vakit onun bulunduğu eve kadar gittiler. Peygamberimiz (sav) içeri girmek için izin istedi. Eve girdiğinde oturmadı, Itban'a hemen "Evinin neresinde namaz kılmamı istersin?" dedi. O da namaz kılmasını istediği yeri gösterdi. Peygamberimiz (sav) namaza durup tekbir aldı. Onlar da arkasında durarak saf oldu. Peygamberimiz (sav) iki rekât kıldırıp selâm verdi. Böylece evinde mescidin ilk temeli atılmış oldu. Bundan böyle görme özürlü sahâbî, dışarıya çıkmasına gerek kalmadan ikamet ettiği evin bitişiğinde veya içinde imam olarak cemaatine namaz kıldırabilecekti. Peygamberimiz (sav), Itban'a böyle bir kolaylık sağladığı için, Itban çok mutlu olmuştu.

Itban, sevincini paylaşabilmek için sevgili Peygamberimiz'e (sav) çorba ikram etti; O da bunu geri çevirmedi. Ve görme özürlü sahâbînin evinde birlikte yemek yenildi. Mahalle sakinlerinden birçok insan, Peygamberimiz'in (sav) görme özürlü Itban'ın evini şereflendirdiğini haber alınca birer birer gelmeye başladılar. Misafirlerden biri, mahallede oturan Mâlik b. Ed-Dühayşin'i göremeyince sordu; "Mâlik nerede?" dedi. Orada bulunanlardan bir başkası da "O, Allah'a ve Peygamberi'ne sevgisi olmayan bir münafıktır." dedi. Peygamberimiz (sav) hemen müdahale etti: "Böyle deme, Allah'tan başka ilah olmadığına ve benim Allah'ın elçisi olduğuma şehadet ediyor, değil mi?" buyurdu. O kişi de "O, bunu kalbinde olmadığı halde, söyler." dedi. Peygamberimiz (sav); "Allah'tan başka ilah olmadığına ve benim Allah'ın elçisi olduğuma şehadet etmeyen kişi, ateşe girer yahut onu tadar." buyurdu. Bunun üzerine o zât: "Allah ve Rasûlü daha iyi bilir." dedi.

Bir başka rivâyette Peygamberimiz (sav): "Allah-ü Teâlâ, O'nun rızasını arayarak "Lâ ilâhe illallah" diyen kimseyi cehennem ateşine haram kılmıştır." buyurdu. Itban diyor ki: "Peygamberimizi (sav) münafıklar hakkında hep böyle iyilik ve hayır düşünür bulurduk."

DÜŞÜNCE TURU

1. Peygamberimiz (sav), görme özürlü bir sahâbînin davetini kabul edip niçin evine kadar gitti?

2. Peygamberimiz (sav) Itban'a niçin evinde imamlık yapma ruhsatı verdi?

KA'B BİN MÂLİK (r.a.)
Görme Özürlülüğüne Rağmen Namazlarını Camide Kılan Doğru Sözlü Şair

Kısa Biyografisi

Babasının tek oğlu olan Kâ'b bin Mâlik, Arabistan'ın ileri gelen şâirlerinden biri idi. Medineli Müslümanlardan olan Ka'b b. Mâlik, İkinci Akabe Biatı'nda bulunmuştur. Rasûlullah Efendimiz'in (sav) amcası Hz. Abbas'ın bulunduğu bir vadide orada bulunan yetmiş sahâbî, Rasûlullah Efendimiz'e (sav), onu her türlü tehlikeye karşı koruyacaklarına ve İslâm'a hizmet edeceklerine söz verdiler. Akabe Biatı'ndan sonra Medine'ye dönen Kâ'b bin Mâlik'in, kabilesinin Müslüman olmasında büyük emeği geçti. Bedir ve Tebük Savaşları dışında Peygamberimiz'le (sav) birlikte bütün harplere katılmış yiğit bir sahâbî idi. Sadece Uhud Savaşı'nda on bir yerinden yara almıştı. Peygamberimiz'in (sav) şairlerinden de olan Ka'b, Hicret'in 50. yılında Muaviye'nin hilafeti döneminde 77 yaşında iken Allah'ın rahmetine kavuştu.

Tebük Gazvesi'ne Katılmaması ve Hakkında Âyet İnmesi

Peygamberimiz (sav), Tebük Gazası'na, Medine'den, Hicret'in 9. yılı Recep ayında perşembe günü çıkmıştı. Çünkü O, cihada perşembe günü çıkmayı severdi. Bu, Peygamberimiz'in (sav) en son gazası idi. Tebük Gazası'na bilinçli olarak katılmayanların başında münafıklar yer almaktaydı. Bunun yanında mazeretleri gereği özürlü sahâbîler de Tebük seferine çıkamadı. Ancak, üç önemli sahâbî vardı ki, mazeretleri olmadığı hâlde bu savaşa katılmamışlardı. Bunlardan birisi de Ka'b b. Mâlik idi. Tebük Savaşı ve sonrası ile ilgili olarak Ka'b b. Mâlik'in şöyle dediği rivâyet edilmektedir:

"Tebük Savaşı'ndan başka, Rasûlullah'ın (sav) yaptığı savaşlardan hiçbirinden geri kalmadım. Her ne kadar Bedir Savaşı'nda bulunmadıysam da Peygamber (sav), Bedir Savaşı'na katılmayıp geri kalanlardan hiçbirini azarlamadı. Çünkü Bedir seferine savaş gayesiyle değil de, Şam'dan gelen Kureyş kervanını kastederek çıkmıştı. Cenâb-ı Allah, Müslümanlarla düşmanlarını, beklemedikleri bir sırada karşılaştırdı. Oysaki ben, Akabe gecesi Hz. Peygamber'le (sav) beraber bulundum. Her ne kadar Bedir vakası halk arasında daha çok anılıyorsa da, benim için Bedir Savaşı'nda bulunmak, Akabe'de bulunmak kadar üstün değildir.

Benim Tebük seferinden geri kalışıma gelince, gerçekten ben o savaştan geri kaldığım sıradaki kadar hiçbir zaman kuvvet ve kolaylığa sahip olamamıştım. Yemin ederim ki, Tebük seferinden önce hiçbir zaman iki deve sahibi olamamıştım. Sefer sırasında ise iki devem vardı. Rasûlullah (sav), âdeti üzere, bir sefere çıkmak isteyince dolaylı bir ifade ile gideceği yerden başka bir yeri bildirmek isterdi. Bu suretle hareket edeceği yeri gizlerdi. Tebük seferinde ise maksadını gizlemedi. Çünkü çok sıcak bir mevsimde sefere gidilecekti. Uzak ve tehlikeli bir yolculukla, çok kuvvetli bir düşmanla karşılaşılacaktı. Bunun için sefer ihtiyaçlarını ona göre hazırlasınlar diye maksadını açıkça bildirdi ve gitmek istediği yerin Şam tarafında olduğunu haber verdi. Rasûlullah'la (sav) birlikte çıkan Müslümanlar çoktu. Divan defteri, mücahitlerin künyelerini alamıyordu. Hiç kimse gizlenmek istemiyordu. Sadece, Allah tarafından vahiy inmedikçe Peygamber'e (sav) kapalı kalır, sananlar saklanmışlardı.

Bu sefere meyve ve hurmaların olgunlaşıp, ağaç gölgelerinin arzulandığı bir sırada çıkılmıştı. Hz. Peygamber (sav) ile diğer Müslümanlar, sefer hazırlığı yaptılar. Ben de onlarla birlikte yol hazırlığı için sabahleyin evden çıkıp dolaşır, akşamüzeri hiçbir iş görmeden eve gelirdim. Bu arada kendi kendime: "Hazırlanabilirim, buna gücüm yeter." derdim. Bu ihmalkârlık, bende devam ediyordu. Nihayet herkes hazırlandı. Müslümanlar, bir sabah yola çıktılar. Ben ise hiçbir yol ve sefer hazırlığı yapmamıştım. Kendi kendime: "Adam sen de, bir-iki gün içinde hazırlanır ve onlara yetişirim." dedim.

Ordu Medine'den ayrıldıktan sonra ben yine sabah vakti, hazırlık için çıktım. Fakat hiçbir iş görmeden geri döndüm. Sonra ertesi sabah çıktım. Yine boş döndüm. Bu durum bende böyle devam etti, gitti. Nihayet mücahitler hızla yol aldılar. Böylece sefer elimden kaçtı. Bununla beraber ben yine gideyim de orduya yetişeyim, diye arz etmiştim. Keşke bunu yapabilseydim. Bu da nasip olmadı. Hz. Peygamber (sav) yola çıktıktan sonra çarşıya, pazara çıktım ve halk arasında dolaştığım sırada, beni çok üzen, kederlendiren bir şey vardı ki, o da halk arasında imanı yerinde, vücudu sağlam kimse görmememdi. Ancak, ya kendisine nifak damgası vurulmuş kimselerden bir kişi ya da malul olup Allah'ın mazur gördüğü bir mümin görürdüm.

Hz. Peygamber (sav), Tebük'e varana kadar beni hiç anmamış, Tebük'te ashâb arasında otururken beni hatırlayarak: "Ka'b nerede?" diye sormuş. Benî Seleme'den biri: "Ya Rasûlullah! Ka'b'ın ağır kumaştan olan iki takım elbisesi ve iki tarafına kibir ve gururla bakması, kendisini Medine'de alıkoymuştur." diye cevap vermiş. Bunun üzerine Muaz b. Cebel: "Ne fena söyledin! Ya Rasûlullah! Yemin ederim ki, biz Ka'b b. Mâlik hakkında iyilikten başka bir şey bilmeyiz." demiş. Peygamber (sav) de susmuş, hiçbir şey söylememiş.

Rasûlullah'ın (sav) Medine'ye doğru gelmekte olduğunu duyunca bütün keder ve üzüntü beni sardı. Artık yalan düşünmeye başladım ve kendi kendime: "Yarın Allah'ın Peygamberi'nin (sav) gazabından ne söyleyerek kurtulabilirim?" diyordum. Ailemdeki, fikir ve görüşünden istifade edilen herkese danışıyordum. Bu sırada Hz. Peygamber'in (sav) Medine'ye gelişinin yaklaştığını duyunca, artık benden böyle asılsız ve yalan düşünceler yok olup gitti. Anladım ki, ben bu tehlikeden yalanla, kuşkulu bir mazeret ile asla kurtulacak değilim. Bundan dolayı Rasûlullah'a (sav) gidip doğruyu söylemeye karar verdim.

Sonra Rasûlullah (sav) bir sabah Medine'ye teşrif etti. Âdeti veçhile ilk iş olarak mescide gitti. Orada iki rekât namaz kıldı. Sonra mescidde oturdu. Tebük seferine gitmeyenler, ona gelerek özür dilemeye ve yemin ile özürlerini teyit etmeye başladılar. Bunlar seksen küsur kişi idiler. Rasûlullah (sav), bunların dış görünüşlerine göre özürlerini ve ifadelerini kabul edip, onlar için Allah'tan af diledi ve bunların iç yüzünü ve gerçeği Allah'a bıraktı.

Bu sırada ben de huzura çıktım. Kendilerine selam verince öfkeli bir tebessümle gülümsedi, sonra bana: "Gel!" dedi. Ben de yürüyüp vardım. Ta önüne oturdum. Bana: "Seni gelmekten menedip geri bırakan şey ne idi? Sen Akabe'de, yardım için biat yükünü üzerine almış değil miydin?" diye sordu. Ben de şöyle cevap verdim:

"Evet, vallahi ya Rasûlullah, size yardım etmeye söz verdim. Yemin ederim ki, sizden başka, şu dünya halkından kimin yanına otursam, ona karşı göstereceğim bir mazeretle muhakkak ben onun gazabından kurtulacağımı sanırım. Çünkü ben, Allah'ın yardımıyla kendisine güzel konuşma ve ikna yeteneği verilen bir kimseyim. Fakat yemin ederim ki, ben şuna kanaat getirdim: Eğer sizi benden razı kılacak yalan bir söz söyleyecek olursam, çok geçmeden mutlaka Allah, yalanımı bildirerek seni bana karşı öfkelendirir. Eğer huzurunda seni, hakkımda öfkelendirecek doğru söz söylersem herhalde ben, bu hususta vaki olan kusurumu Allah'ın af buyuracağını ümit ederim. Ya Rasûlullah! Vallahi benim, seferden geri kalışım hakkında arz edecek hiçbir mazeretim yok. Vallahi ben sizden geri kaldığım zamanki kadar, hiçbir vakit güçlü ve daha varlıklı bir kimse değildim."

Bu sözlerim üzerine Rasûlullah (sav): "Gerçekten doğru söyledin. Ey Ka'b. Haydi kalk! Allah senin hakkında hükmedinceye kadar bekle." buyurdu. Ben de kalktım, evime gelirken Benî Seleme'den birtakım kimseler koşup geldiler ve bana gülerek, "Vallahi biz seni bundan önce bir günah işlemiş kimse olarak bilmiyoruz. Şu kadar ki, bu meselede sen seferden geri kalan öteki kimselerin mazeret gösterdikleri gibi mazeret göstermemek yüzünden çok kötü bir duruma düştün. Oysaki bir mazeret gösterseydin, Hz. Peygamber (sav) senin hakkında Allah'tan af dileyerek seni kurtarırdı." dediler ve beni o kadar azarladılar ki, neredeyse ben eski düşüncemden geri dönüp kendimi yalanlayacaktım. Fakat onlara: "Benimle beraber bu duruma düşen başkaları var mıdır?" diye sordum. Onlar da: "Evet, iki kişi daha senin söylediğin gibi söylediler ve onlara da sana söylendiği gibi cevap verildi." dediler. "Onlar kimdir?" diye sordum. "Merare b. Rebi el-Amrî ile Hilal b. Ümeyye el-Vakifî'dir." diyerek bana Bedir Savaşı'nda bulunan ve kendileri iyilikte birer örnek olan iki salih zâtı bildirdiler.

Bu iki zâtı bana söyledikleri zamandan beri de tereddütten vazgeçip eski düşüncemde sebat ettim. Rasûlullah (sav), Müslümanların, seferden geri kalan üçümüzle konuşmalarını yasakladı. Böylece halk da bizimle konuşmaktan sakınıp bize yüzlerini astılar; o kadar ki, bana yeryüzü yabancılaştı. Bu toprak benim bildiğim toprak değilmiş gibi oldu. Bu şartlarda elli gün kaldık. İki arkadaşım, halk arasından çekilip evlerinde oturup ağlayarak vakit geçirdiler. Ama ben onların daha genci ve daha dayanıklısı idim. Bunun için ben evimden çıkar ve mescide gidip Müslümanlarla birlikte namazda hazır bulunurdum. Fakat hiç kimse benimle konuşmazdı. Namazdan sonra Hz. Peygamber'in (sav) yanına varıp, kendisine selam verirdim. İçimden, acaba selamıma karşılık vererek dudaklarını oynattı mı, oynatmadı mı, diye sorardım. Ayrıca namazı Hz. Peygamber'in (sav) yakınında kılar ve gizlice onu gözetlerdim. Namaza yöneldiğim zaman, o bana doğru dönerdi. Fakat ben onun tarafına bakınca da yüzünü çevirirdi.

Cefa ve boykottan ıstırap çektiğim bu hâl uzayınca bir gün Ebû Katade'nin bahçesinin duvarından atlayıp içeri girdim. Ebû Katade, amcam oğlu idi ve halk arasında beni en çok seven kimseydi. Ona selam verdim. Vallahi selamımı almadı. Ben: "Ey Ebû Katade, Allah adına ant vererek sana soruyorum: Benim Allah'ı ve Peygamberi'ni (sav) sevdiğimi bilmez misin?" dedim. Sustu, cevap vermedi. Tekrar ant verdim. Allah aşkına sordum. Yine sustu ve cevap vermedi. Üçüncü bir defa daha Allah adına ant verdim. Bu defa: "Allah ve Rasûlü daha iyi bilir." dedi. Bunun üzerine gözlerimden yaşlar boşandı. Artık döndüm ve duvardan dışarı atladım.

Bir gün Medine çarşısında dolaşıyordum. Medine'ye zahire satmaya gelen Şam halkından Nebath bir ekinci: "Ka'b b. Mâlik'i bana kim gösterecek?" diye soruyordu. Bunun üzerine halk, beni ona göstermeye başladı. Nihayet o kişi bana geldi ve bana, Gassan melikinden gelen bir mektup verdi. Mektuba bakınca, giriş kısmından sonra mektupta şunların yazılı olduğunu gördüm: "Duyduğuma göre senin adamın (Peygamber) sana cefa ve eziyet ediyormuş. Allah seni hakaret görecek ve hakkının zayi olacağı bir mevkide, hor ve hakir görülmek için yaratmamıştır. Orada durma! Bize gel! Sana, şanına layık bir şekilde saygı gösterip iyilikte bulunuruz." Bu mektubu okuyunca, bu da başka bir imtihan ve bela, dedim. Hemen mektubu ocağa atıp yaktım.

Nihayet bu elem ve ıstıraplı elli günden kırk gün geçince bir gün baktım ki, Hz. Peygamber'in (sav) gönderdiği bir zât bana doğru geliyor. Yanıma gelince, bana: "Rasûlullah (sav), sana hanımından ayrılmanı emrediyor." dedi. Ben de: "Kadınımı boşayacak mıyım, yoksa ne yapacağım?" diye sordum. "Hayır, boşama, yalnız ondan ayrı dur, ona yaklaşma!" dedi. Hz. Peygamber (sav), o elçisi ile, diğer iki arkadaşım olan Merare ile Hilal'e de aynı emri göndermişti. Bu emir üzerine hanımıma: "Haydi babanın evine git! Allah bu iş hakkında hüküm verinceye kadar orada kal!" dedim.

Hilal b. Ümeyye'nin karısı, Peygamber'e (sav) gelerek: "Ya Rasûlullah! Hilal b. Ümeyye ihtiyardır. Gücü ve kuvveti gitmiştir. Hizmetçisi de yoktur. Ona hizmet etmemde bir sakınca görür müsün?" diye sormuş. Hz. Peygamber (sav): "Hayır görmem, ama sana yaklaşmasın, buyurmuş." Kadın: "Ya Rasûlullah, onda hiçbir hareket yok. Vallahi bu iş olalı beri bugüne kadar durmadan ağlıyor." demiş. Bunun üzerine yakınlarımdan bazı kimseler bana: "Hanımın için sen de Allah'ın Peygamberi'nden (sav) izin istesen olmaz mı? Hilal b. Ümeyye'nin karısına, kocasına hizmet etmesi için izin verdi." dediler. Ben onlara: "Vallahi bu konuda Peygamber'den (sav) izin istemem. İzin istesem bile ne diyecektir, bilmem ki. Hem ben genç bir adamım." dedim.

Bundan sonra on gün daha durdum ve Peygamber'in (sav), halkı bizimle görüşmekten menettiği günden itibaren elli günümüz doldu. Ellinci günün sabah namazını kıldım. Evlerimizden birinin damı üzerinde bulunuyordum. Öyle bir halde idim ki, Cenâb-ı Allah'ın Tevbe Sûresi'nde buyurduğu şekilde hayat bana zorlaşmıştı. Yeryüzü bütün genişliğine rağmen bana dar geliyordu. İşte bu sırada, Sel' dağı üzerinde birisi, en yüksek sesi ile: "Ey Ka'b bin Mâlik; müjde!" diye bağırdı.

Hemen secdeye kapandım. Artık darlığın gitmiş olduğunu, genişliğin geldiğini anladım. Rasûlullah (sav), sabah namazını kıldığı zaman Allah'ın, tövbemizi kabul buyurduğunu halka duyurmuş, halk da bizi müjdelemeye koşmuştu. Arkadaşlarıma da bir takım müjdeciler gitmişlerdi. Bana bir kişi, müjdeyi vermek üzere atını sürmüştü. Eşlem kabilesinden bir müjdeci de Sel' dağının üstüne çıkmıştı ki, bunun sesi attan süratli idi. Sevimli sesini işittiğim bu müjdecim bana gelince üzerimdeki iki takım elbisemi hemen çıkarıp müjdelik olarak ona giydirdim. Vallahi o gün ondan başka elbisem yoktu. Ebû Katade'den ariyet (ödünç) olarak iki takım elbise alıp giydim ve hemen Peygamber'e (sav) koştum. Ashâb, beni takım takım karşıladılar. Tevbemin kabulünü kutladılar ve şöyle dediler: "Allah'ın, tevbeni kabul buyurması kutlu olsun!"

Nihaye mescide girdim. Hz. Peygamber (sav) oturmuştu. Etrafında ashâb çevrelenmişti. Hemen Talha b. Ubeydullah[25] kalktı, koşarak geldi, elimi sıktı ve beni kutladı. Yemin ederim ki, Muhacir kardeşlerden Talha'dan başka kimse benim için ayağa kalkmadı. Talha'nın bu iyiliğini unutmam. Hz. Peygamber'e (sav) selam verdiğim zaman mübarek yüzü sevinçten şimşek çakar gibi bana: "Annenin seni doğurduğu günden bu yana yaşamakta olduğun en hayırlı gün ile sana müjdeler olsun ey Ka'b!" buyurdu. "Ya Rasûlullah, bu müjde senin tarafından mı, yoksa Allah tarafından mı?" diye sordum. "Hayır, benim tarafımdan değil. Doğrudan doğruya Allah tarafındandır." buyurdu.

Esasen Hz. Peygamber (sav), Allah tarafından kendisine sevindirici bir haber verildiği zaman mübarek yüzü bir ay parçasına benzercesine parlardı. Biz de sevinçli bir vahiy geldiğini onun bu sevimli simasından anlardık. Huzurunda oturduğum zaman: "Ya Rasûlullah! Allah ve Rasûlü'nün (sav) rızası için halis sadaka olmak üzere malımdan sıyrılıp çıkmak ve malımın hepsini fakirlere dağıtmak istiyorum. Tevbemin kabulü bunu gerektirir." dedim. Rasûlullah (sav): "Hayır, malının bir kısmını kendine bırak. Bu senin için daha hayırlıdır." buyurdu. Ben de: "Hayber'deki hissemi elimde bırakacağım." dedim ve şu yolda maruzatta bulundum: "Ya Rasûlullah, Allah beni bu badireden ancak doğruluğum sebebiyle kurtardı. Artık bundan böyle yaşadığım müddetçe doğrudan başka bir söz söylemeyeceğim."

Vallahi Peygamber Efendimiz'e (sav) vaki olan bu maruza-

---

25 Peygamberimiz (sav), Ensar'dan olan Ka'b'ı muhacir Talha ile kardeş yapmıştı. Talha b. Ubeydullah, Uhud Savaşı'nda kalıcı yaralar almış ve parmaklarını kaybetmişti. Biyografisini bu kitapta okuyabilirsiniz.

tımdan beri Müslümanlardan hiçbirisini aldatmış değilim. Sözlerimi arz ettiğimden bugüne kadar yalan söylemek hatırımdan geçmedi. Bundan böyle yaşadığım zaman içinde de Allah'ın beni yalandan esirgeyeceğini umarım.

Yüce Allah, Rasûlü'ne (sav) bu hususta şu âyetleri inzal buyurdu:

"And olsun ki; Allah, sıkıntılı bir zamanda bir kısmının kalpleri kaymak üzere iken Peygamber'e (sav) uyan Muhacirler'le Ensar'ın ve Peygamber'in tevbelerini kabul etti. Tevbelerini, onlara karşı şefkatli ve merhametli olduğu için kabul etmiştir. Bütün genişliğine rağmen, yer onlara dar gelerek nefisleri kendilerini sıkıştırıp, Allah'tan başka sığınacak kimse olmadığını anlayan, savaştan geri kalmış üç kişinin tevbesini de kabul etti. Allah, tevbe ettikleri için onların tevbesini kabul etmiştir. Çünkü O, tevbeleri kabul eden, merhametli olandır. Ey inanalar! Allah'tan sakının ve doğrularla beraber olun." (Tevbe, 117-119)

Allah'a yemin ederim ki, Allah'ın bana ihsan ettiği nimetler içinde, beni İslâm dinine hidâyetinden sonra, kanaatimce Peygamber Efendimiz'e (sav) doğru söylemekten daha büyük bir nimet ihsan etmemiştir. Evet, gerçek böyledir. Bu, büyük bir nimettir. Allah'ın Peygamberi'ne (sav) yalan söyleyip de helak olmuş bulunmamak büyük bir nimettir. Çünkü Allah, şu yalan söyleyenler hakkında vahyini indirdiği zaman, herhangi bir kimse için söylediğinin en ağırını söylemiştir:

"Döndüğünüzde kendilerine çıkışmamanız için, Allah'a yemin edeceklerdir. Siz onlardan yüz çevirin; çünkü pistirler. Yaptıklarının karşılığı olarak varacakları yer cehennemdir. Kendilerinden hoşnut olasınız diye, size ant verirler. Siz onlardan hoşnut olsanız bile Allah, yoldan çıkmış kimselerden razı olmaz." (Tevbe, 95-97)

Biz üçümüz, hani bizden önce Peygamberimiz'i (sav) ikna etmek için yemin ettikleri vakit, Hz. Peygamber'in (sav) yeminlerini kabul edip onlara biat ve istiğfar ettiği birtakım kimselerin affından elli gün sonraya kadar kalmıştık. Peygamber Efendimiz (sav), bizim durumumuzu ta Allah'ın hakkımızda verdiği hükme kadar geciktirmişti. İşte bu geciktirme sebebi ile Cenâb-ı Allah, yukarıda meali geçen âyetleri indirmiştir. Yoksa Allah'ın bu âyette zikrettiği geri bırakılmamız, bizim savaştan geri kaldığımız için değildi. Bu sadece Peygamber Efendimiz'in (sav) üçümüzü ve tevbemizi, kendisine yalan yere yemin ve özür beyan edenlerin tevbelerinden sonraya bırakmasıdır."

İşte sahâbenin yüce ahlâkı. İşte Ka'b bin Mâlik'in samimiyeti ve dürüstlüğü. Gerçi bilerek veya bilmeyerek bir hata yapmıştı. Belki biraz ihmalkâr davranmıştı. Belki de nefsine uymuştu. Nitekim o da bir insandı. Ancak Tebük Gazvesi'nden geri kalmış olması da bir gerçekti. Müşkül bir durumda idi ve birçok münafık gibi o da bir şey uydurabilirdi. Ancak o, zor durumda kaldığı bir an, kendisine mazeret bulması teklif edildiği hâlde söyleyecek bir mazereti olmadığı için, ne pahasına olursa olsun doğruları olduğu gibi söylemeyi tercih etti ve bunun sonucuna da katlanmaya razı idi Toplumdan dışlandı, hiçbir sahâbî ona selam vermedi. Acılar çekti, buna rağmen doğruluğundan hiçbir zaman taviz vermedi. Gassan'daki kıptî melikten gelen o iltifat dolu mektup ise ayrı bir imtihandı. Ancak o, cazip tekliflere hiç itibar etmedi. Davasından ve Peygamber (sav) sevgisinden vazgeçmedi. Duyduğu pişmanlık hissi ve tevbesi samimiydi. Bir müddet sonra, o ve kendisiyle aynı durumda olan iki arkadaşı hakkında, affedildiklerine dair âyet nazil oldu. Dosdoğru olmak ve sabretmek, onların kurtuluşuna vesile oldu. Peygamberimiz'in (sav) müjdesiyle günah bakımından "annelerinden yeni doğmuş gibi" tertemiz hâle geldiler.

Tebük Savaşı'na Katılamayan Özürlü ve Vazifeli Sahâbîler

Hz. Peygamber'in (sav) komutasındaki on bin kişilik İslâm ordusu, Medine'den Tebük'e kadar on sekiz yerde konakladı; on dokuzuncu konaklama yeri Tebük oldu. Yolculuk sırasında ve konaklama yerlerinde Peygamberimiz (sav) pek çok ibretli ve hikmetli sözler sarf etmişti. Konumuzla ilgili olduğu için, bunlardan bir-iki tanesine temas edelim:

Ashâb-ı kirâmdan meşru özürleri ve engelleri yüzünden Tebük Gazvesi'ne katılamayan birçok sahâbî de bulunmaktaydı. Enes bin Mâlik'ten rivâyet edildiğine göre, Hz. Peygamber (sav) Tebük seferi sırasında şöyle buyurmuştur: "Medine'de bir topluluk kalmıştır ki, biz bir dağ yolunda, bir vadide her yürüyüşümüzde, onlar da bizimle birliktedirler." Bu sözü tam olarak algılayamamış olan bazı sahâbîler: "Ya Rasûlullah, onlar nasıl bizimle birlikte olur?" diye sordular. Peygamberimiz (sav) bunun üzerine: "Onları burada bulunmaktan (hastalık, özürlülük, yaşlılık gibi) meşru özürleri engellemiştir."

Peygamberimiz'in (sav) bu müjde dolu hadis-i şeriflerinden, savaşa katılan Müslüman askerlerin elde ettikleri tüm ecirlerine, savaşa katılamayan özürlü Müslümanların da ortak olduğu anlaşılmaktadır.

Tebük Gazası'na Hz. Ali de katılmamıştı. Ancak o, bizzat Peygamberimiz'in (sav) emri üzerine Medine'de vekil olarak bırakılmıştı. Münafıklar, bunu fırsat bilip dedikodu yapmaya başladılar: "Muhammed, Ali'yi, onda görüp de hoşlanmadığı bir şey için geri bırakmıştır." dediler. Bu sözler, Hz. Ali'ye çok dokundu. Hz. Ali silahlanıp Cürf mevkiinde Hz. Peygamber'e (sav) yetişti. Rasûlullah'ın (sav) geliş sebebini sorması üzerine hakkındaki dedikodudan söz etti. Hz. Peygamber (sav): "Onlar yalan söylemişlerdir. Ben seni arkamda bıraktıklarıma vekil tayin ettim. Hemen geri dön, gerek benim ev halkım ve gerekse senin ev halkın için de vekilim ol! Sen bana göre; Musa'ya göre Harun'un durumunda olmak istemez misin? Ancak, benden sonra Peygamber gelmeyecektir." dedi. Hz. Ali: "Ey Allah'ın elçisi, öyledir!" diye cevap verdi ve Medine'ye geri döndü.

Gözlerinin Kör Olması ve Oğlu ile Birlikte Camiye Gitmesi

Ka'b, ileri yaşlarına ulaştığında gözlerindeki bir rahatsızlığı sebebiyle görme problemleri yaşamaya başladı. Rahatsızlığı ilerleyince refakatçi olmadan serbestçe dolaşamaz hâle geldi. Ama o, yine de şahsî ibadetlerini ve sosyal sorumluluklarını hiçbir surette ihmal etmiyordu.

Ka'b b. Mâlik'in oğlu Abdurrahman diyor ki: "Babamın gözleri bozulduğu zaman elinden tutup onu ben gezdiriyordum. Onu cuma namazına götürdüğüm zaman ezan sesini işitince Ebû Umame, Es'ad bin Zürâre'ye Allah'tan mağfiret diledi. Dedim ki: 'Baba, niçin ezanı işitince Es'ad b. Zürâre'ye rahmet okuyorsun?' Dedi ki: 'Oğlum! Rasûlullah'ın (sav) Medine'ye gelmesinden önce Nebit düzlüğünde, Benî Beyâda dağının eteğindeki Naki'ül-Hadmân adlı sulak yerde bize ilk defa o, cuma namazı kıldırmıştır.' 'O gün kaç kişiydiniz?' diye sordum. 'Kırk kişi idik.' dedi." Hakikaten Rasûl-ü Ekrem (sav), hicretten önce ve Birinci Akabe Biatı'ndan hemen sonra Es'ad b. Zürâre'yi, Medine'de mukim olan müminlere cuma namazını kıldırmakla görevlendirmişti.

DÜŞÜNCE TURU

1. Peygamberimiz'in (sav) "Medine'de bir topluluk kalmıştır ki; biz bir dağ yolunda, bir vadide her yürüyüşümüzde, onlar da bizimle birliktedirler." sözü, savaşa meşru özürleri sebebiyle katılamayan engel-

liler için sarf edilmişti. Bu hadisi-i şerifin özürlüler üzerindeki olumlu etkisini değerlendiriniz.

2. Ka'b b. Mâlik'in, refakatçi oğlu ile camiye birlikte gitmelerini nasıl değerlendiriyorsunuz?

3. Bugünün görme engelli Müslümanları rahatlıkla camiye gidebilmekte midirler?

OSMAN BİN MAZ'UN (r.a.)
Müşriklerin Zulmünden Dolayı Bir Gözünü Kaybeden Sahâbî

Şahsiyeti ve Müslüman Oluşu

Osman bin Maz'un, cahiliye döneminde de temiz yaradılışlı, güzel ahlâklı ve ağırbaşlı bir insandı. Hemen herkesin kumar oynadığı ve içki içtiği bir dönemde o, kumar oynamaz ve hiç içki içmezdi. "Aklı gideren, benden aşağıdakileri bana güldüren bir şeyi içmem." derdi.

Rasûlullah (sav) bir gün Mekke'de, evinin yanında oturuyordu. Osman bin Maz'un da oradan geçiyordu. Rasûlullah'a (sav) bakıp tebessüm etti. Peygamberimiz (sav) de ona: "Biraz oturmaz mısın?" buyurdu. O da karşısına oturdu. Konuşurlarken Peygamberimiz'e (sav) bir hâl oldu. Sanki karşısında birisi ona bir şeyler anlatıyor, Efendimiz (sav) de anladım, dercesine başını sallıyordu. Bu hâl bir müddet sonra geçti. Osman, bu hâli merak etti ve Peygamberimiz'e (sav) sordu. Peygamberimiz (sav) kendisine Allah'ın elçisi Cebrail'in geldiğini ve Nahl Sûresi 90. âyeti indirdiğini söyledi. "Peki, Cebrail gelip de sana ne söyledi?" dedi Osman. Peygamberimiz (sav): "Bana Allah'tan bir emir getirdi. Emir şöyle: "Muhakkak ki Allah, adaleti, ihsanı ve akrabaya vermeyi emrediyor. Zinadan, fenalıklardan ve insanlara zulüm yapmaktan da nehyediyor. Size böylece öğüt veriyor ki, benimseyip tutasınız."

Bu hadise Osman'ın gönlünde iman nurunun parlamasına vesile oldu. Oracıkta İslâm'a giriverdi. İslâm'ın ilk günlerinde Osman'ın bu hareketi Peygamberimiz'i (sav) pek memnun etti.

Onun Müslüman olmasıyla yeryüzündeki ehl-i imanın sayısı on üçe çıkmış oldu. Ailesine de İslâm'ı anlattı ve onlar da Müslüman oldu.

Hicret ve Mekke'ye Dönüş

Müslüman olmakla, aynı zamanda Mekke müşriklerinin tepkilerini, kendilerine karşı takınacakları tavrı da hesaba katmıştı. Nitekim diğer Müslümanlar gibi o da müşriklerin eza ve cefalarına maruz kaldı. Ama imanından hiç taviz vermedi. İnançlarını biraz olsun rahat yaşayabilmeleri için, her şeyini Mekke'de bırakarak peygamberliğin beşinci senesinde, ilk muhacirlerle Habeşistan yolunu tuttu. Hiç kimseyi tanımadığı bu yabancı ülkede oldukça zorlukla karşılaştı. Habeşistan'da inançlarını daha rahat bir şekilde yasama imkânı bulan ilk muhacirler, her an Mekke'den haber bekliyorlardı. Peygamberimiz'den (sav) ayrı kalmalarına çok üzülüyorlardı. Bir süre sonra gelen bir haber yüreklerine su serpmişti: "Mekke müşriklerinin kalbi yumuşamış, İslâm'a girmeye başlamışlar. Zulüm ve dayatmaya da son vermişler. Herkes evine dönebilir!" Bunun üzerine Müslümanlar Mekke'ye geri dönmeye başladılar. Ancak Mekke'ye yaklaşınca bu haberin yalan olduğunu öğrendiler. Tam aksine müşrikler, baskı ve işkencelerini daha da arttırmışlardı. Ancak tekrar Habeşistan'a dönülemezdi.

Aralarında istişare ettiler ve herkes bir dostunun himayesine girmek suretiyle, Mekke'de kalmaya karar verdiler. O zamanın âdetlerine göre; sözü dinlenir, şöhretli birinin himayesine giren kimseye dokunulmazdı.

Kimi kendisini himaye edecek birini buldu, kimi de Mekke'ye gizlice girdi. Osman, Velid bin Muğiyre'nin himayesine girebilmişti. Fakat inanan bir insan için, müşrik birinin himayesinde olmak, hazmedilir şey değildi. Bu yüzden hepsinin gönlü huzursuzdu.

Osman, bu durumun acısını kalbinde hissetti ve bunu imandan taviz vermek olarak kabul etti. Bir gün kendisini, "Vallahi benim arkadaşlarım Allah yolunda eziyet ve sıkıntı çekerken, bir müşrikin himayesinde rahat ve emniyet içinde yasamam benim için büyük bir eksikliktir." diyerek iç muhasebeye tâbi tuttu. Sonra kalktı, Velid bin Mugire'ye geldi ve ona: "Ey Ebû Abdişşems! Artik senin himayeni kabul etmiyorum." dedi. Velid: "Niçin, ey kardeşimin oğlu?" dedi. O da: "Ben artik Allah'ın himayesini kabul ediyorum. Ondan başkasının himayesine girmek istemiyorum." diye cevap verdi. Velid: "Öyleyse bunu, Kâbe'ye git ve orada açıkla!" dedi. Birlikte Kâbe'ye gittiler. Osman bin Maz'un orada: "Ben Allah'tan başkasının himayesinde bulunmayı sevmiyorum. Onun için Velid'in himayesini artik kabul etmiyorum." diye ilân etti ve Velid'in himayesinden çıktı.

Bir Gözünü Kaybetmesi

Bir gün o, Kureyşlilerin toplandığı yere gitmişti. Lebid, şiir okurken: "Şüphesiz Allah'tan başka her şey bâtıldır." dedi. Osman bin Maz'un da: "Doğru söyledin." dedi. Lebid: "Her nimet mutlaka yok olacaktır." mısraını okurken Osman: "Yalan söyledin; cennet nimetleri yok olmaz." dedi. Lebid, Kureyşlilere sitemle: "Sizin meclisinizde böyle kimseler olmazdı. Ne oldu size?" dedi. Bu sırada Abdullah bin Ümeyye adındaki müşrik, Osman'ın gözüne şiddetli bir yumruk attı.

Karşılarında oturan Velid bin Muğire, yeğenine: "Yeğen! İşte görüyorsun, himayemi reddetmeseydin böyle olmazdı. Sana verdiğim teminatı bana iade ettiğin için, gözün kör oldu. Buna ne lüzum vardı?" dedi. Bunun üzerine o da: "Vallahi, Allah yolunda bu sağlam gözüm de ötekinin akıbetine uğrasa, gam yemem. Şüphesiz ben, senden daha güçlü birinin himayesindeyim. O Allah ki, senden çok daha güçlü ve kudret sahibidir. Bana ne kadar eziyet etseler de bu yolda yürüyeceğim." dedi. Sonra bu hâliyle bile içinden gelen şu kasideyi okudu:

"*Eğer benim gözüm Allah rızası uğrunda*
Hidâyetten mahrum bir inkârcının eliyle
Kör olmuşsa, şüphe edilmesin ki,
Büyük merhamet sahibi olan Allah, onun yerine,
Bana büyük bir sevap hazırlamıştır.
Ey benim kavmim, O yüce merhamet sahibi,
Kimden hoşnut olursa, en mutlu kimse odur.
Siz benim hakkımda,
'Satılmış, yolunu şaşırmış, akılsız' da deseniz,
Ben hak Peygamber olan Muhammed'in
Dini üzerindeyim ve O'nu terk etmeyeceğim.
Benim maksadım Allah rızasını kazanmaktır.
Bize zulüm ve haksızlık edenlerin hoşuna gitmese de
Bizim dinimiz haktır, gerçek dindir."

Sa'd bin Ebî Vakkas da o meclisteydi. Kardeşine yapılan bu zulme dayanamadı ve kardeşinin bir gözünün kör olmasına sebebiyet veren Abdullah bin Ümeyye'nin suratına müthiş bir yumruk indirdi. Abdullah bin Ümeyye'nin yüzü gözü kanlar içerisinde kaldı; lâyık olduğu cezayı buldu.

Osman, Mekke'de kaldığı müddetçe belâ ve musibetleri sabırla karşıladı. Peygamberimiz (sav), Medine'ye hicret izni verince, kardeşleri, zevcesi Havle binti Hakim ve oğlu Sâib ile beraber Medine'ye hicret etti. Bu sefer geriye dönme ümidi de yoktu. Medine'de maddî manada hiçbir dayanakları yoktu. Ama özgürlükleri vardı. Diledikleri gibi İslâm'ı yaşıyorlardı. Baskı yapan, dayatmaya yönelen zihniyet çıkmıyordu karşılarına. Ayrıca Peygamberimiz (sav) de Medine'ye gelmiş, Osman'ı şehrin yerlisi Ebü'l-Heysem ile kardeş yapmıştı. Bu kardeşlik, Osman ailesinin maddî ihtiyaçlarını karşılama konusunda bir destek de sağlıyordu.

Peygamberimiz'in (sav) Öğüdünü Dinlemesi

İman ve ihlâs timsali Osman, Medine'de öylesine bir manevî hayata yöneldi ki, kendisi gibi düşünen bir grup insanla bir araya gelerek şöyle bir karar aldılar: "Bekâr olanlar evlenmeyecek, evlenmiş olanlar dünyaya dalmayacak, bütün gece namaz kılınacak ve bütün gün oruç tutulacak."

Dediklerini yapmaya da başladılar. Geceleri hep ibadet ediyorlar, gündüzleri de hep oruçla geçiriyorlar; böylece evlerini de tabiî olarak ihmal ediyorlardı. Bu durumda aileler de zor vaziyette kalıyorlardı.

Osman'ın hanımı Havle Binti Hakim bir gün Hz. Aişe validemize uğradı. Hz. Aişe, onu pek iyi görmedi ve bunun sebebini sordu. Osman'ın hanımı dedi ki: "Kocam benden uzak duruyor; gündüzleri oruç tutuyor ve geceleri de namazla geçiriyor." Hz. Aişe, bunu Rasûlullah'a (sav) anlatınca Rasulullah, Osman'ı yanına çağırttı ve dedi ki: "Ey Osman, sizin içinizde Allah'ın emirlerini en çok yerine getiren kimdir?" "Sensin ya Rasûlullah!" dedi Osman. Efendimiz (sav), taşı gediğine hemen koydu:

"Öyle ise, ben geceleri namaz kılıyorum ama uyuyorum da. Gündüzleri oruç da tutuyorum, ama yiyorum da. Aile hayatımı yaşıyorum, ama onları ihmal etmiyorum da. Yani hem dünyama çalışıyorum, hem de âhiretime. Sizin her şeyi terk edip de kendinizi yalnızca âhirete yöneltmeniz, benim tebliğ ettiğim dinde yoktur." Efendimiz (sav) ikazını şöyle bağladı: "Ey Osman, senin üzerinde ailenin hakkı vardır. Nefsinin de, çocuklarının da. Her hak sahibine, haklarını vermeye mecbursun!"

Ashâb arasında duyulan bu ikaz, hemen herkeste bir denge meydana getirmişti. Ne dünyayı ne de âhireti terk etmek uygundu. Her hak sahibine, hakkı verilecekti. Biri, diğeri için terk edilmeyecekti.

Hastalığa Yakalanması ve Vefatı

Osman bütün arzularına rağmen Bedir Savaşı'na hastalığı sebebiyle katılamamıştı. Artık iki tane hicretin sıkıntısını yaşamış olan Osman'ın yorulan vücudu kendisini ayakta tutamıyor; Osman hasta yatağından kalkamıyordu. Tedavisi için gösterilen gayretler de fayda vermemişti. İki oğlu Abdurrahman ile Saib'i önce Allah'a, sonra da vefakâr ve sabırlı hanımı Havle'ye emanet ederek hicretten otuz ay sonra Allah'ın rahmetine kavuştu. O sırada Müslümanların henüz bir kabristanı yoktu. Efendimiz (sav), Medine etrafına çıktı ve "Bakî ile emrolunduk." buyurdular.

Bakî mezarlığına defnedilen ilk muhacir sahâbî olan Osman bin Maz'un'u defnederken, Peygamberimiz şunu söyledi: "Ne mutlu sana, dünyalık olarak hiçbir şey bırakmadan gittin. Osman bin Maz'un, bizim en güzel, en iyi selefimizdir."

Cenazesinde Efendimiz'in (sav), "kardeşim" diye hitap ettiği Osman için gözlerinden yaşların süzüldüğünü gören bir hanım sahâbî: "Osman, cenneti garantiledi." manasında, "Osman artık bir kuş gibi cennete uçup gitti." dedi. Allah Rasûlü (sav), verilen bu cennet garantisini hiç hoş karşılamadı, hemen düzeltme yaptı: "Nereden biliyorsunuz Osman'ın cennete uçup gittiğini? Ben Allah'ın Rasûlü'yüm; bana bildirilmediği takdirde ben de bilemem Osman'ın nereye gittiğini. Ancak hayatı boyunca haramsız yaşadı. Haramsız şekilde de öldü. İyi yere gittiğini ümit ederim. Ama garanti veremem. Şu kesindir ki, nereye layıksa oraya gitmiştir Osman!"

Bu uyarıyı dinleyen hanım dedi ki: "Bu ikazdan sonra bir daha kimse için garantili konuşmadım. Sadece hüsn-ü zanda bulunmayı tercih ettim."

Zevcesi Havle de kabri başında: "Ey Ebâ Sâib! Cennet sana afiyet olsun." dedi. Sevgili Peygamberimiz (sav) de: "Allah ve Rasûlü'nü severdi, desen kâfi idi." buyurdu.

Peygamberimiz (sav), Osman'ı defnettikten sonra kabrinin başucuna bir taş dikti ve şöyle buyurdu: "Kardeşimin kabrine işaret koyalım da ailemden ölenleri bunun yanına gömeyim. Böylece akraba ölülerini ziyaret etmek daha kolay olmakla beraber, onlara daha çok rahmet okunmuş olur." Ondan sonra birisi vefat ettiğinde "Nereye defnedelim?" diye sorulunca Rasûl-ü Ekrem (sav) Efendimiz: "Selefimiz Osman bin Maz'un'un yanına." cevabını verirlerdi. Kızı Rukiye vefat ettiğinde de: "Bizim hayırlı selefimiz Osman'a kavuş..." buyurarak devamlı onu anardı.

DÜŞÜNCE TURU

1. Osman bin Maz'un'un "Allah yolunda bu sağlam gözüm de ötekinin akıbetine uğrasa, gam yemem." sözü, hangi anlam çerçevesinde değerlendirilmelidir?

2. Peygamberimiz (sav), Osman bin Maz'un'u hangi hasletlerinden ötürü çok severdi?

SA'D BİN EBÎ VAKKAS (r.a.)
Ömrünün Son Dönemlerinde Görme Nimetinden Mahrum Olan Büyük Savaşçı

Kısa Biyografisi

Hayatta iken cennetle müjdelenen on sahâbîden birisi de Sa'd'dır. Hz. Ebû Bekir vasıtasıyla genç yaşlarında Müslüman olan Sa'd, Müslümanların yedincisidir. Sa'd b. Ebî Vakkas'ın babası, Mâlik b. Vuheyb'dir. Mâlik'in künyesi Ebî Vakkas olup, Sa'd bu künyeye nispetle İbn-i Ebî Vakkas olarak çağrılırdı. Rasûlullah'ın (sav) annesi, Zühreoğullarından olduğu için, anne tarafından da nesebi Rasûlullah (sav) ile birleşmektedir. Dolayısıyla Sa'd, anne tarafından Peygamberimiz'in (sav) akrabasıdır. Sa'd'ın annesi, Hamene binti Süfyan b. Ümeyye'dir. Sa'd, sekiz evlilik yapmış olup; bu evliliklerinde, on yedisi kız, on yedisi de erkek olmak üzere otuz dört çocuğa sahip olmuştur.

Rüya Yoluyla İslâm'ı Bulması

Sa'd; İslâm'a girişine sebep olan olayı şöyle anlatır: "Müslüman olmadan önce rüyamda kendimi, hiçbir şeyi göremediğim karanlık bir yerde gördüm. Bu arada ay doğdu ve ben onun aydınlığına tâbi oldum. Benden önce bu aya kimlerin uymuş olduğuna bakıyordum. Onlar; Zeyd b. Hârise, Ali b. Ebû Talib ve Ebû Bekir'di. Onlara ne kadar zamandan beri burada olduklarını sorduğumda, onlar: 'Bir saat kadardır.' dediler. Araştırdığımda öğrendim ki, Rasûlullah (sav) gizlice İslâm'a davette bulunmaktadır. O'na Ecyad tepesi taraflarında rastladım. İkindi namazını kılıyordu. Orada İslâm'ı kabul ettim. Benden önce bu kimselerden başkası iman etmemişti."

Sa'd'ın Müslüman olduğunu öğrenen annesi, buna çok üzülmüş ve oğlunu atalarının dinine döndürebilmek için çareler aramaya başlamıştı. Sa'd'a, eğer o, girdiği dinden dönmezse, yemeyip içmeyeceğine dair yemin etmişti. Sa'd, annesine, bunu yapmamasını, çünkü dininden dönmeyeceğini söyledi. Yeminini uygulamaya koyan annesi, bir zaman sonra açlık ve susuzluktan bayılmıştı. Ayıldığında Sa'd ona: "Senin bin tane canın olsa ve bunları bir bir versen, ben yine de dinimden dönmeyeceğim." demişti. Onun kararlılığını gören annesi yemininden vazgeçmişti.

Sa'd, annesine çok düşkündü ve ona bir zarar gelmesini asla kabul edemezdi. Ancak imanla alakalı bir konuda Rabb'ine isyan edip başkalarının arzu ve heveslerine uyamazdı. Sa'd ve benzerlerinin karşılaşacağı bu gibi durumları çözümlemek ve iman edenleri rahatlatmak için Allah-ü Teâlâ şu âyet-i kerimeyi göndermişti: "Bununla beraber eğer, hakkında bilgi sahibi olmadığın bir şeyi bana ortak koşmak için seninle uğraşırlarsa, o zaman onlara itaat etme. Dünya işlerinde onlara iyi davran." (Lokman, 31/15).

İslâm için İlk Defa Kan Akıtması

Sa'd, Mekke müşrikleri tarafından sürekli olarak saldırı ve işkencelere maruz kalıyordu. Mekke'de Müslümanlar, Mekke zorbalarının saldırılarından emin olmak için, ibadetlerini mümkün mertebe gizli ve tenha yerlerde ifa ediyorlardı. Bir gün Sa'd, arkadaşlarıyla birlikte ibadet ederlerken azgın müşriklerden bir grup, onlara sataşarak İslâm'la alay etmişler ve onlara saldırmışlardı. Buna tahammül edemeyen Sa'd, eline geçirdiği bir deve sırtı kemiğini alıp, müşriklere karşılık verdi ve onlardan birini yaralayarak, kanlar içerisinde bıraktı. İşte İslâm tarihinde Allah için ilk akıtılan kan, bu oldu.

İslâm için İlk Defa Ok Atması

Sa'd, Peygamberimiz'in (sav) müsaadesiyle, kardeşi Ümeyr ile birlikte Medine'ye hicret etti. Rasûlullah (sav), Sa'd'ı Mus'ab b. Umeyr ile kardeş ilân etti. Başka bir rivâyete göre de kardeş ilân edildiği kimse Sa'd b. Mu'az'dır.

Medine'ye hicretle birlikte İslâm devleti kurulmuş ve kendini tehdit eden güçlere karşı askerî faaliyetler başlamıştı. Bu çerçevede, Mekke kervanlarına yönelik seriyye (askerî birlikler) sevk ediliyordu. İlk seriyye, Hicret'in yedinci ayında Mekke kervanının yolunu kesmek için otuz kişiden oluşan Hz. Hamza komutasındaki seriyyedir. Sa'd da bu ilk askerî birliğe katılanlardan oldu.

Bir ay sonra Ubeyde b. Hâris komutasında gönderilen seriyye, Kureyş kervanıyla karşılaştığında ilk oku Sad b. Ebî Vakkas atarak, çatışmayı başlatmıştı. Mekke'de Allah yolunda ilk kan akıtan kimse olma şerefi Sa'd'a ait olduğu gibi, yine Allah yolunda ilk ok atma şerefi de böylece ona nasip olmuştu. Sa'd şöyle demektedir: "Araplardan Allah yolunda ilk ok atan kimse benim."

Peygamberimiz'in (sav) Mümtaz Koruyucularından Olması

Müslümanların henüz zayıf oldukları dönemde müşrikler ikide bir Peygamberimiz'e (sav) suikast plânları kurarlardı. Bu durum Sa'd'ı çok rahatsız ederdi, çünkü o Peygamber'i (sav) candan sever ve ona bir zarar gelmesinden çok tedirgin olurdu. Hicret'in ilk günleriydi. Medine'deki Yahudiler, Peygamberimiz'in (sav) hayatına kastettiler. Böyle bir zamanda Sa'd kılıcını kuşandı ve doğruca Peygamber'in (sav) yanına koştu. Onun bu hâlini gören Peygamberimiz (sav) ona bu telaşını sordu: "Neyin var ya Sa'd?" "Ya Rasûlullah, içime bir korku düştü. Size bir zarar gelmesinden endişe ettim. Bunun için sizi korumaya geldim." Peygamberimiz (sav), onun bu hareketinden memnun oldu ve kendisine duada bulundu. İşte Peygamberimiz'in (sav) kendisi için duyduğu endişeyi, Allah-ü Teâlâ bu seçkin insanın kalbine ilham etmiş ve onu, Rasûlü'nü korumak için harekete geçirmişti.

Bu hadiseyi Aişe validemiz şöyle anlatmaktadır: "Rasûlullah (sav) Medine'ye gelişinde bir gece uyuyamadı ve "Keşke ashâbımdan salih bir zât bu gece beni korusa!" dedi. Biz bu durumda iken dışarıdan bir silah hışırtısı duyduk. Rasûlullah (sav): "Kim o?" dedi. Gelen zât: "Sa'd b. Ebî Vakkas'ım." karşılığını verdi. Rasûlullah (sav) ona: "Neden buraya geldin?" diye sorduğunda Sa'd, şöyle cevap verdi: "İçime Rasûlullah (sav) hakkında bir korku düştü de, O'nu korumak için geldim." Bunun üzerine Rasûlullah (sav) ona dua etti ve sonra da uyudu."

İyi ok atan Sa'd, ibadetlerine düşkünlüğü kadar İslâm'ın kahraman bir mücahididir. Allah yolunda cihada çıkmak için âdeta can atardı. Bedir Savaşı'na katıldı ve müşrik süvari birliğinin komutanı olan Sa'id b. el-As'ı öldürdü. Onun kılıcını Rasûlullah'a (sav) getirdi; Peygamberimiz (sav) de, Zülkife adındaki bu kılıcı ganimetlerin dağıtılışında Sa'd'a verdi.

Uhud Savaşı'nın en tehlikeli zamanında Peygamberimiz'in (sav) etrafında etten bir sur ören sahâbîlerden birisi de o idi. Müşriklerin üstünlüğü ele geçirdiği ve Müslümanların paniğe kapılarak dağıldığı esnada Rasûlullah'ın (sav) yanından ayrılmadı ve gövdesi ile Peygamberimiz'i (sav) siper etti. Peygamberimiz (sav), Sa'd'ın düşmana karşı verdiği cansiperane mücadele karşısında elindeki okları ona verdi ve "Allah'ım, onun attığını isabet ettir. Duasını da kabul buyur." diye dua etti. O, cesaretinden hiçbir şey kaybetmeden ok atmaya devam ediyordu. Sa'd, ok atmakta çok mahirdi ve hedefini şaşırmıyordu. Rasûlullah (sav) ona ok vermeye devam etti ve şöyle teşvikte bulundu: "At Sa'd! Anam babam sana feda olsun!" Rasûlullah (sav), övgü, rıza ve hoşnutluğu ifade eden bu kelimeleri, ana ve babasını bir arada zikrederek o zamana kadar başka hiçkimse için kullanmamıştı.

Sa'd'ın o gün tek başına bin ok attığı rivâyet edilmektedir.[26]

O, Hendek, Hudeybiye, Hayber, Mekke'nin Fethi ve diğer gazvelerin tamamına katılmış olan kahraman bir savaşçıydı.

Ağır Hastalığa Yakalanması

Peygamberimiz (sav) ile birlikte bütün savaşlara katılan Sa'd, Veda Haccı için Mekke'ye gitti ve orada hastalanıp yatağa düştü. Allah'ın Rasûlü (sav) derhal onun yanına gitti ve gönlünü aldı. Sa'd, bu ziyaretten çok memnun oldu, ancak çok sevdiği Peygamberi'nden (sav) ayrılmak onun zoruna gidiyordu. "Ya Rasûlullah, siz Medine'ye döneceksiniz de, ben burada ölüp sizden geride mi kalacağım?" diye üzüntüsünü bildirdi.

Mekke'den Medine'ye hicret eden ve Veda Haccı sırasında Mekke'de vefat eden Sa'd b. Havle'nin kaderi, Sa'd için bir endişe kaynağı olmuştu. Aynı hac esnasında ciddi şekilde rahatsızlanmasından dolayı öleceğini düşünen Sa'd, bu endişesini kendisini ziyarete gelen Peygamberimiz'e (sav) dile getirme ihtiyacı duymuştu.

Onun bu hassasiyetinden müteessir olan Hz. Peygamber (sav), üzülmemesini, ihbar-ı gayb nev'inden ona, ileride İslâmiyet'e büyük hizmetlerde bulunacağını, birçok kavmin kendisi vasıtasıyla İslâm'la müşerref olacağını müjdeledi. "Sen daha yaşayacaksın. Allah senin elinle bazılarını aziz, bazıları zelil yapacak." buyurmuş ve Sa'd'ın endişesi izale olmuştu. Sonra

---

26 Bir savaş sporu ve cihad aleti olan ok eğitiminin sünnette çok önemli bir yeri vardır ki; Hz. Peygamber (sav) bir hadislerinde, "Sizden hiç kimse oklarıyla eğlenmekten geri durmasın." buyurmuştur. Bir seferinde sahâbeden bir grubun eğlenmeye gittikleri söylenince, Hz. Peygamber (sav): "Atış, eğlendiğiniz şeylerin en hayırlısıdır." buyurarak onları teşvik etmiştir. Peygamberimiz'in (sav) bütün bu teşviklerinden dolayıdır ki; sahâbe atıcılığa önem vermiş, her fırsatta, hatta akşam namazından sonra bile ok atışları yapmıştır.

da şöyle dua etti Kâinatın Efendisi (sav): "Ya Rab, Sa'd'a şifa ver. Ya Rab, Sa'd'a şifa ver. Ya Rab, ashâbımın Mekke'den Medine'ye dönüşünü tamamla." Ve yine onun için dua ederek şöyle demişti: "Allah'ım! Sa'd dua ettiği zaman onun duasını kabul et." Bu dua çerçevesinde Sa'd'ın yaptığı bütün dualar gerçekleşmekteydi

Bu özel duaların üzerine Sa'd, o ağır hastalıktan çok kısa süre sonra kurtuldu. Ve gerçekten de Peygamberimiz'in (sav) müjdelediği gibi Sa'd, Hz. Ömer zamanında ordu komutanı kimliği ile pek çok fetihlerde bulundu ve insanların İslâm'a girmesinde etkili oldu. Bu dönemde onun en önemli görevlerinden birisi, asrın emperyalist süper güçlerinden birisi olan İran İmparatorluğu'nu çökerten Kadisiye ordusunun kumandanlığıdır.

Halife Dönemlerindeki Rolü

Hz. Ömer, kendisinden sonra halife seçimini gerçekleştirmek için altı kişilik bir şûra oluşturmuştu. Sa'd da bunlar arasındaydı. Hz. Ömer'in vefatından sonra halife tayini için müzakereler başladığı zaman Sa'd, Abdurrahman b. Avf lehine adaylıktan çekildiğini açıklamıştı.

Hz. Osman, halife seçildiği zaman; Hz. Ömer'in vasiyetine uyarak Sa'd'ı Kûfe valiliğine tayin etti. Ancak, bu seferki Kûfe valiliği de fazla sürmemiştir. O, hazineden borç olarak almış olduğu bir miktar parayı geri ödemekte zorluk çekince, hazine emini Abdullah ibn-i Mes'ud tarafından Halifeye şikâyet edilmiş; bu şikâyet üzerine Hz. Osman, onu Kûfe valiliğinden azletmişti. Bunun üzerine Sa'd, Medine yakınlarındaki Akik vadisinde bulunan çiftliğindeki evine yerleşmiş ve ziraatla uğraşmaya başlamıştır. Sa'd, Hz. Osman'ın şehit edilişiyle başlayan fitne ve ihtilaflardan tamamen uzak kalmaya gayret etmiştir. O, Müslümanlar arasında kan dökülmesinden çok rahatsız oluyor ve taraflardan kendisine gelen teklifleri geri çeviriyordu. Kadisiye Savaşı'nın komutanı olarak Kisra'nın saraylarını ve hazinelerini ele geçirmiş olan Sa'd, sade ve zâhidâne bir hayatı tercih etmişti.

Gözlerini Kaybetmesi ve Kendi Hâline Rıza Göstermesi

Allah'ın takdir ettiği her şeyin görünüşte çirkin de olsa netice itibariyle güzel olduğuna tam olarak inanan Sa'd, bunu kendi hayatında da ispatlamıştır. Dört halife döneminde de siyasî çekişmelerden hep uzak kalmayı başarmış olan Sa'd'ın gözlerinde görme bozukluğu meydana gelmeye başladı. Hayatının sonuna doğru iyice göremez oldu. Böyle bir zamanda ziyaretine gelen genç bir delikanlı: "Sen, duası kabul edilen birisisin. Kendin için de dua etsen ve gözlerin açılsa olmaz mı?" diye sordu. Sa'd, teslimiyet içerisinde şu cevabı verdi: "Oğlum, Cenâb-ı Hakk'ın benim hakkımdaki takdiri, gözlerimin görmesinden daha iyidir." Gözleri görmeyerek hayatını ibadetlerle geçiren Sa'd, Hicret'in 55. yılında, ikamet etmekte olduğu Medine'ye on mil kadar uzaklıkta olan Akik vadisinde Hakk'ın rahmetine kavuştu.

Sa'd'ın cenazesi, Akik vadisindeki evinden alınarak Medine'ye getirilmiş ve Mescid-i Nebî'de kılınan namazdan sonra, Bakî mezarlığına defnedilmiştir. Vasiyeti üzerine, Bedir Savaşı'nda giydiği gömlek ile kefenlenmiştir. Cenaze namazını Emevilerin Medine valisi Mervan b. Hakem kıldırmıştır. Peygamberimiz'in (sav) zevceleri de namaza iştirak etmişlerdi. Sa'd'ın oğlu Âmir'den nakledilen rivâyete göre Sa'd, Muhacirlerden en son vefat eden kimsedir.

Onun vefatı bütün Müslümanları üzüntüye boğdu; çünkü o Peygamberimiz (sav) ile ilgili hatıralarını o kadar canlı bir şekilde anlatırdı ki, dinleyenler kendilerini âdeta Peygamberimiz'in (sav) huzurunda gibi hissederlerdi. 270 hadis rivâyet eden Sa'd, bütün güzel vasıfları şahsında toplamış mümtaz bir şahsiyetti.

O, aslında duyduğu her Peygamber (sav) sözünün bayraktarlığını yapan sabırlı ve tam inanmış bir insandı. Kendisinin rivâyet ettiği aşağıdaki hadis-i şerif, körlüğüne gönülden razı olmasını sağlıyordu:

"Müminin haline hayret ediyorum. Bir iyilikle karşılaşsa Allah'a hamd ile şükreder. Bir musibetle karşılaştığında da hamd ile sabreder. Böylece her işinde sevap kazanır. Hatta hanımının ağzına koyduğu lokmadan dahi sevaba erer."

DÜŞÜNCE TURU

1. "Cenâb-u Hakk'ın benim hakkımdaki takdiri, gözlerimin görmesinden daha iyidir." görüşü, hangi düşünce kaynaklarına dayanmaktadır?

2. Musibetlerin karşısında isyan etmek yerine hamdedip sabreden sahâbîler, bu gücü nereden almaktaydılar?

3. Sevap kazanma odaklı düşünce, özürlülüğün olumsuzluklarını nasıl azaltıyor?

UMEYR BİN ADİYY (r.a.)
Fizîken Görme Özürlü, Mânen Tam Görüşlü Sahâbî

Gizlice Müslüman Olması

Umeyr, daha önceden Yahudi Hatmaoğulları kabilesinden olmasına rağmen hidâyete kavuştuğu hâlde, birçok ırkdaşı gibi Müslümanlığını aşikâr edememiş, görme özürlü şahıstır. Aynı kabileden olan Asma binti Mervan ise, azılı bir İslâm düşmanı idi. Sevgili Peygamberimiz (sav), Bedir Savaşı'nda iken bu kadın, en zalim erkeklere taş çıkartırcasına Rasûlullah (sav) aleyhine tahrik edici sözler sarf eder ve Peygamberimiz'e (sav) şeytanların bile aklına gelmeyecek iftiralarda bulunurdu. Alenî hakaretleri had safhaya varınca Umeyr, kendi kendine söz verdi: "Eğer Allah'ın Rasûlü (sav) salimen dönerse, ben bu kadını öldüreceğim." Ve Umeyr, verdiği sözü tuttu. Ramazan'ın yirmi beşinci gecesi, bu fitne fücur kadının evine gizlice girerek, bir kılıç darbesi ile işini bitirdi.

Peygamberimiz'in (sav) Övgüsüne Mazhar Olması

Umeyr, bu plânını gerçekleştirmeden önce ne bir sahâbîye, ne de Rasûlullah'a (sav) danışmıştı. Kimseye haber vermeden, o teşebbüsü, görme özürlülüğüne rağmen üstelik kendi başına, başarılı bir şekilde ifa etmişti. İçinde bir kuşkusu vardı: Gerçi İslâm için zararlı bir varlığı ortadan kaldırmıştı; ancak, vicdanen tam da rahat değildi. "Acaba suç mu işledim?" korkusunu içinden atamamıştı. Bu kalp fırtınası ile sabah namazını Mescid-i Nebevi'de kıldı. Namazdan sonra Peygamberimiz'in (sav) mübarek nazarları Umeyr'e yöneldi. Peygamberimiz (sav) sessizce sordu: "Asma binti Mervan'ı öldürdün mü?" Umeyr, ürkek ürkek cevap verdi: "Evet ya Rasûlullah!"

Efendimiz (sav), bu cevabı aldıktan sonra tebessüm ederek, kendilerini dinleyen sahâbîlere döndüler ve buyurdular ki: "Allah ve Rasûlü'ne gizlice, tek başına yardımda bulunan bir adama bakmak isterseniz Umeyr'e bakınız."

Hz. Ömer, meselenin belki de tam farkına varmadan biraz küçümser bir tavır ile: "Şu âmâ (kıt görüşlü) adama mı?" dedi. Bu sözden hoşlanmayan Hz. Muhammed (sav): "Sus, ya Ömer! Ona (bu şekilde) âmâ deme! O, tam görüşlüdür! Allah ve Rasûlü'ne kendiliğinden yardım etmiştir."

Hz. Muhammed (sav), insanların birbirlerine, bu gibi bedenî özür ve eksiklerini, incitici ve aşağılayıcı bir tarzda dile getirmelerini hiç hoş karşılamazdı. İslâm Peygamberi (sav), kişinin maddî gözü zayıf bile olsa, kalp gözünün açık olabileceğini göstermek için, böyle ince bir ders verdi. Nitekim Umeyr, fizikî boyutuyla her ne kadar göremeyen bir insan idiyse de o, hadiselere Allah'ın nuru ile baktı ve her şeyin O'nunla kaim olduğunu gördü ve bildi. Bunun için de Peygamberimiz'in (sav) iltifatlarına mazhar oldu.

DÜŞÜNCE TURU

1. Peygamberimiz'in (sav) iltifatına mazhar olan görme özürlü Umeyr'in gizlice yaptığı gece operasyonunu değerlendiriniz.

2. Görme özürlü olduğu hâlde Umeyr'in tam görüşlü olmasının sebebi nedir?

3. Hz. Ömer'in Umeyr'i biraz küçümser tavrı karşısında Peygamberimiz (sav) nasıl bir tepki sergiledi?

BİBLİYOGRAFYA

Ahmet Cevdet Paşa; Kısâs-ı Enbiyâ.

Akça, Salih; "İlk Müslümanlardan Habbab bin Eret (r.a.)". Yeni Ümit Dergisi; Sayı 55; Ocak-Şubat-Mart 2002.

Arı, Saim; "Hz. Sa'd Bin Muaz" Yeni Ümit Dergisi; Sayı: 64; Nisan-Mayıs-Haziran 2004.

Bahtiyar, Lale; Hz. Muhammed'in Ashâbı. İstanbul: İnsan Yayınları, 2005.

Buhârî, Ebû Abdillah Muhammed b. İsmail; El-Câmi'u's-sahih. C. I-VIII. İstanbul. 1315.

Çağatay, Neşet; İslâm Tarihi. Ankara. 1993.

Çakan, İsmail Lütfi ve Muhammed Eroğlu; "Abdullah b. Abbas" Dia; İstanbul: 1988.

Çakan, İsmail; "Peygamberimizin Müezzinleri". Altınoluk Dergisi; Sayı: 66; Ağustos 1991.

Çapan, Ergün; Kur'ân-ı Kerim'de Sahâbî. İstanbul: Işık Yayınları; 2002.

Demircan, Ali Rıza; Allah Rasûlü'nden Hayat Düsturları. İstanbul: Eymen Yayınları, 1984.

Dikmen, Mehmet; İslâm Büyüklerinden Unutulmaz Sözler ve Nükteler Antolojisi. İstanbul: Cihan Yayınları, 1997.

Döğen, Şaban; Ashâb-ı Güzin: Peygamber Yıldızları. İstanbul: Yeni Asya Neşriyat, 2003.

Döğen, Şaban; Sahâbe-i Kiram: Örnek İnsanlar. İstanbul: Yeni Asya Neşriyat, 2003.

Ebû Dâvud; Sünen. C. I-II. Beyrut. 1988.

Ebû Nuaym; Hilyetü'l-Evliya. C.1.

Edip, Eşref (haz.); Büyük İslâm Tarihi: Asr-ı Saadet: Peygamberimizin Ashâbı. İstanbul: Sebilü'r-reşad Neşriyat, 1969.

Eraslan; Sibel; "Bugün ne hediye alsam..."; Vakit Gazetesi; 14.02. 2009.

Eriş, Mustafa; "Osman İbni Maz'nun (ra)"; Altınoluk Dergisi; Mayıs 1997.

Esad, Mahmud; İslâm Tarihi. Çev. A. Lütfi Kazancı, Osman Kazancı. İstanbul: 1983.

Es-Salih, Suphi; Hadis İlimleri ve Hadis Istılahları. Çev. M. Yaşar Kandemir.

Es-Suyûtî, Celaleddin; Câmi'us-Sağîr. Beyrut: 1972.

Gülen, M. Fethullah; İnsanlığın İftihar Tablosu: Sonsuz Nur. İstanbul: Feza Yayıncılık, 1994.

Halebî; İnsanü'l-Uyûn; C. 3

Hamidullah, Muhammed; İslâm Peygamberi. Ankara: 2003.

Hanbel, Ahmed b.; Müsned. C. I-II-III. Beyrut: 1978.

İbn Kesîr; El-Bidâye ve'n-Nihâye, Mektebetü'l-Meârif. Beyrut. C. 6. 1966.

İbn-i Cerîr; Tarîhü'l-Ümemi ve'l-Mülûk. C. XI, S. 50. Beyrut.

İbn-i Hacer; El-İsâbe. Mısır: 1928.

İbn-i Hacer; Tehzibü't-Tehzib. C. VI.

İbn-i Hişam; Es-Sîretü'n-Nebeviyye. C. I, Mısır: 1955.

İbn-i İshak; İbn-i Hişâm. Sîre. C. IV.

İbn-i Sa'd; Tabakât. C. III. Beyrut: 1985.

İbnu'l-Esîr; Üsd'ül-Gâbe; C. I-II-III-IV. Beyrut: 1385/1965.

Kalay, Şerafeddin; Peygamber Dostları: Örnek Nesil. İstanbul: Altınoluk Yayınları, 2001.

Kandehlevi, M. Yusuf; Hayatü's-Sahâbe. C. 1-4. Çev. Ahmet Meylani. İstanbul: Hikmet Neşriyat, t.y.

Kandehlevi, Zekeriya; Sahâbe Hayatından Amellerin Faziletleri. Çev. Yusuf Karaca. İstanbul: Risale Yayınları; Milli Gazete Baskısı, 2000.

Köksal, M. Asım; Hz. Muhammed ve İslâmiyet. İstanbul: 1981.

Köksal, M. Asım; İslâm Tarihi. İstanbul: 1981.

Köksal, M. Asım; Peygamberler Tarihi. Ankara: Türkiye Diyanet Vakfı Yayınları, 1990.

Kurucan, Ahmet; Zühd-ü Mercan; Aşere-i Mübeşşere: Cennetle Müjdelenen On Sahâbî. İstanbul: Işık Yayınları, 2005.

Kütüb-ü Sitte; C. 4.

Menâkıbu'l-Ensâr; C. 1.

Mutlu, İsmail; Hanım Sahâbîler; İstanbul: Mutlu Yayıncılık, 1997.

Müslim; "Mesâcid".

Müslim; el-Camiu's-Sahih. C. II, Hds. No: 140. Mısır: 1955.

Naim, Ahmet. Tecrid-i Sarih Tercemesi. C.I.

Nedvi, Ahmet ve Said Sahib Ensari; Asr-ı Saadet: Peygamberimizin Ashâbı. Çev. Ali Genceli. İstanbul: Sebilü'r-reşad Neşriyat Bürosu.

Özafşar, Mehmet Emin; "İslâm Kültüründe Engelli Meşhurlar ya da İslâm Kültüründen İnsan Manzaraları". Ülkemizde Engelliler Gerçeği ve İslâm. Ankara: Diyanet İşleri Başkanlığı Yayınları, 2003.

Özbek, Abdullah; Bir Eğitimci Olarak Hz. Muhammed (sav).

Öztürk, Levent; Hz. Peygamber Döneminde Sağlık Hizmetlerinde Kadınların Yeri. İstanbul: Ay Işığı Kitapları, 2001.

Salahaddin, Fatih; Vahdet Dergisi; Nr. 01; 2000.

Seyyar, Ali; Meşhur Körler ve Sağırlar; İstanbul: Hayat Yayınları; 2006.

Seyyar, Ali; Meşhur Ortopedik Özürlüler; İstanbul: Hayat Yayınları; 2006.

Şerh-i İbn-i Hadid; C. 3. Beyrut.

Şibli, Mevlana; Asrı-Saadet. Çev. Ömer Rıza Doğrul; İstanbul; C. I.

Taberî. Tarih. C. III.

Tirmizî. el-Câmi'u's-sahih. (nşr. Ahmet Muhammed Şâkir). C. I-V. Beyrut.

Türkiye Diyanet Vakfı; İslâm Ansiklopedisi. C. 1-30. İstanbul.